이 책의 저자들을 알고 지낸 지 오래되었으며, 이들의 여러 저작을 통해 나 자신이 많은 배움을 얻었다. 특별히 이 책이 1993년에 초반 처음 나왔을 때, 다원주의와 관련해서 나에게 이보다 더 좋은 길잡이가 없었다. 서술적 다원주의와 규범적 다원주의, 그리고 방향적 다원주의와 연합적 다원주의와 맥락적 다원주의를 구별하는 방법만 잘 익혀도 다원주의를 제대로 이해할 수 있다. 실제적인 예를 많이 제시하는 마우의 『무례한 기독교』를 이 책과 함께 읽으면 다원주의를 생각하며 행동하는 데 많은 도움을 받을 것이다. 오늘 우리가 처한 삶의 상황에 매우 필요한 책을 번역하느라 수고한 옮긴이의 노고에 감사를 드린다.

강영안 미국 칼빈 신학교 교수, 서강대학교 명예교수

근원적 불일치에 관한 인식과 인정에 대한 철학적·신학적 스펙트럼을 분석함으로써, 지금과 같이 복잡한 시대에서 복음적 신앙인이 어떤 생각을 하면서 살아가야 할지를 고민하게 하는 중요한 책이다. 신앙적 깊이를 유지하면서도 사상적 폭을 망라하는 가운데 그리스도인이 공적 영역에서 생각하는 시민으로 살아가도록 안내하는 길잡이이자, 원서가 출간된 1993년보다 훨씬 뒤떨어져 있는 한국교회의 시대적 의식을 일깨우는 '죽비'다.

김선욱 숭실대학교 학사부총장

오래전에 출판되었으나 여전히 우리에게 도전을 주는 책이 있는데, 바로 이 책이 그러하다. 우리에게 이미 익숙한 리처드 마우가 공동 저자라는 점에서 이 책의 전반적인 방향성이 예상되지만, 그럼에도 지금 한국 사회의 현주소와 한국 교회의 위기를 고려한다면 이 책에서 제시하는 기독교적 정체성과 다원성의 조화, 공공성의 실천에 대한 제안들은 여전히 흥미롭다. 그리스도인이 공공 영역에 참여할 때, 기독교적 정체성은 지키느냐 포기하느냐를 따질 대상이 아니다. 이 정체성을 어떻게 표현할 것인가가 문제다. 서구와는 또 다르게 다원적인 한국 사회에서 기독교의 공적 역할을 고민하는 많은 이에게 이 책이 좋은 자료가 되리라 믿는다.

성석환 장로회신학대학교 기독교와 문화 교수

오늘날 공공성이라는 화두를 기독교적으로 이해하려면 다원주의에 대한 입장을 정리하는 일을 결코 피할 수 없다. 북미와 유럽의 칼뱅주의 지성을 대표하는 두 저자는 이러한 전제에서 출발하여 존 롤스, 마이클 노박, 로버트 벨라, 리처드 세넷, 한나 아렌트, 장자크 루소 등의 주장 사이에 놓인 미묘한 오솔길을 찾아낸다. 모든 실재의 통일성은 차이에 대한 의식에서 비롯된다는 W. H. 오든의 시구를 마음에 새기고, 친밀함의 연대에서 공공성의 차원으로 나아가되, 그 바깥에 우리의 죄악을 일깨우는 종말론적 지평이 엄존함을 잊지 말아야 한다는 것이다. 포스트 콘스탄티누스 시대의 기독교 공공철학에 갈급한 독자들에게 길잡이가 될 책이다.

이국운 한동대학교 법학부 교수

근대 다원주의와 그것이 그리스도인들 앞에 제기한 심오하고도 다루기 어려운 이슈, 즉 신앙을 거부한 이들과 시민적인 관계, 심지어 대화하는 관계를 유지하면서 어떻게 자신들의 신앙을 견고히 붙잡을지를 지극히 명료하게 논의한다.

글렌 틴더 매사추세츠 대학교

미국의 공적 삶 속 다원주의에 관한 논쟁을 다룬 훌륭한, 내 생각엔 이제까지 나온 책 중 최고의 작품이다. 마우와 흐리피운은 함께 동시대 논의의 수많은 가닥을 모아 그 섬유에서 예술적으로 명주실을 뽑아내고, 현대의 삶을 축복하는 종류와 저주하는 종류의 다원주의를 신중하고도 비판적으로 묘사함으로써 최고의 내용을 솜씨 좋게 엮어 냈다. 미래의 어떤 논의도 이 책을 참고하지 않고서는 완전할 수 없다.

맥스 스택하우스 앤도버 뉴턴 신학교

이 훌륭한 연구는 공적 삶에 대한 진정한 기독교적 기여를 위해 필요한 겸손과 확신의 정확하고도 올바른 조합을 구현하고 있다. 우리의 사회적 상황에 대한 분석은 명료하며, 그 권고는 오늘날 공익을 유지하기 너무나 어렵게 만드는 냉소주의와 열광주의라는 쌍둥이의 위험에 대해 강력한 대안을 제공한다.

데이비드 홀렌바흐 조지타운 대학교

다원주의들과 지평들

IVP(InterVarsity Press)는
캠퍼스와 세상 속의 하나님 나라 운동을 지향하는
IVF(InterVarsity Christian Fellowship)의 출판부로
생각하는 그리스도인을 위한 문서 운동을 실천합니다.

Pluralisms and Horizons © 1993 by Richard J. Mouw and Sander Griffioen
Originally published in English by Wm. B. Eerdmans Publishing Co.
"Is a Plauralist Ethos Possible?" © 1994 by Sander Griffioen
"Iron Sharpening Iron" © 1995 by Richard J. Mouw and Sander Griffioen
All rights reserved.
Used and translated by the permission of Richard J. Mouw and Sander Griffioen

This Korean translation edition © 2021 by Korea InterVarsity Press
156-10 Donggyo-ro, Mapo-gu, Seoul 04031, Republic of Korea.

다원주의들과 지평들

다양성의 시대를 살아가는 그리스도인의 공공철학

리처드 마우·산더 흐리피운 | 신국원 옮김

IVP

…참된 민주주의는
우리의 죄악에 대한 자발적 고백에서 시작한다.
오직 이를 통해서만 우리 모두가 평등하며,
모두 연약하기에 그 누구도
"내게 통치할 권한이 있다" 혹은
"내가 가진 도덕률을 보라"
하고 주장할 엄두를 내지 못한다.
그리고 모든 실제의 통일성은
차이에 대한 의식에서 비롯된다….

― W. H. 오든

차례

	감사의 글	9
1장	다원주의 바르게 보기	11
2장	얇은 합의, 빈 성소	33
3장	종교와 공론장	67
4장	공적 자아 탐색	89
5장	방향적 다양성 이해하기	111
6장	통합적 비전과 연합적 다원성	139
7장	보석상의 관점을 향하여	161
8장	열린 하늘 아래	193
부록 1	다원주의적 에토스는 가능한가?	215
부록 2	철이 철을 날카롭게 하는 것같이	243
	찾아보기	251

감사의 글

이 연구는 1980년대 초 공동의 개혁주의 전통에 뿌리내린 세 기관―암스테르담 자유 대학교와 미시간주 그랜드래피즈에 있는 캘빈 칼리지, 토론토 기독교 학문 연구소―이 사회 이론 협동 기획 육성에 합의함으로써 시작되었다. 우리 두 사람은 캘빈 칼리지 학장, 자유 대학교 총장과 철학과, 그 후엔 풀러 신학교에서 지원한 후한 기금에 힘입어 네덜란드와 미국에서 상당 기간 우리의 관심사를 함께 파고들 수 있었다.

풀러 신학교 학장실 연구 조교인 스콧 플립스(Scott Flipse)는 출판을 위해 원고를 정리하는 가운데 몇 가지 귀중한 작업을 솜씨 있게 처리해 주었다. 우리 두 사람의 아내인 도린 흐리피운(Dorine Griffioen)과 필리스 마우(Phyllis Mouw)가 이 기획을 위해 감당해 준, 여기에 상세히 설명하기 어려울 정도로 많은 희생적 지원에 특별히 감사드린다.

1장
다원주의 바르게 보기

사회과학 이론의 현 상황에 관심을 가진 일군의 학자들이 '사회과학에서의 지식의 가능성'을 논하기 위해 1983년 9월 시카고 대학교에 며칠 동안 모였다. 도널드 피스크(Donald Fiske)와 리처드 슈웨더(Richard Shweder)는 이 회의에서 발표한 논문들을 출판하려고 준비하면서 『사회과학의 메타이론』(*Metatheory in Social Sciences*)이라는 상당히 무시무시한 제목을 붙였지만 거기에 "다원주의들과 주관성들"(*Pluralisms and Subjectivities*)이라는 흥미로운 부제를 달기로 했다.

  이는 적절한 부연 설명이었다. 그 논문들은 사회과학자들이 아주 기본적인 이슈에서 합의하지 못한다는 사실에 큰 관심을 기울였다. 시카고 학회 참여자 대부분은 인류 연구에서 '일치된 과학'에 도달할 가능성을 사회과학에서 낙관하던 분위기가 지배적이던 시절을 기억할 수 있었다. 그러나 이제 그들은 피스크와 슈웨더가 분위기를 묘사했듯이 "다수의 패러다임과 학파가 끈질기게, 심지어 확고히 기반을 굳히고 있으며, 시간이 지나도 연구를 인도하고 증거를 해석하는 데 사용되는 이론들과 개념들이 수렴하지 않는다는 사실"을 잘 인식하고 있었다. 오늘날 "다양한 개념화와 고차 이론 내에서는 어떤 환원도 일어나지 않고 있는 것으로 보이며, 수많은 기본 이슈는 해결될 조짐이 전혀 보이지 않는다."¹

사회과학자들만이 현대의 삶 속에서 '다원주의들과 주관성'들을 반드시 고려해야 할 주제로 인식하는 것은 아니다. 오늘날 인간 상호 관계의 여러 영역 속에서 화해될 수 없음이 분명한 여러 관점이 경쟁을 벌이고 있다는 사실을 모두가 잘 안다. 실제로, 수렴하지 않는 게 분명한 사항의 목록은 끝이 없어 보인다. 성적 지향, 종교적 관점, 가족 생활 방식, 정의에 대한 생각, 평화에 관한 비전, 인간 기원에 관한 이론, 인간의 건강과 행복에 관한 정의 등.

사람들이 동의하지 못한다는 사실은 확실히 결코 새롭지는 않다. 아주 오랜 시간 그래 왔다. 학문적 성찰의 연대기는 명철한 사람들이 언제나 그 점을 주목해야 할 중대한 사안으로 여겨 왔음을 보여 준다.

그러나 오늘날 어떤 사상가들은 불일치의 경험이 동시대의 삶을 아주 특별한 방식으로 형성한다고 주장한다. 그들은 다원성을 강하게 인식하는 것이 근대성의 두드러진 특징이라고 말한다. 맥스 스택하우스(Max Stackhouse)는 이렇게 설명한다. "아마도 인류 역사상 어느 사회도 근대 사회만큼 다원주의적이고 역동적이지 않았을 것이다. 과연 '다원주의적'과 '역동적'이란 용어는 현 상태에 대한 묘사일 뿐만 아니라 반드시 그래야 한다는 규정이 되어 버렸다."²

---

1   Donald W. Fiske and Richard A. Shweder, eds., *Metatheory in Social Science: Pluralisms and Subjectivities* (Chicago: University of Chicago Press, 1986), p. 5.
2   Max L. Stackhouse, *Public Theology and Political Economy: Christian Stewardship in Modern Society* (Grand Rapids, MI: Wm. B. Eerdmans Publishing Co. for

모두가 스택하우스의 주장에 동의하지는 않을 것이다. 어떤 학자들은 '깊은'(deep) 다원주의 경험은 환상이라고 믿는다. 그들은 일치의 부재가 우리 문화의 표층에 아주 분명히 드러나긴 하지만, 훨씬 기본적인 차원에서 근대의 문화생활은 실제로 점점 더 획일화되고 있다고 주장한다. 또 다른 이들은 다원주의가 현 상황에 대한 정확한 묘사라는 데 동의하지만, 반드시 그래야 할 적절한 규범이라는 데는 동의하지 않을 것이다.

이런 논쟁에는 숙고해야 할 중요한 내용이 많다. 그러나 스택하우스가 '다원주의적' 및 '역동적'에 대한 경험이 오늘날 많은 이의 의식 속에서 중요한 요소라고 주장한 것은 분명히 옳다. 예를 들어, 피스크와 슈웨더는 모든 사회과학자가 그들 분야의 이론적 현 상태를 특징짓는 외견상의 깊은 분열로 인해 깊이 고민하지는 않으나 적어도 이 점에는 동의한다고 지적했다. "이런 일들로 인해 우려하건 그렇지 않건, 그것은 특히 사회과학에서의 지식 성장을 위한 가능성에 관심이 있다면 반드시 감수해야 할 종류의 것이다."[3]

다원성이 반드시 감수해야 할 종류의 것이라는 확신은 문화의 화폭을 더 넓혀도 감지될 수 있다. 기본적 다양성에 대한 찬양은 근래 서양 문화에서 일상적 주제가 되었다. 비록 차이를 찬양하는 데 사용되는 대중 언어("네 멋대로 하라", "다른 족속을 위한 다른 스트로크")가 주기적으로 바뀌긴 하지만 말이다.

Commission on Stewardship, National Council of the Churches of Christ in the U.S.A., 1987), p. 157.

3   Fiske and Shweder, *Metatheory in Social Science*, p. 4. 또한 pp. 364-367를 보라.

다원주의와 기독교적 확신

기독교 믿음(belief)은 공적 삶에서 다원성을 용인하는 것과 전혀 맞지 않는다고 주장하는 사람을 만나는 일은 드물지 않다. 예를 들어, 도널드 애트웰 졸(Donald Atwell Zoll)의 평가가 그렇게 보인다. 『20세기 정치철학』(Twentieth Century Political Philosophy)이라는 책에서 그가 주장하길, 기독교와 민주주의 이론이 양립 가능함을 보이려는 모든 시도에는 "철학적 난관이 가득하다. 그중에서도 어떻게 종교적 종말론이 대중 민주주의 사상의 상대주의적·욕구지향적 기초들과 조화될 수 있는지 보여야 할 책임이 있다."[4] 졸이 이 언급을 통해 무엇을 의도했건, 적어도 이 점만큼은 분명하다. 삶에 관한 자신들의 관점이 종국에는 정당하다고 증명되리라 믿는 이들은 다양한 관점을 용인하기를 권장하는 종류의 정치 사회와 문제없이 지내기 매우 어려우리라고 졸이 확신한다는 것이다.

졸의 주장을 뒷받침할 증거를 찾는 일 또한 어렵지 않다. 기독교 사상 및 실천의 역사는, 강한 기독교 믿음을 가지는 것과 다양한 관점을 용인하는 것을 화해시키려는 시도에 "철학적 난관이 가득하다"는 졸의 주장에 기꺼이 찬성할 그리스도인들의 사례를 풍부하게 제공할 것이다.

졸이 종교 공동체 내에서 자신의 주장에 대한 지지를 모으고자 완고한 전통주의자들에게로 관심을 제한할 필요도 없을 것이다. 최근 유니언 신학교 톰 드라이버(Tom Driver) 교수는 우리 그리스도인들 또한 기꺼이 신학적 콘스탄티누스주의(Constantinianism), 즉 "구원과 해방의 문제에는

---

4 Donald Atwell Zoll, *Twentieth Century Political Philosophy* (Englewood Cliffs, N.J.: Prentice-Hall, 1974), p. 94.

단 하나의 참된 길이 있을 뿐이라고 가정하는 오랜 습관"을 벗어 버리려 하지 않는다면, 공적 행동에 대한 기준에 다른 모든 이가 동의하기를 요구하는 관습인 정치적 콘스탄티누스주의의 자취가 새겨진 세계를 지울 수 있는 소망이 전혀 없다고 주장했다.[5]

드라이버는 19-20세기 선교 운동은 어떤 의미에서 "콘스탄티누스주의 정신이 붕괴하기 전 마지막으로 크게 솟아오른 것"으로 볼 수 있다고, "또한 그것이 서양 기독교가 세계의 많은 종교 및 문화와 교류하는 시대를 열기 위한 의도하지 않은 준비로 보이는 게 모순이 아니라 해도" 그렇다고 주장한다. 그 새로운 종류의 종교 평등주의 시대는 "정치적(그러므로 교회적) 도덕성의 주 원칙이 이미 정치권력이나 교회권력으로 집중되지 않고 이해관계, 권력, 신념의 진정한 다원주의 속으로 확산된" 시대다.[6]

드라이버는 강한 종교적 진리 주장이 관용 정신과 잘 어울리지 않는다고 주장하는 지난날(과 현재!)의 불관용적 그리스도인들과 생각이 같을 것이다. 하지만 콘스탄티누스주의적 그리스도인들이 관용에 반대하는 것 외에는 선택지가 없다고 결론 내렸던 반면, 드라이버는 강한 진리 주장을 포기하기를 주장한다. 그에게 신학적 콘스탄티누스주의를 거부한다는 것은 그리스도인들이 "타 종교의 신앙과 진리가 자신들의 것과 동등한 타당성을 가진다고 여김"을 의미한다.[7]

정치적이건 신학적이건 콘스탄티누스주의 기획에 팽배한 불관용과 억압을 드라이버가 비난한 점은 옳았다. 그러나 종교적 가르침에 대한 전면

---

5   Tom F. Driver, "Toward a Theocentric Christology", *Christianity and Crisis* 45, no. 18 (Nov. 11, 1985): p. 450.
6   같은 곳.
7   같은 곳.

적인 평등주의적 접근은 많은 그리스도인에게 콘스탄티누스주의 정신을 피하는 노력의 대가로는 너무 비싼 값을 지불한다는 인상을 줄 것이다. 우리 중 어떤 이에게는 복음의 고유한 진리 주장을 계속 신봉하면서 콘스탄티누스주의를 피하는 일이 진정한 도전이다.

하지만 드라이버가 이 일이 결코 쉬운 과제가 아님을 당연하게 여긴 점은 진지하게 받아들여야 한다. 사회학자 존 머리 커디히(John Murray Cuddihy)는 그 도전의 어려움을 『시민교양의 시련』(The Ordeal of Civility)이라는, 종교적 관용을 주제로 한 책의 제목으로 멋지게 포착했다. 커디히는 과장할 의도가 없었다. 시민교양은 세련됨(tact), 친절함(niceness), 온건함(moderation), 정제됨(refinement), 선한 태도(good manner)를 보여 주기를 요구한다. 이 모두는 근대화 기획이 '문명화된'(civilized) 것으로 여겨지기 원하는 사람들에게 요구하는 것이다.[8] 커디히는 또한 신자들에게 '신성한 특수성'(sacred particularity) 의식에서 벗어나라는 요구에 저항하기를 강력히 요구하는 유대교와 기독교 고유의 힘도 잘 알고 있다.[9] 그는 랍비 아서 허츠버그(Arthur Hertzberg)의 다음과 같은 논평을 찬성하며 인용한다. "미국의 실험"에서는 "종교에 관해 예전에는 알지 못했고 거의 생각할 수도 없었던 무언가"를 요구한다. 즉 "모든 종파는 그 자체를 위해서나 사적으로는 참되고 계시된 신앙으로 남아 있되, **공적 영역에서는 그 진리가 심미적 의견이나 과학 이론이 그러하듯 잠정적인 양 행동해야 한다**"는 것이다.[10]

---

8 John Murray Cuddihy, *The Ordeal of Civility: Freud, Marx, Levi-Strauss, and the Jewish Struggle with Modernity* (Boston: Beacon Press, 1987), p. 235.
9 같은 곳.
10 John Murray Cuddihy, *No Offense: Civil Religion and Protestant Taste* (New York:

커디히가 이런 기대에 부응하려 애쓰는 것이 시련의 성격을 가진다고 주장한 점은 옳았다. 하지만 그는 이 시련이 결국 확신을 희생하기를 요구하지 않는 시민교양을 낳을 수 있다고 생각한다. 정말로, 그의 분석에 따르면 시민교양의 시련을 견뎌 낼 최우선적 성경의 자원은 종말론적 비전이다. 그는 확신을 가진 사람이 '완전한 공동체'는 오직 '마지막 때' 나타나리라고 스스로 확신할 수 있다면 시민교양을 계발할 수 있다고 주장한다.[11] 흥미롭게도 커디히는 여기서 졸이 기독교와 민주주의 사상을 화해시키려는 모든 시도를 괴롭히는 '철학적 난관'의 주된 원천이라고 본 바로 그 신학 영역에 호소하고 있다. 커디히의 제안은 뒤의 장에서 다시 다룰 것이다.

다원주의들과 지평들

프란츠 폰 바더(Franz von Baader)는 1826년 뮌헨 대학교 평의회 연설 중에, 주위에서 목격한 '의견의 무질서(anarchy)'와 교리적 혼란의 '영적 홍수'를 비난하면서 문화적 통일성의 쇠퇴를 한탄했다. 그럼에도 그는 점증하는 다원주의를 순전히 부정적으로만 보지 않았다. 바더는 그의 로마 가톨릭 신앙심의 자원에 의지해 터널 끝에서 모종의 빛을 보았다. 즉, 내리고 있는 문화의 어두움은 하나님의 더 영광스러운 현현을 위해 세상을 준비시킬 위기라고 생각했다. 바더는 심지어 그의 상황 판단에 근거해, 현재의 다양성 자체가 다가오는 영광을 더 뚜렷이 드러나게 하는 데

The Seabury Press, A Crossroad Book, 1978), p. 108.
11　같은 책, pp. 210-211.

사용되리라는 암시를 주었다.¹²

바더가 의식했건 그렇지 않았건, 그의 견해는 헤겔(Georg Wilhelm Friedrich Hegel)이 『믿음과 지식』(*Faith and Knowledge*)의 마지막 구절에서 표현한 견해와 아주 유사한 점이 있다. 헤겔도 현대의 다양성을 기대의 '결정적 순간'(*kairos*)이라는 빛 속에서 평가했다. 헤겔은 근대의 주관주의(subjectivism)가 불신앙의 확산과 더불어 부상하는 것이 "우주적 성금요일"(universal Good Friday), 곧 마지막으로 성령이 모든 육체 위에 부어지는 길을 예비하는 필수적 위기이자, 다양성이 더 큰 통일성 속에 보존될 종말(eschaton)이라고 주장했다.¹³

바더와 헤겔이 제시한 것은 다원주의에 관한 메타전망(metaperspective)이다. 그들은 우리가 특별한 종류의 다양성의 전모를 볼 수 있게 해주는 지평을 묘사함으로써, 사물의 체계(scheme) 속에서 그 위치를 더 잘 이해하게 해 준다. 어떤 종류의 다원주의 형태를 강력히 옹호하거나 공격하는 것은 흔히 우리가 다양성을 더 큰 형이상학적-인식론적 배경에 비추어 볼 수 있게 해 준다.

이 사실에 민감하다면 다원주의를 옹호하는 사람 모두가 실제로 철저한 상대주의를 지지하는 것이 아님을 알게 된다. 언뜻 보기에 그가 예컨대 '앎의 방식'에서 깊은 차이들을 옹호하며 강조하는 것처럼 보일 때조차도 그렇다. 지지받는 것은 단지 상당히 제한된 다양성일 뿐인 경우가 많다. 그 지지자는 사실 문제의 다원주의 속에 무엇이 포함되고 무엇이

---

12 Hans Grassl, "Franz Xavier von Baader", in *Unbekanntes Bayern, Portraets aus acht Jahrhunderten*, vol. 3 (Muenchen: Süddeutscher Verlag, 1975), p. 195를 보라.
13 Georg W. F. Hegel, *Faith and Knowledge*, trans. Walter Cerf and H. S. Harris (Albany, N.Y.: State University of New York Press, 1977), pp. 189-191. 『믿음과 지식』(아카넷).

포함되지 않는지를 결정하는 매우 분명한 기준을 가지고 움직인다.

이미 인용했던 톰 드라이버의 주장, 즉 정치권력과 교회권력이 "이해관계, 권력, 신념의 진정한 다원주의 속으로 확산"되는 것을 경험하고 있다는 주장을 생각해 보자. 드라이버가 정말 이 말을 통해 철저한 상대주의를 지지하려고 했다면, 그는 하나의 이해관계나 권력이나 신념이 다른 것들보다 더 합리적이거나 믿을 만하다고 주장하기 위해 그 어떤 규범이나 기준에 호소하는 것이 더 이상 정당하지 않은 역사의 시점에 우리가 도달했다고 말하는 셈이다. 하지만 만약 이것이 그가 뜻한 바라면, 그는 정치적이거나 신학적인 콘스탄티누스주의와 관련된 주장이 틀렸거나 근거가 빈약하다고 결코 주장할 수 없다. 오히려 다양한 콘스탄티누스주의가 경쟁 관계에 있는 여러 주장과 마찬가지로 지지를 얻을 권리를 가진다고 말해야 할 것이다.

그러나 드라이버는 분명히 다양한 콘스탄티누스주의적 주장을 거부할 상당한 근거가 있다고 생각한다. 정말로, 그는 우리 문화에서 점점 더 드러나고 있는 다원주의 추세의 예를 제시하면서, 콘스탄티누스주의자들이 계속 득세한다 하더라도 더 이상 그들을 진지하게 다룰 필요가 없다고 분명히 말한다. "기독교 반동분자들이 그러하듯 괴물의 입을 하고 사납더라도, 그들의 설득력에 반하는 증거가 쌓이는 중이며 그것이 그들의 호전성을 설명하는 일을 도와줄 것이다." 이와 대조적으로, 드라이버가 그 존재를 크게 칭송하는

> 하나의 냄비가 있다. 그 속에서 해방신학, 여성신학, 흑인 아프로-아메리칸 신학, 흑인 아프리카 신학, 아시아 기독교 신학, 아메리카 원주민 신학 등의

급진적 목소리들이 섞인다. 이들을 결속시키는 '냄비'는, 콘스탄티누스주의적 시대가 지금껏 그 시대가 누렸을 어떤 도덕적 혹은 신학적 정당성도 이미 상실한 채 끝났으며 적당한 시간에 세계 무대에서 퇴장하리라는 확신이다.[14]

드라이버는 분명 다양한 전망의 다원성에서 제기되는 것들 중 어느 하나가 더 혹은 덜 합리적인지 평가하는 일을 포기하지 않았다. 그는 콘스탄티누스주의적 주장이 "어떤 도덕적 혹은 신학적 정당성도" 결여해 더 이상 '설득력'이 없으며, 반면에 다양한 대안적 관점으로 만든 스튜는 실제로 콘스탄티누스주의적 사상의 부적절함에 관해 올바르게 합의된 확신으로 뭉쳐 있다고 생각한다.

비록 암암리에 그렇게 할 따름이지만, 드라이버는 사실 여기서 자신이 강조하는 특정 전망을 편들어 철저한 상대주의를 제한하고 있다. 우리가 이런 전망을 진지하게 고려하려면 그런 한계가 반드시 필요하다. 어떤 상대주의 관점도 그가 실제로 언급한 관점과 같지 않다. 드라이버가 우리에게 권하는 신학적 '목소리들'에게서 들리는 것의 중심에는 지난날 교회와 신학의 엘리트들에 의해 조직적으로 무시되어 온 중요한 경험들—예를 들어, 흑인 노예와 아메리카 원주민의 경험—은 진지하게 다루어질 권리가 있다는 주장이 있다. 이전에 무시된 관점들에는 마땅히 고려되었어야 할 것이 담겨 있다는 의식이 상대주의적 다원주의로 여겨질 수는 없다.

---

14   Driver, "Theocentric", p. 450.

그럼에도 다원주의자는 콘스탄티누스주의적 관점과 비콘스탄티누스주의적 관점이 사실 공통의 정치적 얼개 내에 공존할 수 없다고 주장할 수 있다. 어느 사회에서건 이쪽 아니면 저쪽으로 결정해야 한다는 것이다. 그러나 경쟁하는 전망들을 평가하기 위해 호소할 아무런 합당함이나 타당성의 기준이 없다면 결국 선택은 권력에 관한 것으로 환원되고 만다. 드라이버가 인류 역사의 방향에 대해 공언한 낙관론에도 불구하고 비(非)콘스탄티누스주의적 정치 체계들이 그런 싸움을 이겨 낼 수 있을지는 전혀 분명하지 않다. 그리고 정치적 콘스탄티누스주의들이 패배해야 한다고 말할 규범적 근거가 없다는 것 또한 상황을 불행하게 만든다.

그러나 사실 드라이버가 우리를 그런 상대주의적 방향으로 끌고 가려고 의도하지 않았음은 분명해 보인다. 그는 다양성 층위에서는 어떤 일이 '실제로' 일어나고 있는지 분별하고 분류할 수 있게 해 줄 형이상학적-인식론적 배경이 되는 지평을 가리키는 한편, 숙고의 층위에서는 전망들의 풍부한 다양성을 고취하고자 한다. 그가 권하는 해방 운동가와 인종의 목소리가 공통의 반(反)콘스탄티누스주의적 확신으로 뭉친 한 '냄비' 안에서 공존한다는 드라이버의 주장은 이와 같다. 그의 논의는 다원주의로 인한 궁극적 상대주의에는 찬동하지 않으면서 다원주의를 강하게 지지할 수 있다는 사실을 예시한다.

교차문화적 비교

이 논의의 두 층위, 즉 낮은 차원의 다원성 인식과 다원성이 이해되는 높은 차원의 지평 묘사를 명확히 구분하여 유지하는 것이 바로 브라이언 윌슨(Bryan Wilson), 마틴 홀리스(Martin Hollis), 스티브 루크스(Steve Lukes), 어니스트 겔너(Ernest Geller)의 교차문화적(cross-cultural) 탐색에서 강조하는 바다.[15] 예를 들어, 어떤 사람이 아잔데족 주술사가 제시한 종류의 '설명'과 서양 과학자가 내놓은 설명 체계 사이에는 판단을 내릴 아무런 기준이 없다는 주장을 한다고 가정해 보자. 서양 과학이 아잔데 주술보다 더 '합리적'임을 입증하려는 모든 노력은 효과적으로 예측하는 능력 같은 기준에 호소할 것이다. 이는 그 자체로 합리성에 관한 서양적 관념에 의존한 것이며 아잔데 사고방식에는 이질적이다. 이런 교차문화적 평가에서는 실제로 문화적 제국주의를 행사했다고 주장할 것이다. 이 경우에는 북대서양 계몽주의 사고의 기준이 그 기준에 익숙하지 않은 사람들에게 억지로 부과된 것이다.

이렇게 주장하는 사람들은 흔히 똑바른 상대주의가 허용하는 것을 이미 훨씬 넘어갔다는 사실을 자각하지 못한다. 예를 들어, 그들은 비서양인이 제시한 것은 '설명'이라고, 혹은 이 두 노력 사이에서 마주치는 것은 상이한 '기준들'이라고, 혹은 문화적 경험에 '이질적인' 것을 결정하기 위한 교차문화적 기준이 있다고 주장한다. 그러나 이러한 고려 사항을 인정하는 것으로 간단히 논란을 끝내지는 못한다. 일례로 스티브 루크스는 "믿음을 갖는 이유의 좋음-강점과 적실성-은 문화와 맥락에 의존하고 있다는 사상의 유혹에 부분적으로 빠져 있으면서" 이런 우려의 중요성을 인정한다.[16] 그러나 루크스가 이런 관점에 단지 부분적으로만 유

---

15 *Rationality*, Key Concepts in the Social Sciences, Bryan R. Wilson, ed. (Oxford: Basil Blackwell, 1970)과 *Rationality and Relativism*, ed. Martin Hollis and Steven Lukes (Oxford: Basil Blackwell, 1982)에 모아 놓은 논문을 보라.
16 Hollis and Lukes, *Rationality and Relativism*, p. 11.

혹을 느낀다는 사실 자체가 교차문화적 감각이 '적실성'과 '문화적 의존성' 같은 개념들이 만들어질 수 있는 메타 수준의 논의에 전념하고 있음을 보여 준다. 그런 문제에 관한 철저한 상대주의는 그보다 빨리 침묵으로 후퇴하기를 요구하는 것처럼 보인다.

이런 침묵이 비극적인 것이, 공동의 삶을 통제할 능력을 두고 경쟁하는 전망들 사이의 선택이 결국 힘만으로 결정되어야 한다는 양보이기 때문만은 아닐 것이다. 그것은 또한 중대한 손실일 텐데, 이 집단들이 또다시 인류의 대화에서 목소리 내기를 거부당하는 셈이기 때문이다. 문화적 다원주의에 대한 오늘날의 호소에서 더 흥미로운 특징 하나는 그들이 흔히 드라이버의 지적에서 본 바와 같이 오랫동안 무시되어 온 목소리들을 주의 깊게 들으라는 진지한 요청을 수반한다는 것이다. 힘없고 주변화된 이들의 호소 및 그들의 비전과 희망이 자주 '원시적'이며 '미신적'이라고 배척되어 온 사람들의 증언 말이다. 이 목소리들이 상대주의적 다원주의가 인류의 다양성에 대한 궁극적 평가로 자리 잡은 세상에서 또다시 쫓겨나리라는 우려가 있다. 그런 세상은 맥스 스택하우스가 통찰력 있는 주장에서 잘 설명한 분위기로 인해 고통을 겪을 것이다.

그 어떤 것도 지속적으로 혹은 알 수 있는 방식으로 참되거나 바르거나 선할 수 없다는 견해, 즉 모든 것이 상황과 그것을 바라보는 전망의 즉각적 요구에 달렸다는 견해는 어떤 역동적인 종류의 다원주의로 이어진다. 그러나 그것은 근대 정치경제의 코즈모폴리턴 세계 속에서 우리의 생각과 삶을 인도할 수 없는 다원주의가 분명하다. 그것은 하나님, 인류, 또는 세계에 대한 어떤 비전도 다른 모든 견해보다 더 타당하다고 판단될 수 없음을 함의하며, 우리가 가진 것은 일종의 지나가는 견해이거나 어떤 권리도 가질 수 없는 맥락적 분출이고 아무런 정당화도 부여될 수 없는 것이라는 뜻이다.[17]

이는 분명 매력적인 상황은 아니다. 그리고 지금까지 주장해 온 것처럼 만약 그것들의 구상이 우리를 이런 종류의 규범 부재로 끌고 간다고 생각하면 다원주의에 대한 여러 옹호 가운데서 중요한 뭔가를 잃을 것이다. 사실 다원주의 옹호자들은 흔히, 오직 결국 더 적절한 통일성이 그 자리를 차지하리라는 소망을 품고 있기 때문에 낡은 통일성들을 파괴할 생각을 한다. 이것이 헤겔이 새로운 다원주의적 주관주의의 출현을 "성금요일"이라고 묘사했을 때 의미했던 바다. 헤겔은 오직 성금요일의 절망이 부활절 후 오순절의 다양성-속-통일성을 가져올 수 있으리라고 확신했기에 옛 콘스탄티누스주의 방식의 통일성이 파괴되는 것을 기쁘게 바라보았다. 그는 통일성이 지배적 특징인 더 먼 지평을 배경으로 다원주의를 바라보았기에, 다원주의가 점점 증가한다는 사실을 정확히 찬양할 수 있었다.

'다원주의들'에 대하여

지금까지 우리는 다소 마구잡이 방식으로 다원주의의 폭넓은 다양함을 언급했다. 이제는 논의를 더 규모 있게 만들 때다. 이 책의 주된 초점이 공

---

17 Stackhouse, *Public Theology*, p. 159.

적 삶의 논의들 속에서 두드러지게 나타나는 다원주의에 있기 때문이다.

물론 다원주의들을 전반적으로 조사함으로써 특정한 다원주의들을 연구할 때 얻을 수 있는 것이 있다. 비록 여기서 이 노선을 따라서 철저한 조사 결과를 제공할 수는 없더라도 다원주의 분류법에 관한 몇 가지 간략한 언급은 필요하다.

'다원주의'는 '다원성'(plurality)에 관한 '주장'(ism)이다. 이런 의미에서 다원주의적 설명은 누군가가 어떤 '다수'(manyness)에 대해 뭔가 중요한 할 말이 있다고 확신할 때 제기된다. 이 해석은 용법 사례의 '많음'(many)에 부합한다. 사람들은 흔히 다원성이 주목할 필요가 있는 현상으로 떠오를 때 다원주의에 대해 말하기 시작한다. 언론인은 성적 '다수'가 주목할 만한 현상이라고 확신하기에 '성적 다원주의'(sexual pluralism)에 대한 기사를 쓴다. 마찬가지로 '종교 다원주의'(religious pluralism)에 대한 학문적 담론은 종교적 성향의 다양성의 존재가 중요하다는 것이 부각됨을 뜻한다.

물론 모든 다원성에 '주의'가 붙지는 않는다. 예를 들어, 우주에는 수많은 자주색 물체가 있으며 다양한 주근깨 모양이 다수 존재한다. 그러나 지금까지, 이를테면 '자주색 다원주의'라든가 '주근깨 형태 다원주의'에 대한 이야기는 거의 없다. 다원주의는 특정한 다원성이 어떤 사람이나 집단에 특별한 중요성을 가질 때 모습을 드러낸다.

어떤 다원성에 부여된 중요성은 두 범주 중 하나에 해당한다. 다원주의 호칭은 때로 다양성을 **옹호하는** 수단으로 사용된다. 이를 두고 그 말을 **규범적**(normative) 의미로 사용했다고 생각할 수 있다. 예를 들어, '성적 다원주의'에 대해 말하는 사람은 모든 사람이 다양한 성적 취향과 행위를 좋은 상황으로 보기를 원한다. 심지어는 아직 존재하지 않는 다양성을 요구할 때 자신을 다원주의자라고 규정할 수도 있다. 현재는 신학적으로 매우 동질적인 보수 교단 속에서 교리적 다원성을 옹호하는 사람처럼 말이다.

그러나 다원주의 호칭은 반드시 다양성을 옹호하는 수단이 아니라, 단지 그것이 주목할 만한 가치가 있는 사실로 존재함을 **인정하는** 방식으로서 **서술적**(descriptive) 의미로도 사용될 수 있다. 누군가는 단일한 일군의 '도덕적 절대'(moral absolute)로 복귀하기를 요구하는 과정에서 자신이 속한 사회의 도덕적 다원주의를 언급할 수도 있다. 여기서 그는 그 다원성을 비난하는 형식으로 받아들인다고 여기겠지만, 반드시 여겨져야 할 다원성이 실제로 존재함을 인정한다는 의미에서나마 그는 다원주의에 동의하는 것이다.

서술적 다원주의는 규범적 종류의 다원주의보다 대개 논란이 덜하다. 규범적 다원주의를 옹호하는 사람들은 그들이 옹호하는 바에 대해 항상 아주 분명하지는 않다. 예를 들어, 그런 성향을 가진 사람들에게 '자연적'으로 보이는 한 모든 성적 지향은 동등하게 정당한 것으로 대우받아야 한다고 주장하는 이들이 있다. 그들이 드는 예로 보건대, 보통 그들이 염두에 두고 있는 성적 지향은 분명 자유분방한 이성애와 동성애 행위, 혼외정사, 포르노그래피 사용과 관련 있어 보인다. 하지만 강간, 근친상간, 시간(屍姦), 수간(獸姦)도 포함시킨다는 의미인가? 성적 다원주의 옹호자 일부는 관용을 이 모든 행태로 확대하기를 꺼리는 듯하다. 그들이 이런 경우들에 선을 긋기 원한다면 그들의 규범적 다원주의는 '자제하는' 종류의 다원주의다.

서술적 다원주의에 관한 논쟁은 주장되는 다원성의 정도에 문제가 더 집중되는 경향이 있다. 예를 들어, 모든 동성애자는 '자연적' 이성애를 왜곡하고 억압하기를 택한 사람들이라고 주장하는 이들은 분명히 존재하는 '실제의' 성적 다원성의 정도를 최소화하려고 애쓴다. 우리는 뒤에서 북아메리카의 종교 상황이 이따금씩 주장되는 것만큼 다양하지는 않다고 주장하며 규범적 종교 다원주의를 최소화하려는 유사한 시도를 살펴볼 것이다.

공적 다원성들

이 책에서 우리의 논의는 공적 삶 속의 다원주의에, 즉 사회의 질서를 적절하게 세우는 것과 관련한 오늘날 논의에 중요한 종류의 다원성들에 초점을 맞춘다. 여기서조차도 우리는 다원주의를 고르는 것이 다소 선택적임을 의식하고 있다. 열면 공적 논쟁의 주제가 될 수 없는 다원성을 생각하기가 어렵다. 사람들은 창조론의 정치적 의의, 피임 방법, 소설이나 영화에서 묘사하는 종교 지도자, 인간과 인간 아닌 종들과의 관계 등에 관해 논쟁을 벌인다.

우리는 공적 삶에서 중요한 세 가지 일반적 형태의 다원성을 부각하기로 정했다. 이들 모두 공적 삶에서 다원주의의 '도전'에 관한 현대의 논의에 두드러진 역할을 수행한다. 예를 들어서 이 유형론을 소개할 수 있다. 멕시코의 가톨릭 가족에 초점을 맞춘 사회학 연구를 한다고 상상해 보자. 이 현상에 대한 방대한 조사를 수행할 사회학자 팀은 적어도 세 가지 요소에 주의를 기울여야 한다. 첫째, 가족적 유대(familial bonds)를 살펴야 한다. 그 가족은 특별한 연합의 유형(pattern of association)이다. 회사나 사교 클럽과 다르다. 둘째, 종교적 요소를 고려해야 한다. 가톨릭의 믿음과 관습은 가족의 삶에 무슬림이나 힌두교의 관습과는 다른 영향을 미친다. 셋째로 중요하게 고려할 점은 문화적 요소다. 멕시코 가족은 아르메니아나 에티오피아의 가족과는 다른 양상을 보여 준다.

이 예는 우리가 공적 삶에서 다원주의 문제를 다루려 할 때 염두에 둔 세 유형의 다원성을 예시한다. 이 세 범주를 우리 논의에서 많이 활용할 것이기에 각각 이름을 붙여 놓는 것이 도움 될 것이다. 종교적 요소는 흔히 '삶의 철학' 또는 '가치 체계'로 불리는 종류의 대표적 사례다. 때로 사람들은 현대 사회에서 증가하는 다원주의를 다룰 필요성을 이야기할 때, 사람들의 삶에 방향을 제시하는 좋은 삶의 비전이 다양함을 언급한다. 그러한 방향적 비전은 조직화된 종교, 혹은 쾌락주의나 마르크스주의 같은 또 다른 가치 지향과 관련지을 수 있다. 더 나은 용어가 없기에, 이 유형에는 방향적 다원주의(directional pluralism)라는 이름을 붙일 것이다.

가족은 인간 연합의 한 양식이다. 가족은 클럽과 회사처럼 대단히 '자발적인'(voluntary) 집단 같은 연합도 포함하는 스펙트럼의 '자연적인'(natural) 측 끝에 위치한다. 우리는 이 유형의 다원성을 연합적 다원주의(associational pluralism)와 씨름하는 것으로 생각할 것이다.

세 번째 다원성은 상이한 문화적 맥락으로 이루어져 있다. 여기서 우리가 염두에 둔 것은 드라이버가 다양한 인종적·민족적·지리적·젠더적·계급적 경험에 기초를 둔 신학 내의 새로운 운동들을 언급하면서 열거한 요소들이다. 우리는 이 일군의 관심사에 맥락적 다원주의(contextual pluralism)라는 이름을 붙일 것이다.

분명 이 세 범주를 나누는 경계를 항상 분별하기는 쉽지 않을 것이다. 그러나 이따금씩 경계가 불명확함을 인정하더라도 이런 종류의 세 가지 일반적 범주를 구분하는 일은 여전히 가능하다. 멕시코의 가톨릭 가족은 이탈리아의 가톨릭 가족과 다르다. 마찬가지로 멕시코의 오순절 교파 가족은 멕시코의 가톨릭 학교와 다르다.

다원주의 분류하기

우리는 두 조의 구분을 도입했다. 첫째 조는 사람들이 다원주의를 제기하는 방식을 다룬다. 사람들은 특정한 다원성이 중요함을 부각하려 할 때 **서술적** 다원주의를 내세운다. 주어진 다원성을 좋은 상황이라고 옹호하려 할 때는 **규범적** 다원주의를 주장한다. 둘째 조의 구분은 우리가 공적 삶에서 중요하다고 생각하는 세 종류의 다원주의와 관련된다. 바로 **방향적** 다원주의, **연합적** 다원주의, **맥락적** 다원주의다.

이제 우리 논의에서 이 두 조의 구분이 결합될 수 있는지 보아야 한다. 세 가지 공적 다원주의는 각기 서술적 또는 규범적 다원주의로 제기될 수 있다. 따라서 다양한 공적 다원주의에 대한 검토는 이 여섯 가지 가능성을 염두에 두어야 한다.

- 서술적인 방향적 다원주의: 방향적 전망의 다원성이라는 사실을 부각함.
- 규범적인 방향적 다원주의: 방향적 다원성을 좋은 상황이라고 옹호함.

- 서술적인 연합적 다원주의: 연합적 양상의 다원성이라는 사실을 부각함.
- 규범적인 연합적 다원주의: 연합적 다원성을 좋은 상황이라고 옹호함.
- 서술적인 맥락적 다원주의: 문화적 맥락의 다원성이라는 사실을 부각함.
- 규범적인 맥락적 다원주의: 맥락적 다원성을 좋은 상황이라고 옹호함.

이런 식의 체계 짜기는 이 책에서 우리가 논의의 취지를 나타내는 일을 가능하게 한다. 우리는 그리스도인이 이 세 종류의 서술적 설명 모두를 지지하는 것이 아무 문제가 없다고 본다. 우리는 현대의 공적 삶에서의 방향적 전망이나 연합적 형태나 문화적 맥락의 다원성이 가진 의의를 최소화하려는 어떤 욕망도 없다. 규범적 차원에서, 우리는 연합적 다원주의와 문화적 다원주의 둘 다를 기꺼이 지지하고자 한다. 우리는 연합적 다양성과 문화적 다양성을 좋은 상황으로 여길 상당한 기독교적 이유를 제시할 것이다.

이로써 우리가 진지하게 반대할 한 종류의 다원주의가 남았다. 바로 규범적인 방향적 다원주의다. 이것이 우리를 궁극적 상대주의로 이끌어 갈 종류의 다원주의다. 우리는 방향적 상대주의가 복음에 대한 헌신과 공존할 수 없다고 확신하기 때문에 주의를 기울여서 이 형태의 다원주의를 다른 표현들과 구분할 것이다.

이슈의 명료화

우리는 간략히 윤곽을 그려 놓은 분류 체계를 채용하면 공적 삶에서의 다원주의와 관련된 난제들이 '해결'되리라고 주장하지 않는다. 그러나 적어도 이 중요하고 복잡한 논의 영역에 걸려 있는 몇 가지 이슈에 빛을 비출 수 있다는 소망을 품는다.

우리가 다원주의를 헐뜯는 자리에 놓으려는 열망으로 움직이는 것도 아니다. 우리는 철저한 상대주의적 다원주의에 실제로 전혀 공감하지 않지만, 그리스도인들이 때로 상대주의의 대안으로 제시하는 극히 단순한 입장도 마음에 들지 않는다. 공적 삶에서 다원주의와 씨름하는 다양한 시도에 대한 우리의 평가는 다원주의 현상이 제기하는 진정한 도전을 더 잘 이해할 수 있게 되리라는 소망 속에서, 특히 그리스도인 공동체에—여기만은 아니지만—제공된다. 확신하건대, 이 도전은 최대한 진지하게 다루는 것이 최선이다.

2장

얇은 합의, 빈 성소

윌리엄 제임스(William James)는 1909년 히버트 강좌(Hibbert Lectures)에서 "내가 아는 어떤 이의 기묘한 철학적 사고" 중 하나라고 묘사한 어떤 여성의 견해를 옥스퍼드의 청중에게 소개했다. 그녀의 기본 논제는 실재가 "딱 두 요소, 즉 두터운 것(the Thick)과 얇은 것(the Thin)으로 이루어져 있다"는 것이었다. 제임스는 그녀가 이 말을 고대 이오니아(Ionia)에서 했더라면 상당한 명성을 얻었으리라고 지적하면서도, 지금 상황에서는 이 논제가 상당히 "얇은" 느낌을 준다고 했다. 하지만 그것은 여전히 "어떤 상황에서는" 사실이라고 덧붙였다.[1]

제임스가 소개한 기묘한 생각은 두터움과 얇음이 현대 철학에서 계속 주목되고 있다는 사실에서 얼마간 만족을 얻을 수도 있다. 주목할 만한 적절한 사례는 정치사상 내의 논의로, 존 롤스(John Rawls)가 그의 기념비적 작품인 『정의론』(A Theory of Justice) 및 더 근래에 쓴 글에서 "선에

---

[1] William James, *Essays in Radical Empiricism and a Pluralistic Universe*, vol. 2 (New York: Longmans, Green and Co., 1958), pp. 135-136.

대한 얇은 이론"(thin theory of the good)을 다룸으로써 촉발되었다.

얇음에 대한 롤스의 옹호는 좋은 삶에 대한 다양한 관념이 공정하게 다루어질 정의로운 사회 질서를 찾으려는 관심에서 비롯되었다. 어떻게 인간 존재의 의미, 가치, 목적에 관한 관점의 다양성을 공정하게 다룰 수 있는가? 롤스는 좋음에 관한 얇은 개념을 가지고 움직여야만 그럴 수 있다고 주장한다. 이것이 롤스에게 의미하는 바는, 무엇이 정의롭고 공정한 것인지에 관한 공적 논의에서 다양한 종교적·철학적·도덕적 신조의 두터운 내용이[2] 결정적 역할을 하는 것을 허용하지 않는 방식으로 우리의 토의를 설정해야 한다는 것이다. 그래야 공적 영역에서 일치를 이룰 수 있다.

롤스의 주장은 사회 질서를 세우는 데서 방향적 다원주의의 영향을 최소화하려는 의도를 가지고 있다. 인간적 선(human good)에 관한 두터운 설명이 공적 삶과 관련된 기초적 문제들을 논의하는 데 개입하지 않아야 한다는 롤스의 주장은, 고도로 특성화된 신념 체계들—특히 종교적 성격을 가진 것들—이 공적 정책 형성과는 아무런 관계가 없어야 할 '사적'(private) 문제라는 널리 지지되고 있는 확신에 이론적 근거를 제공한다. 다원주의 현상에 관한 그의 전망은 그리스도인들이 평가해야 할 중요한 것 중 하나다.

---

2 비록 더 최근에 쓴 논문들에서 일부 논평자의 관행을 따라 '얇음'(thin)과 '두터움'(thick)으로 바꾸긴 했지만, 사실 롤스는 *A Theory of Justice* (Cambridge, Mass.: Harvard University Press, The Belknap Press, 1971, 『정의론』, 이학사)에서 대체로 "얇음"을 "가득함"(full)과 대조한다. 예를 들어, "두터운 무지의 장막과 얇은 무지의 장막"(a thick and thin veil of ignorance)을 구분한 롤스의 논문 "Kantian Constructivism in Moral Theory", *Journal of Philosophy* 77, no. 9 (Sept. 1980): p. 549를 보라. 사회 분석 도구로 사용된 '얇은/두터운' 이분법은 클리퍼드 기어츠(Clifford Geertz)가 근래에 유행시켰다[그는 이를 길버트 라일(Gilbert Ryle)에게서 빌려 왔다]. Clifford Geertz, "Thick Description: Toward and Interpretive Theory of Culture", in his *The Interpretation of Cultures* (New York: Basic Books, 1973), pp. 3-30를 보라. 『문화의 해석』(까치).

'지배적 목적들'

다원주의는 롤스의 『정의론』에서 전문 용어로 등장하지 않는다. 다원주의는 롤스가 책을 쓸 때 두드러진 관심사가 아니었다고 해도 무방하다. 그러나 다원주의에 대한 관심은 롤스의 생각 속에 간접적으로 단단히 자리 잡고 있었다. 예를 들어, 이 관심은 롤스가 어떤 '지배적 목적들'도 우위를 차지하지 않는 사회 질서를 지지하는 데서 분명히 드러난다.

롤스는 사회정치적 삶이 삶의 의미와 목적에 대한 단일한 관념에 종속됨으로써만 함께 유지될 수 있다는 생각을 거부한다. 그는 그런 방식이 인간적 선의 '이질적'(heterogeneous) 성격을 존중하지 못하며 광신과 불관용을 부추길 위험이 있다고 확신한다.[3]

롤스는 진짜 정의로운 사회는 삶의 의미와 목적에 대한 갖가지 개념에 자유를 허용함을 당연시한다. 신을 섬기는 것이 무엇인지에 대한 특정 확신을 사회 전체에 강요하려고 시도하는 '편협한 당파들'은 그런 자유 사회를 유지하는 데 대한 명백한 위협이다.[4]

롤스는 여기서 단순히 종교적 불관용의 위험 이상의 더 많은 것을 염두에 두고 있다. 그는 모든 목적론적 관념(teleological conceptions), 즉 사회가 지향해야 할 지배적 목적에 대한 모든 생각을 거부하려 한다. 이 점에서는 최대 다수를 위한 최대 행복이라는 공리주의(utilitarian) 관념도 삶 전체가 신에 대한 섬김을 지향해야 한다는 로욜라의 이그나티우스

---

3   John Rawls, *A Theory of Justice*, pp. 553-554.
4   같은 책, pp. 215-218.

(Ignatius of Loyola)의 주장과 마찬가지로 의심의 대상이다.[5]

지배적 목적에 대한 이 거부는 롤스의 타당한 사회계약론 이해에서 매우 중요하다. 자유롭고 이성적인 사람들은 연합의 기본 조건을 기술하는 데서 자신의 의사 결정을 위한 정해진 일반 원칙에만 동의하면 그만이다. 그들이 사회의 틀(framework) 속에서 추구할 목적을 선택하는 일은 계약 조건 바깥에 놓인다. 이런 종류의 결정은 당사자 개인의 재량에 맡겨진다. 공적 의사 결정의 기초가 되는 것은 일군의 규제 원칙이다.

이렇듯 롤스가 보기엔 인류가 추구해야 할 선에 대한 다양한 관념이 지지되는 곳에서 정의를 구현하기란 불가능하지 않다. 실제로 롤스는 현대 문화가 종교적 합의나 도덕적 합의를 이룰 수 없다는 점에 특별히 동요하는 것처럼 보이지 않는다. 그의 어조는 더 긍정적이다. 이런 종류의 다양성은 가치 있다. 인간적 선에 대한 하나의 관념을 지배적인 것으로 설정한다면, 지향할 목적을 선택할 자유(liberty)를 포함하여 우리의 자유(freedom)를 질식시킬 것이다.

롤스의 계약 당사자들은 스스로를 자신의 최종 목적들(항상 수적으로 복수)을 선택할 수 있는, 또한 선택하는 존재로 생각한다. 그들의 목표는 "각자 그의 고유한 통일성(unity)을 조성하기 위해 정당하고 유리한 조건을 설정하는 것"이다. 그들은 자신을 "무엇보다 자기 삶의 방식을 선택할 평등한 권리를 가진 도덕적 인격"으로 여긴다.[6] 인간 자아(selfhood)의 이질성을 고려할 때, 단일한 지배적 목적에 종속되는 것은 사회를 위해서

---

5   같은 책, pp. 553-560.
6   같은 책, p. 563.

나 개인을 위해서나 좋지 않다. 그런 종속은 자아를 "손상"시킬 뿐이다.[7]

이런 고려 사항들은 다원주의적 사고와 분명히 관계가 있지만, 딱히 다원주의에 대한 말끔한 분석을 제공하지는 않는다. 롤스가 공유된 최종 목적의 거부를 주장할 때, 분명 그는 삶의 의미와 목적에 대한 다양한 개념이 존재함을 언급하기 시작한 것이다. 그러나 그는 이 주제 속으로 아주 깊숙이 들어가지는 않는다. 그 이유 중 하나는 롤스가 『정의론』에서 이 목적들에 대해 논의할 때, 이 목적들 사이의 **갈등**(conflict)이라는 사실에 크게 주의를 기울이지 않았다는 것이다. 그 대신 롤스는 단순히 목적의 다양성에 주로 집중했다. 이런 의미와 목적의 상이한 관념은, 하나의 집단으로, 어떤 고유한 가치 기준에 따라 순위가 매겨질 수 없다는 점에서 이질적이다. 롤스가 인간의 의미와 목적에 대한 갈등하는 설명을 구체적으로 드러내는 **경쟁적** 관념으로 선에 대한 상이한 개념을 다루기 시작한 것은 그 이후에 쓴 논문들에서뿐이다.

협동과 다양성

롤스는 지배적 목적에 대한 논의에서 우리가 방향적 다원주의라 이름 붙인 것과 관련된 이슈들을 다룬다. 하지만 그는 『정의론』에서 우리의 또 다른 다원주의적 관심 영역인 연합적 다원주의와 관련한 문제에도 상당히 주의를 기울인다.

롤스는 단호히 심미적인 어조로 인간의 다양성을 칭송한다. "아리스

---

7   같은 책, p. 554.

토텔레스 법칙"-이에 따르면, "다른 조건이 같다면 인간은 자신의 실현된 능력들(타고나거나 훈련된 역량들)을 발휘하기를 즐기며, 이 즐거움은 그 능력이 훨씬 잘 발휘되거나 복잡성이 커지면 늘어난다"[8]-은 개인뿐 아니라 사회에도 적용된다. 사람들의 사적 삶은 단지 사회와 그 공적 기구라는 큰 그림의 최소 구성 요소일 뿐이다.[9] 각 개인은 유한하며, 따라서 혼자서는 할 수 없는 일을 이룰 수 있게 도와줄 특별한 재능을 가진 다른 이들이 필요하다. 연합적 다양성이 중요하다는 롤스의 주장은 여기서 비롯된다.

우리 혼자는 우리가 이룰 수 있는 것의 부분들일 뿐이라는 것이 인간 사회성(sociability)의 특징이다. 우리는 포기해야 하거나 아예 결여된 탁월함을 성취하기 위해 타인에게 기대야 한다. 사회의 집단 활동, 많은 연합, 그것들을 통제하는 가장 큰 공동체의 공적 삶은 우리의 노력을 유지시키고 기여를 끌어낸다.[10]

롤스는 재빨리 우리 개인의 번영을 위해 요구되는 사회적 맥락은 모든 개인과 연합이 그들 자신의 이해관계에 앞서 추구해야 할 권위 있는 공동 목표를 설정하는 촘촘하게 엮인 공동체의 맥락이 아님을 확언한다.[11] 오히려 그것은 그 속에서 공적 목표들이 정의의 원칙에 기초하고 이 집단 활동이 선으로 인식되는 사회 질서를 요청한다. 나아가 개인과 연

---

8 같은 책, p. 426.
9 같은 책, p. 528.
10 같은 책, p. 529.
11 같은 책, p. 528.

합은 공정한 제도를 유지하고 지탱함으로써 그들 자신의 목표와 탁월성을 가장 잘 실현한다.[12] 롤스는 여기서 협동의 원칙은 게임에 비유할 때 가장 잘 이해된다고 지적한다. 하나의 게임이 공정하게 행해졌을 때 개인 이익과 공동 목표의 통일, 경쟁과 협동의 통일이 나타나는 것처럼, 사회 구성원은 "정의의 원칙이 허용하는 방식으로 자신과 다른 사람의 본성을 함께 실현하고자 협동하는 공동 목표를 가질 수 있다."[13]

롤스가 『정의론』에서 제시하는, "가족과 친구에서 훨씬 더 큰 연합에 이르기까지" 다양한 연합에 대한 간략한 설명은 강한 주의주의(voluntarist) 색채를 띤다. 그는 실제로 자신의 출발점에서 계약하는 개인들의 입장을 결코 포기하지 않는다. 사회는 그 자체가 하나의 거대한 "상호 유익을 위한 협동적 모험"이며, 소규모의 연합들 또한 협동의 상호 유익을 추구하는 개인들로 이루어진다.[14]

'다원주의라는 현실'

롤스가 『정의론』에서 제시하는 사례를 그 이후 논문들과 비교하면, 우리가 논의해 온 문제를 다루는 데서 두 가지 변화를 간파할 수 있다. 첫째, 롤스는 이제 그가 "다원주의라는 현실"이라고 부른 것에 명백히 주의를 기울인다.[15] 둘째, **갈등하는** 선 관념들을 매우 강조한다. 이제 인간의 협

---

12   같은 책, p. 529.
13   같은 책, p. 527.
14   같은 책, pp. 520, 527.
15   John Rawls, "The Idea of an Overlapping Consensus", *Oxford Journal of Legal Studies* 7, no. 1 (Spring 1987): p. 1.

동은 시급한 도전이 되었다. 롤스는 이렇게 묻는다. 선에 대한 "적대적이며 통약 불가능한(incommensurable) 관념들 간의 깊은 분열을 특징으로 하는" 사회 속에서 사회적 통일성이 어떻게 가능한가?[16]

롤스가 말하는 "다원주의라는 현실"이 무엇인가? 그는 우선 이 사실을 "근대 민주주의 공적 문화의 영속적 특징"이라고 여긴다.[17] 그리고 나아가 이제 이 다원주의 상황을 강한 갈등의 언어를 사용하여 특징짓는다. 즉, 다원주의라는 현실의 의미는, 근대의 상황 속에서 모든 "실행 가능한 정의(justice) 개념"이 다음과 같아야 한다는 것이다.

> 일반적이며 포괄적인 교리의 다양성을 허용하고, 민주주의 사회의 시민들이 지지하는 인간 삶의 의미, 가치, 목적에 관한 갈등하는, 또한 정말로 통약 불가능한 관념들(또는 내가 "선에 대한" 짧은 "관념들"이라 부르는)의 다원성을 허용해야 한다.[18]

명백한 다음 질문은 선에 대한 이 다양한 개념의 특징을 묘사한 말인 "통약 불가능한"이 무슨 의미인가다. 여기서 롤스는 급히 형이상학적 불가지론 입장을 취한다. 20세기 초 윌리엄 제임스가 유행시킨 종류의 형이상학적 다원주의에서는 우주가 실제로 다수의 근원적 원리로 구성되

---

16 John Rawls, "Justice as Fairness: Political not Metaphysical", *Philosophy and Public Affairs* 14, no. 3 (Summer 1985): p. 251.
17 Rawls, "The Idea of an Overlapping Consensus", p. 4.
18 같은 곳. 롤스는 1985년에 쓴 논문 "Justice as Fairness"에서 비슷한 형식을 활용하고 있다. 예를 들어 pp. 248-249를 보라. 다만 그 논문에서는 아직 "다원주의라는 현실"에 직접 집중하지는 않는다.

어 있다고 본다.[19] 이와 달리 롤스의 불가지론적 형이상학은 선에 대한 다양한 관념 사이의 갈등이 실재의 제일 먼 곳까지 확장되는지에 대해 어떤 판단도 제공하지 않는다.

롤스는 통약 불가능성의 범위를 공적 영역으로 엄격히 제한한다. 그는 자신의 목적상 통약 불가능성은 "정치적 현실"(political fact)로 이해해야 한다고 말한다. 공적 영역에서 그런 문제들을 판결하기 위해 활용할 기준들은 주어져 있지만, "정치적 정의 문제를 조정하기 위해 이 관념들을 어떻게 비교할지를 두고 활용할 정치적 이해는 존재하지 않는다."[20] 롤스는 근대의 정치적 삶의 기본 현실에서는 인간 존재의 의미와 목적에 관한 합의가 더 이상 존재하지 않는다고 주장한다. 그리고 우리에게는 선에 대한 더 좋거나 더 나쁜 관념을 결정하기 위해 쓸 수 있는 정치적 시험도 없다. 그런 논란들은 궁극적 이슈들에 관한 것이다. 그것들은 우리가 삶에 어떤 방향을 제공하려 할 때 찾으려는 목적들을 선택하는 일과 관련이 있다.

롤스의 기획에서는 정의 문제가 이런 이슈들을 해소하지 않고도 결정될 수 있다. 선에 대한 대립하고 통약 불가능한 관념들 사이의 깊은 분열이 공적 합의의 가능성을 배제하지 않는다. 사실 바로 이것이 롤스가 쓴 후속 논문들의 메시지다. 그 주제는 희망적이다. 합의는 요원하지 않다는 것, 시민들이 사회 질서의 기초로서 '**정의의 정치적 개념**'에 공적으로 동

---

19 William James, *The Varieties of Religious Experience: A Study in Human Nature*, Gifford Lectures on natural religion delivered at Edinburgh in 1901-1902 (New York: Random House, The Modern Liberary, 1939), Lecture VI를 보라. 『종교적 경험의 다양성』(한길사).
20 Rawls, "The Idea of an Overlapping Consensus", p. 4n6.

의할 수 있기 때문에 사회적 통일성은 여전히 가능하다는 것이다. 롤스는 정의가 좋음(goodness)과는 "독립적이며 그에 선행하는" 개념이라고 믿는다. 그것이 한 사회가 용납할 좋음의 개념들에 한계를 설정하기 때문이다.[21]

롤스는 공적 영역을 실질적인 윤리적·형이상학적·종교적 문제로부터 떼어 내는 정의와 선의 분리를 주장하지만, 더 특수한 이 전망들을 훼손하지 않으려 조심한다. '중첩된 합의'(overlapping consensus)에 대한 그의 생각에는 선 관념들을 향한 무관심한 태도를 피하면서 분리를 이루어 내려는 의도가 있다. 이 위업을 이루기 위한 그의 시도를 간략히 살펴보자.

분리의 타당성

롤스는 윤리적 질문을 정의에 관한 정치적 숙고에서 완전히 잘라 내기를 주장하지 않는다. 그는 선(the good, 좋음)과 옳음(the right) 사이에 **어떤** 연관이 있다고 본다. 완전히 분리하려는 시도는 분명히 뭔가 불합리함을 초래할 것이다. 예를 들어, 이는 그 모든 것이 얻으려고 노력해야 할 **좋은** 것이라고 말할 수 없으면서도, 사람들에게 정의의 원칙을 채택하고 권리와 자유와 기회에 관한 합의를 명확히 설명하라고 요구하게 된다는 뜻이다. 이는 분명히 롤스의 입장이 아니다. 옳음과 선의 관계에 대한 그의 설명은 상당히 미묘하다. 따라서 우리는 여기서 그 모든 복잡한 내용을 상세히 설명하려고 하지 않을 것이다. 그 대신 다원주의라는 주제와 명백

---

21 Rawls, "Justice as Fairness", p. 249.

히 관련 있는 이슈들에 집중하려고 한다.

롤스가 완전히 잘라 내려는 시도를 하지 않는다고 하자. 그렇다면 그는 여전히 정의의 원칙들이 좋음에 관한 특정 비전에 영향을 받지 않아야 한다고 주장하면서 어떻게 선과 옳음 사이에 있는 모종의—적어도 최소한의—관계를 받아들일 수 있는가? 여기서 롤스의 대답은 선에 대한 두터운 설명과 얇은 설명의 구분에 의존한다. 그가 취하는 입장의 기본 요지는 『정의론』에 분명히 제시되어 있는데, 작동 가능한 정의 이론은 선에 관한 얇은 설명만을 요구한다는 것이다. 그런 얇은 설명은 논쟁거리가 되지 않을 것이며, 그 자체는 선에 대한 더 두터운 개념으로부터의 추출일 것이다.

롤스가 이 추출의 과정을 요청하는 것은 의미심장한 형이상학적 얽힘에서 벗어난 선에 대한 얇은 설명을 생산하기 위해서다. 이 요청의 진지함은 자유주의 이론(liberal theory)을 정립하려는 자신의 노력을 칸트(Immanuel Kant)와 밀(John Stuart Mill)의 자유주의 프로그램과 결부시키기를 거부함으로써 강조된다. 롤스는 칸트와 밀의 개념들이 자아 정체성에 관한 전제들에 형이상학적으로 뿌리내리고 있다고 불평한다. 그들은 인간 본성에 관한 특정한 철학적 견해를 옹호하며, 자유 제도들(free institutions)에 대해 논하는 그들의 학설은 민주주의 사회의 소수 구성원이 지지하는 가치에 기초를 두고 있다. 그들은 너무 많은 것을 당연시한다. 따라서 칸트와 밀의 자유주의는 실제로 "또 하나의 당파적 학설"일 뿐이다.[22] 그래서 롤스는 "민주주의 사회의 공적 문화"에 내재된 "어떤 기

22　같은 책, pp. 245-247.

초적인 직관적 생각"에만 의거한, 형이상학적 뿌리가 없는 자유주의 이론을 끌어내기를 모색한다.²³ 그는 이 일에 철학적 인간학조차 필요하지 않다고 생각한다. 이는 로티(Richard Rorty)가 롤스의 최근 출판물의 주제를 칭송하는 긴 논문에서 강조한 바다. 로티는 롤스의 설명이 어떤 철학적 전제에도 의존하지 않는다고 주장한다. 그것은 오직 "역사와 사회"에 호소한다.²⁴

롤스 자신은 자기 기획을 조금 더 뉘앙스 있게 묘사하기를 선호한다. 그는 자신의 이론에 사실 "규범적" 혹은 "도덕적" 인간관이 함축되어 있음을 인정한다.²⁵ 그러나 이 인간됨(personhood) 개념은 그리 복잡하지 않다. 인간 본성에 관한 상세한 이론과 달리 그것은 단순히 "인간 본성과 사회의 일반적 현실"에 대한 한 사회의 의식에 부합하는 종류의 적절한 인간됨 이해에 지나지 않는다.²⁶

무관심 또는 회피?

다시 말하지만, 선이 옳음과 분리될 수 있다는 롤스의 주장에는 미묘함이 빠지지 않는다. 그렇지만 그는 중요한 의미에서, 무엇이 인간 번영을 만드는지에 대해 서로 매우 다른 이해를 가지고 일하는 이들이 동의할

---

23 같은 책, p. 236n19.
24 Richard Rorty, "The Priority of Democracy to Philosophy", in *The Virginia Statute for Religious Freedom: Its Evolution and Consequences in American History*, ed. Merrill D. Peterson and Robert C. Vaughan (New York: Cambridge University Press, 1988), p. 262.
25 Rawls, "Justice as Fairness", p. 232n15.
26 Rawls, "Kantian Constructivism", p. 534.

만한 종류의 정의로운 사회 질서를 이룩할 수 있다고 생각한다.

여기서 롤스는 이런 종류의 이론적 분리가 가능함을 기본적으로 가정하는 듯하다. 공적 영역에서 실제로 행동할 때 우리는 특정한 도덕적 신념과 형이상학적 신념을 공적 정의 관념과 연관 지을 필요가 없음을 발견하기 때문이다. 롤스는 시민들이 각자의 궁극적 목적을 공적 영역에서 지켜야 할 규범을 바라보는 방식과는 매우 다르게 볼 수 있다고 주장한다. 이 차이는 심지어 한편으로는 '공적인', 다른 한편으로는 '공적이지 않은' 개인으로서 지니는 상이한 '정체성'이라는 면에서 생각될 수 있다. 누군가의 사적 자아는 공적 자아에 상응하는 변혁 없이도, 다마스쿠스로 가는 길에 "다소의 사울이 사도 바울이 된 것 같은" 폭넓은 변화를 경험할 수 있다는 것이다.[27]

그러나 롤스는 좋은 삶에 대한 형이상학적 관념들에 대해 무관심이나 회의주의를 표하지는 않는다. 리처드 로티는 이 점에서 롤스의 의도를 몹시 오해한 듯하다. 로티는 "이웃 사람이 신이 스물이라 하건 없다고 하건 내겐 전혀 해롭지 않다"고 한 토머스 제퍼슨(Thomas Jefferson)의 말을 인용하면서, 제퍼슨과 롤스가 종교적 사안에 대한 공적 무관심을 회의주의적 기초 위에 세우는 데 함께 헌신하고 있다는 식으로 연결하는 데로 나아간다. 로티는 이 두 사상가가 형이상학적 관념을 전제하고 있다는 비난에 맞서 둘 모두를 변호한다.

제퍼슨과 롤스 모두 이렇게 답해야 할 것이다. "그런 문제들을 어떻게 논해

---

27   Rawls, "Justice as Fairness", pp. 241-242.

야 할지 모르며 논하려고 하지도 않기 때문에, 나는 미심쩍은 신학적-형이상학적 주장을 위한 아무런 논증도 가지고 있지 않다. 나의 관심은 그런 이슈들에 대해 공적 무관심을 증진할 정치 제도를 만들고 유지하는 것을 돕는 데 있다. 그에 관한 사적 논의에 어떤 제한도 가하지 않으면서 말이다."[28]

롤스가 그런 이슈들에 기본적으로 무관심하다고 여긴다면 그의 의도를 잘못 읽은 것이다. 롤스는 『정의론』에서 형이상학적 질문과 종교적 질문에 대한 회의주의나 무관심을 분명히 거부한다.[29] 그리고 후속 논문들에서는 "회피 방법"(the method of avoidance)이라고 부른 것에 대해 설명하면서 "이런 질문이 중요하지 않다는, 혹은 무관심하게 다루어질 수 있다는" 견해에서 자신을 분리하는 데 열중한다.[30]

이것은 용어를 두고 사소하게 트집 잡는 게 아니다. "다원주의라는 현실"의 위상이 달린 문제라고 해도 과언이 아니다. 앞서 보았듯, 롤스는 다원주의를 궁극적 목적에 대해 갈등하는 관념들이라는 면에서 규정해 왔다. 이런 사안들에 대한 무관심을 조장하는 것은 다원주의 자체에 대한 무관심을 옹호하는 일이 될 것이다. 즉, 다원주의가 공적 경험의 현실로서 기능하기를 멈추게 될 것이다. 정말로, "다원주의라는 현실"이 근대 민주주의 사회의 중요한 특징임을 주장해 온 롤스가 공적 정의에 관한 논의에서 선에 대해 갈등하는 관념들의 존재를 완전히 무관심한 사안으

28　Rorty, "Priority of Democracy", p. 276n15.
29　Rawls, *A Theory of Justice*, pp. 214, 243.
30　Rawls, "Justice as Fairness", p. 230. 또한 Rawls, "Idea of an Overlapping Consensus", pp. 8, 12-13, 20를 보라.

로 취급한다면 이상할 것이다!

롤스는 중첩된 합의 개념에서도 자신의 의도를 드러낸다. 여기서 핵심 주장은 이렇다. 사람들은 매우 다른 형이상학적/종교적/도덕적 출발점에서 공적 영역에 들어서지만, 일단 거기 도착하면 공정한 협정에 들어가는 일에 대해 동일한 직관적 생각을 가지고 움직이는 데 동의할 수 있다는 것이다. 그들은 법치, 양심의 자유, 사상의 자유, 기회 균등, 시민 모두를 위한 물질적 수단의 공정한 분배 같은 문제에서 합의를 도출할 수 있다. 그들이 정의를 위한 조건을 옹호할 때 기초하는 개념과 동기들이 다양한데도 말이다. 롤스는 공적 영역에서 그들의 "상이한 전제들이 동일한 결론에 이르기를" 희망한다.[31]

롤스는 시민들이 동일한 공적 정의의 원칙을 포용하는, 하지만 아주 다른 이유에서 포용하는 경우를 상상한다. 한 집단은 종교적 전망 때문에 그 원칙을 지지하고, 다른 집단은 칸트주의 유형의 자유론의 결과로 그리하며, 제3의 집단은 정치 바깥의 지지나 정당화에 대한 관심 없이 그들 자신만을 위해서 같은 원리를 받아들인다. 롤스는 이런 종류의 합의가 실현 가능하다고 주장할 뿐 아니라, 매우 흥미롭게도 그 결과로 이룩된 통일성이 회의주의나 무관심이나 신중한 잠정적 타협(*modus vivendi*)을 토대로 얻은 것보다 "훨씬 더 안정적"일 것이라 공언한다.[32]

롤스는 무관심을 주장하지 않는다. 그의 '회피 방법'에는 공적 삶의 문제들이 형이상학적/종교적/도덕적 진공 속에서 논의되는 것을 보장하려

---

31 Rawls, "Idea of an Overlapping Consensus", p. 9.
32 Rawls, "Justice as Fairness", p. 250. 또한 Rawls, "Idea of an Overlapping Consensus", pp. 9-10, 18-19를 보라.

는 의도가 없다. 그것은 오히려 그 관념 중 어느 하나라도 그런 고려에서 야기되는 정책들을 만드는 주요 형성자가 되는 일을 막기 위한 방책이다. 롤스는 선에 대한 얇은 이론이 오로지 근대의 정치적 삶 속에 실제로 존재하는 충돌하는 두터움들을 '얇게 함'으로써 이룩될 수 있다고 확신한다. 이 역시 롤스의 실제 의도에 부합한다. 그것은 또한 그의 이론이 의도한 바를 실제로 성취할 수 있느냐를 묻는 데 중요하다. 그것이 가능한지는 분명치 않다.

일례를 들어 보면, 그의 중첩된 합의 개념은 "다원주의라는 현실"이 단지 정치 바깥의 실재가 아님을 보여 주긴 하지만, 그의 기획 속에서 목적들의 다원주의가 공적 영역과는 아무런 본래적 연관이 없다는 것은 엄연한 사실이다. 그 관계는 외재적이고 우연적이다.

롤스는 궁극적 목적에 대해 갈등하는 관념들이 근대적 삶 속에서 작동하고 있음을 주장하면서도, 우리가 본 것처럼 그 차이의 본질에 대해서는 불가지론적 입장을 표명한다. 예를 들어, 그는 어디서도 **왜** 선에 대한 명백히 다른 관념들이 실제로 통약 불가능하다고 생각하는지 말하지 않는다.

로티가 롤스의 진의를 잘못 해석했음에도, 실제로 롤스의 기획은 로티의 회의주의에 취약하다. 롤스의 "다원주의라는 현실"은 선의 본질에 관한 통약 불가능한 차이가 근대 민주주의적 삶의 중대한 특징을 형성함을 전제한다. 그러나 롤스는 해소 불가능한 형이상학적/도덕적/종교적 차이가 민주주의적 경험에 결정적이라고 주장하면서 아무런 논증도 제시하지 않는다. 선에 대한 특정 관념들은 "중첩된 합의를 이루는" 시도에서 "활용할 수 있게" 일어나며, 아마도 그중 어떤 것들은 다양한 관점이 공

정한 틀 속에서 상호작용하도록 허용하는 사회 속에서 보존되고 심지어 번영할 것이다.[33]

앞서 언급한 선에 대한 관념들의 다원성과 근대 정치 사회의 관계가 우연적이지만은 않다. 롤스에게는, 일단 중첩된 합의가 이루어지면 애초에 얇게 하는 과정을 필요하게 만들었던 이 두터운 관념들은 더 이상 거의 쓸모가 없다. 모든 두터운 관념이 사라진다 해도 분명 롤스는 그것을 손실로 여기지 않을 것이다. 사실 그가 '아마도' 그것들이 계속 번영하리라고 판단했더라도 말이다. 또한 그 관념들은 존속을 위한 힘을 그것들이 지원한 공적 정의 개념으로부터 얻는 것처럼 보이지도 않는다.

다시 한번 로티는 롤스의 설명에서 취약점을 찾아낸다. 그는 사실 롤스가 모든 선 관념이 번영하지 않을 것이며 어떤 것은 소멸될 것임을 시사했다는 사실에 주목한다. 그래서 로티는 이 둘을 대비한다.

> 그런 조건 속에서 살아남지 **못할** 많은 철학적 견해가 있다는 암시는 민주주의 제도의 채용이 종교적 믿음의 '미신적' 형식들이 점진적으로 소멸하는 일을 야기하리라는 계몽주의 제안과 흡사하다.[34]

물론 롤스가 특정한 선 관념들에 대해 그런 태도를 장려하려 했는지는 논란이 될 만하다. 그리고 그의 이론이 실제로 이 전망을 장려하는지 또한, 그가 의식하는 의도하는 별개로 훨씬 더 상세한 분석에 의해서만 결정될 수 있는 문제다. 그것은 롤스의 불가지론이 철저한 회의주의와 구

---

33   같은 책, pp. 226, 250와 Rawls, "Idea of an Overlapping Consensus", pp. 5, 9.
34   Rorty, "Priority of Democracy", p. 275n8.

별될지에 대한 보다 상세한 해명을 통해서만 결정될 수 있는 문제이기도 하다.

개별성의 보존

그리스도인들이 롤스 이론의 세부 내용을 어떻게 생각하건, 롤스의 기획이 기독교 사상에 제기하는 중요한 긍정적 도전을 그리스도인들이 무시한다는 데는 변명의 여지가 없다. 다양한 종교적·도덕적·철학적 믿음에 의해 성격이 규정된 사회 속에서 어떻게 정의가 가능한가는 그리스도인들이 해명해야 할 중요한 질문이다.

할란 베클리(Harlan Beckley)는 롤스적 기획의 도전에 강력하고 사려 깊은 기독교적 변호를 제공하며 응답했다.[35] 베클리는 정의에 대한 롤스의 설명이 "정의에 대한 공통 관념과 더불어 독특한 기독교적 윤리"의 존재를 허용하도록 올바로 해석될 수 있다고 주장한다.[36]

베클리 자신도 독특한 기독교 윤리적 전망의 중요한 역할을 강조한다. 그리스도인들이 직면하는 여러 도덕적 이슈는 분배 정의와, 혹은 타인의 권리를 인정해야 할 필요와 무관하기에, 그들은 자주 독특한 기독교적 고려에 호소해 어떻게 행동할지를 결정할 것이다.[37] 그러나 베클리가 또한 확신하는 바는, 공공성에 따른 제약이 실현된다면 그리스도인들은 공공

---

35 Harlan R. Beckley, "A Christian Affirmation of Rawls's Idea of Justice as Fairness: Part I", *Journal of Religious Ethics* 13, no. 2 (Fall 1985): pp. 210-242와 "A Christian Affirmation…: Part II", *Journal of Reglious Ethics* 14, no. 2 (Fall 1986): pp. 229-246.
36 Beckley, "A Christian Affirmation…: Part I", p. 214.
37 같은 곳.

질서의 기초 이슈 중 어떤 것을 고려할 때 자신들의 독특한 믿음을 괄호 안에 넣는 방식을 찾아야 한다는 것이다.[38] 근대 사회 내에서 작동하는 갈등하는 목표들의 다원성을 감안할 때,

> 우리는 기초가 되는 정의를 그들의 선에 대한 전체 관념 위에 놓기를 주장하는 이성적인 사람들 사이에서 단지 이기적 이해관계를 포기하거나 도덕적 사유를 함으로써 공통 원칙에 도달할 수 없다. (모든 사람을 단일한 전망으로 전향시키는 데 미치지 못하더라도) 도덕적 일치를 이룰 유일한 가능성은 선과 도덕에 대한 상이한 개별 관념에서 분리하는 데 있다. 이 분리 과정은 다양한 개별적 믿음과 가치를 지닌 사람들을 포용할 수 있는 일반적인 믿음, 목적, 원칙을 발견하기 위한 시도다.[39]

베클리는 "롤스를, 역사적 종교 공동체들의 믿음을 '쫓아낸' 영원한 전망을 수립하기 위해 종교적 믿음에서 분리하는 사람으로" 본 제프리 스타우트(Jeffrey Stout)의 해석과 롤스에 대한 자신의 해석을 대조하면서, 롤스가 개별적 선 관념들을 제거하려 하지 않았다고 주장한다. 오히려 롤스의 주장은 이 모든 다양한 전망에 대해 공정한, 하지만 그것들을 유린하지는 않을 일반 원칙을 일군의 특정한 역사적 상황 속에 존재하는 개별적 선 관념들에서 분리하는 것이다.[40]

베클리는 그리스도인이 롤스적 기획에 있는 선에 대한 얇은 설명을

---

38   같은 글, p. 216.
39   같은 글, p. 222.
40   같은 글, pp. 223-224. 베클리가 언급한 내용은 Jeffrey Stout, *The Flight from Authority* (Notre Dame, Ind.: University of Notre Dame Press, 1981), p. 235에 대한 것이다.

받아들일 수 없게 만드는 극복 불가능한 문제는 없다고 본다. 이 설명을 받아들이는 것은 독특한 기독교적 확신을 포기하는 게 아니다. 그런 포기야말로 롤스가 중첩적 합의를 고안하여 막으려던 것이다.

이 해석에 따르면 공정으로서의 정의라는 생각을 확증하는 것은, 그리스도인들이 정의에 대한 보편 관념에 동의하기 위하여 선에 대한 독특한 믿음과 관념을 포기하거나 부적절한 것으로 격하하기를 요구하지 않는다. 그것은 정의의 주제를 다루기 위한 목적만으로, 그리스도인들을 초대하여 그들의 독특한 믿음과 가치가 롤스의 더 일반적인 믿음, 즉 사람들이 자유롭고 이성적이며 동등하다는 믿음을 포괄하는지 그렇지 않은지를 고려하도록 하는 것이다.[41]

롤스적 분리

베클리의 평가는 기독교 믿음과 롤스적 기획의 호환성에 대한 질문을 잠재우지 못한다. 예를 들어, 다양한 종교적 믿음 체계에서 일반 원칙을 분리하려는 롤스의 프로그램이 실현 가능하다는 베클리의 가정은 옳은가? 롤스와 베클리 둘 다 선에 대한 특정 관념을 선호해 치우치는 것이 아닌, 정의에 대한 공통 관념의 가능성을 낙관한다. 그러나 롤스를 비판하는 사람들은 그가 사실 인간 번영에 관한 특정 관점, 즉 자유주의적 전망이라는 관점을 지지하고 있다는 우려를 줄곧 제기해 왔다.

---

41   같은 글, p. 237.

예를 들어, 정의 문제를 숙고하면서 어떤 종류의 해소 불가능한 논쟁이 배제될 수 있는지에 관한 롤스의 기본 개념 속에서는 자유주의적 관념들이 작동하고 있는 것으로 보인다. 리처드 펀(Richard Fern)이 지적했듯, 롤스는 "철학적 논쟁을 피할", 어느 정도는 "독창적인 입장"을 서술하기 원한다. 그러나 "선에 관해, 또는 보다 좁혀서 신의 존재에 관해 확인 가능한 진리는 없다는 가정" 자체가 엄청난 논쟁거리다! 펀은 "그보다 더 깊고 해소 불가능한 문제가 어디 있는가?" 하고 묻는다.[42] 마찬가지로 마이클 샌델(Michael Sandel)은, 관용에 대한 롤스의 강조는 국가가 이 점에서 가능한 한 적게 강제하여 시민들에게 그들 자신의 가치를 선택할 자유를 주어야 한다는 자유주의적 확신에 의존하고 있다고 주장했다.[43]

다시 한번, 여기서 롤스적 분리가 과연 선에 대한 특정 관념에 뿌리를 둔 가정들로부터 자유로운 정의에 대한 설명을 만들어 내는 데 성공하는지 타당한 질문을 제기할 수 있다. 하지만 롤스가 분리는 그 자체로 공적 정의에 기초를 제공하기 위한 필수임을 뒷받침하는 설득력 있는 사례를 제시했는지도 타당하게 물을 수 있을 것이다.

예를 들어, 베클리가 롤스의 분리 개념이 기독교 믿음과 호환성이 있다고 주장할 때, 그는 그리스도인들이 신자와 불신자가 함께 동의할 수 있는 "도덕의 공통 원리들"을 찾는 일과는 아무 관계가 없다고 주장하는 기독교 사상가들에게 맞서 그러는 것이다. 여기서는 스탠리 하우어워스(Stanley Hauerwas)의 입장이 바로 그런 사례다. 하우어워스는 그리스도

---

[42] Richard Fern, "Religious Belief in a Rawlsian Society", *Journal of Religious Ethics* 15, no. 1 (Spring 1987): p. 45.
[43] Michael J. Sandel, "The Political Theory of the Procedural Republic", *Revue de métaphysique et de morale* 93, no. 1 (1988): p. 57.

인이 분배 정의에 지나치게 집중하면 정치적 질문에 관한 그들의 독특한 메시지를 팔아넘길 위험에 처한다고 주장한다.[44]

그러나 정의의 원칙에 관한 그 어떤 종류의 일반적 동의를 이룰 가능성에 관한 '두터운' 비관론만이 롤스적 분리에 대한 대안인지 의문을 제기할 필요가 있다. 공적 삶이 공공성에 따른 제약을 요구한다는 롤스에게 동의하는 일이 가능할 수도 있지 않은가? 오직 두터운 특수성들에서 얇은 보편을 분리함으로써 이 제약에 도달할 수 있다는 그의 주장에는 반대하면서 말이다.

1장에서는 기독교적 시민교양이 기독교적 종말론 가르침에 관한 특별한 이해를 기초로 삼을 수 있다는 존 머리 커디히의 주장을 언급했다. 이 중요한 제안을 앞으로 더 상세히 살펴보겠지만, 이 지점에서도 이를 공공성에 따른 제약, 곧 롤스적 체계에 부합하지 않는 제약을 기초 짓는 한 방법으로 언급할 만하다. 롤스는 정치적 시민교양은 오직 우리가 공적 영역에 발을 들여놓아 우리 자신을 특수한 확신들이 잡아당기는 힘에서 해방시킴으로써 계발될 수 있다고 생각한다. 공공성에 따른 제약은 오직 분리를 특정한 선 관념들로부터 떨어져 나오는 수단으로 채용함으로써 발생할 수 있다. 다른 한편, 커디히는 아주 다른 제안을 한다. 기독교 믿음 같은 특정 비전이 공공성에 따른 내적 제약을 배양할 자원—롤스가 얇게 만들기 원하는 바로 그 두터움에서 끌어낸 것!—을 제공한다는 것이다. 커디히의 제안은 탐구할 가치가 있으며, 우리는 논의를 진행

---

44 Stanley Hauerwas, *A Community of Character* (Notre Dame, Ind.: University of Notre Dame Press, 1981), p. 3. 『교회됨』(북코리아). 베클리가 하우어워스의 견해에 대해 언급한 내용은 "Christian Affirmation…: Part I", p. 224를 보라.

하면서 그 제안으로 돌아올 것이다. 우리는 그가 제안하는 종류의 내적 제약이 공공성에 따른 제약에 적절한 기초를 제공할 수 있는 유일한 종류의 자원이라고 생각한다.

커디히의 제안이 갖는 일반적인 장점 하나는 그것이 공적 시민교양을 증진하는 과정에서 특수성들을 유지하려는 깊은 열망으로부터 나왔다는 점이다. 롤스적 분리마저도 하나의 방법으로 성공하려면 출발점으로 기여한 이 특수성들을 파괴하는 것으로 보인다. 이것이 바로 롤스적 분리가 대체(displacement)를 의미하는 것이 아니라는 베클리의 거듭된 주장에 따르는 문제다. 롤스가 이해하는 바와 같은 분리 과정은 갈등하는 특수성들의 생산과 유지에 적대적인 보편화 경향에 따라 나오는 것으로 보인다.

바실 미첼(Basil Bitchell)은 이 점과 관련된 흥미로운 주장을 제기했다. 그는 보편화 프로그램에 크게 의존하는 사상가들은 "개인의 깊이와 독특함에 대한 의식"을 결핍하고 있다고 주장한다. 다양한 인간적 목표와 목적을 만족시킬 도덕적 전망을 발견하려는 그들의 노력은 실패하게 마련이다. 너무나 빈약한 도덕적 기초로 작업하기 때문이다. 미첼은 바로 이 때문에 낭만주의적 충동이 대두한다고 주장한다. 낭만주의자는 열정, 상상력, 개인적 헌신을 향한 충동같이 보편주의자가 제대로 설명할 수 없는 바로 그런 종류의 요소를 내세워 얇은 도덕적 합의에 반대한다. 그러나 미첼은 낭만주의 역시 실패한다고 말하는데, 낭만주의에도 안정적인 문화를 유지할 힘이 없기 때문이다. 소량의 낭만주의는 문화적 토양을 비옥하게 할 수 있지만, 다량의 낭만주의는 토양에서 육성 능력을 빼앗는다. 결국 얇은 보편주의자와 두터운 낭만주의자 중 누구도 건강한

문화에 필요한 것을 제공할 수 없다.[45]

'빈 성소'

얇은 보편화와 두터운 낭만화 둘 다에 대한 대안을 찾아야 한다고 주장하는 것과 대안을 찾아내는 것은 전혀 다른 문제다. 이 시점에 이를 강조할 기독교 사상가들이 분명히 있다. 하지만 이 두 선택지 사이에서 제3의 길을 찾는 일에 실패한 노력의 역사를 감안한다면, 보편화 프로그램을 너무 빨리 포기하지는 않아야 한다.

선에 대한 얇은 개념을 옹호하려는 마이클 노박(Michael Novak)의 노력은 이 점에서 고려할 만하다. 노박의 글들이 롤스의 생각과 진지하게 교류한 흔적을 보이지는 않는다. 하지만 그는 선에 대한 특정 개념이 공적 정책을 만들어서는 안 된다는 롤스의 확신을 공유한다. 노박은 그 확신을 로마 가톨릭 사회사상과 결부시키므로 그의 노력에, 특히 『민주자본주의의 정신』(The Spirit of Democratic Capitalism, 1983)과 『정의와 함께 하는 자유』(Freedom with Justice, 1984)에서 보여 준 노력에 잠시 주의를 기울여 보면 흥미로울 것이다. 특수성의 두터움을 공적 담론에서 분리하는 것에 대한 우리의 소심함이 롤스의 더 세속적인 형식화의 특수성과 특별히 관련되어 있지 않음을 확실히 하기 위해서라도 그렇다.

흥미롭게도 노박은 롤스를 언급한 몇 군데 중 한 곳에서 롤스와 자신의 차이를 강조한다. 노박은 롤스가 사회 제도를 단지 이차적으로 고

---

[45] Basil Mitchell, *Morality: Religious and Secular: The Dilemma of the Traditional Conscience* (Oxford: Oxford University Press, Clarendon Press, 1980), p. 46.

려하는 가운데 개인에게서 출발한다고 생각한다. 반면에 노박은 "실제의 사회적 세계 **안에서**" 처음부터 발견되는 개인을 그의 출발점으로 삼기 원한다.[46] 물론 롤스가 '협동'(cooperation)을 매우 중시하는 점을 감안할 때, 그들의 차이점을 이런 식으로 설명하는 일은 다소 오해를 불러일으킬 수 있다. 그리고 이는 노박 자신의 입장을 묘사하는 방식으로도 약간 오해의 소지가 있다. 실제로 그는 자유로운 개인 개념에 대해, 이런 간략한 특징 묘사에서 보여 주는 것보다 더욱 적극적인 관심을 보인다. 사실 사회적 다원주의의 본질에 대한 노박의 기본 설명에서는 경쟁적 개인이 두드러지게 부각된다. 그리고 노박은 자신의 전망을 발전시키면서 다원주의라는 현실을 매우 염두에 둔다.

노박은 자신의 "민주적 자본주의"를 다른 두 사회 유형, 즉 전통주의와 연관된 유형 및 사회주의식 체계와 연관된 유형과 구분한다. 이 두 유형은 각기 선(the good)과 참(the true)에 대한 집단적 비전에 의해 결합된 '일원화된 질서'(unitary order)를 갖춘 닫힌 사회를 산출한다. 노박은 일원화된 도덕적 질서는 조만간 선에 대한 개념을 모든 시민에게 강요하려 할 '일원화된 정치 권력'을 일으키게 낳게 된다고 생각한다. 노박은 그 안에서 공적 덕목이 오로지 자유로운 개인들의 협동에만 의존할 자유롭고 다원주의적인 사회를 지지하면서 이 일원화된 체계를 거부한다.[47] 여기엔 어떤 중앙 집권화된 질서도, 단일 법전도 없으며, 따라서 특정한 도덕적-문화적 비전을 정치 영역 및 사회-경제적 영역에 강요하려는 시도도 없다.

46　Michael Novak, *The Spirit of Democratic Capitalism* (New York: Simon and Schuster, A Touchstone Book, 1983), p. 61. 『민주자본주의의 정신』(을유문화사).
47　같은 책, pp. 49, 60, 69.

노박이 "빈 성소"라는 은유를 도입한 것은 바로 이런 맥락에서다. 자본주의적 민주주의는 "사회적으로 강요된 선의 비전" 대신에 "다원주의의 심장에 있는 숭배심 가득한 공백"을 과시한다.[48] 노박이 이 공백을 '초월'(transcendence)에 대한 존경과 연결하고 궁극적 관심사에 무관심하거나 회의적인 태도와는 연결하지 않는다는 사실을 재빨리 덧붙여야 한다. 그가 염두에 둔 이 숭배심 가득한 공백은 사회가 의도적 자기 규제 행위로 인간 삶의 의미와 목적을 정의하고 성문화하려는 시도를 자제할 때 발생한다.[49] 정말로 노박이 이 공백을 묘사하면서 종교적 함의가 담긴 "숭배심 가득한"과 "성소"라는 표현을 채용한 것은 아마도 초월을 존중하는 의식을 매우 강조하고 싶었기 때문일 것이다.

진짜 다원주의 사회에는 그 어떤 신성한 덮개(sacred canopy)도 존재하지 않는다. **의도적으로** 없다. 그 영적 중심에 빈 성소가 있다. 그 성소는 어떤 하나의 말이나 이미지, 상징도 모두 거기서 찾는 것에 부합되지 않음을 알기에 빈 채로 남겨져 있다. 그러므로 그 공백은 자유로운 양심에 의해 실질적으로 무한한 수의 방향에서 접근하는 초월을 대표한다.[50]

여기서 '다원적' 상태가 선에 대한 비전의 다원성과 관계있다는 사실에 주목하라. 이 점이 노박을 롤스 가까이에 위치시키긴 하지만, 둘 사이에는 중요한 차이가 하나 있다. 노박은 선 관념에 대한 롤스적 불가지론

---

48 같은 책, p. 68.
49 같은 책, p. 55.
50 같은 책, p. 53.

을 받아들이지 않는다. 롤스가 궁극적 목적들의 진리-가치에 관한 어떤 주장도 삼가는 것과 달리 노박은 이 다양한 비전이 참된 초월을 가리킨다는 점을 기꺼이 인정한다. 실제로 그들의 다원성 자체가 초월이 "실질적으로 무한한 수의 방향에서" 접근할 수 있는가와 관계가 있다.

노박은 여기서 방향적 다원주의를 다루고 있다. 그러나 그는 일종의 연합적 다원주의에도 매우 관심이 깊다. 그는 사회가 정치적 체제, 경제적 체제, 도덕적-문화적 체제라는, 반쯤은 자율적인 세 체제로 분화되기에(differentiated) 이르렀다고 주장한다.[51] 노박은 이 발전이 근대적 삶의 환영할 성취라고 말한다. 전통적 사회들은 근대적 조건 아래서 다시 나타날 수 있는 형식인 분화의 여지가 없는 연대주의(solidarism)를 그 특징으로 한다.

> (파시즘 치하에서, 또한 사회주의적 집산주의 형태 아래서 그랬던 것처럼) 자본주의가 국가의 통제로 복귀할 때 그것은 자본주의이기를 그치고 다시금 전래의 국가가 된다. 그러면 경제 체제와 정치 체제의 분화는 다시 원초적 통일 속으로 삼켜진다. 국가가 모든 것을 지배한다.[52]

풍성한 연합적 다양성만이 국가주의(statism)에 대한 적절한 해독제를 제공할 수 있다. 노박은 토크빌(Alexis de Tocqueville)이 미국에 존재하는 "무수한 연합들의 집합"에 대해 점점 더 언급했던 잘 알려진 구절을 길

---

51 같은 책, pp. 45-48, 56, 171-186. 노박은 이 세 부분의 구분을 채용하면서 대니얼 벨의 영향을 인정한다. Daniel Bell, *The Cultural Contradictions of Capitalism* (New York: Basic Books, 1976). 『자본주의의 문화적 모순』(한길사).
52 같은 책, p. 46.

게 인용한다. 이 구절은 민주주의의 평등주의적 성향에 대한 평행추로서의 연합 형성에 대한 토크빌의 생생한 옹호로 끝난다. "인간이 문명화된 상태를 유지하거나 그렇게 되려면, 함께 연합하는 기술이 조건들의 평등이 증가하는 것과 같은 비율로 성장하고 개선되어야 한다."[53]

토크빌의 언급은 노박의 관심사를 잘 설명해 준다. 예를 들어, 왜 노박이 계약을 맺는 개인들에 대한 롤스의 강조 같은 데서 그가 보는 것을 불편해하는지 알 수 있다. 그리고 노박이 이 점에서 롤스에게 아주 공정한 것이 아니라는 사실에도 불구하고, 공동체주의적 개인에 대한 노박의 강조는 "매개 구조들"(mediating structures)의 중요성에 대한 그의 주장[54]과 더불어 그가 다원주의를 다루는 방식이 롤스의 방식보다 더 뉘앙스있음을 암시한다.

불행하게도 노박의 실제 논의는 이 약속을 지키는 데 실패한다. 그는 방향적 다원주의와 연합적 다원주의의 차이 개념에서 출발하지만 대체로 이 둘을 뒤섞는다. 그 결과 '일원화된 질서'는 정치적 영역, 경제적 영역, 도덕적-문화적 영역이 분화되지 못한 것일 뿐 아니라 하나이자 동시에 단일한 윤리적-종교적 비전에 의해 인도되는 사회를 의미할 수 있다. 마찬가지로 노박은 "다원적 질서"(pluralist order)를 경쟁하는 선의 비전을 뜻하거나 앞에서 언급한 세 영역이 어느 정도 상대적 자율성을 유지하는 분화된 사회를 의미하는 것으로 구별 없이 사용하곤 한다.

---

53 Alexis de Tocqueville, *Democracy in America*, trans. Henry Reeve, ed. Phillips Bradley, 2 vols. (New York: Vintage Books, 1945), vol. 2, p. 118. 『아메리카의 민주주의』 (아카넷). Michael Novak, *Freedom with Justice: Catholic Social Thought and Liberal Institutions* (San Francisco: Harper and Row, 1984), p. 195에서 재인용.
54 Novak, *Freedom with Justice*, pp. 162, 201-208.

물론 많은 역사적 상황에서 방향적인 것과 연합적인 것은 일치한다. 연합적 분화가 흔히 방향적 다원주의와 손을 잡고 나아갔던 것처럼, 한 의미에서 일원화된(unitary) 사회는 다른 의미에서도 중앙 집권적(unitarian)인 경우가 많다. 그러나 여기서 그 연관들이 필수임을 보이려면 노박이 제공하는 것 이상으로 논증해야 한다.

기독교적 공백?

노박은 어떻게 기독교 사상의 대의를 장려한다고 주장하면서 공적 장소의 중심 성소가 비어 있어야 한다고 주장할 수 있는가? 혹은 보다 예리하게 묻자면, 그는 『정의와 함께하는 자유』의 부제목에 사용한 단어인 "가톨릭 사회사상과 자유주의 제도들"을 어떻게 조화시키려 했는가?

그가 신봉하는 "자유주의 제도들"에 대한 헌신은 이 점에서 결정적이다. 노박은 어디서도 독특한 가톨릭적 연합 방식을 편들지 않는다. 그의 글 어디서도 가톨릭 노동조합이나 가톨릭 정당, 심지어 가톨릭 교육 기관을 편드는 내용을 찾아볼 수 없다. 그는 분명 어느 하나의 특정 종교에 의존하지 않는 합의에 기초한 연합을 선호한다.[55] 그럼에도 가톨릭의 기여는 노박에게 영감을 준다. 가톨릭의 기여는 특정한 (비교회적) 제도를 제공하기보다는 공적 에토스(ethos, 기풍, 정신)를 세우는 일을 돕는다.

물론 이는 '가톨릭 사회사상'의 범위에 대한 다소 제한된 해석이다. 그러나 노박은 이 사뭇 제한된 설명조차 매우 신중하게 지지한다. 예를 들

---

55   Novak, "Religion and Liberty: From Vision to Politics", *Christian Century* 105, no. 21 (July 6-13, 1988): pp. 635-638를 보라.

어, 노박은 민주적 자본주의가 생명 유지를 위해 전적으로 로마 가톨릭의, 심지어 보다 넓게 기독교의 정신에 의존한다고 생각하지 않는다. 그는 협동의 원칙이 19세기 자유주의의 이론과 실천 속에 이미 확고히 정립되었다고 본다.[56] 그래서 기독교와 유대교의 연합적 에토스의 기능은 이미 존재하던 것을 없어서는 안 될 것으로 강화하는 일이었다고 생각한다.[57] 그렇다면 자유주의는 단지 우리에게 제도만 제공하는 것이 아니라, 요구되는 에토스와 덕목을 형성하는 데 제 몫을 함으로써 영감을 주는 데도 일부 기여한 것이다.

노박은 가톨릭 사회사상에 포함된 요소 중 어떤 부분을 분명히 거부한다. 특히 그는 로마 가톨릭의 가르침이 전통 사회의 일원화된 질서를 본받는 보수적 연대주의를, 그리고 그가 다원주의적 근대성에 일원화된 질서를 부과하려는 시대착오적 시도라고 본 사회주의를 지지하는 데 사용되어 온 방식을 질타한다. 그는 교회의 사회적 회칙들(encyclicals)이 여러 면에서 부족하다고 보았다. 이 점에 대한 많은 증거를 『정의와 함께하는 자유』 2부에서 볼 수 있다. 심지어 교황의 가르침도 그의 비판을 피하지 못한다. 예를 들어, 그는 교황 비오 2세(Pius II)가 "마르크스주의적 분석에 흥미를 보이고 자유주의 이데올로기를 경멸한 것"을 나무랐다.[58]

56　예를 들어 Novak, *Freedom and Justice*, pp. 78, 117를 보라.
57　같은 책, p. 198.
58　같은 책, p. 147.

기독교 사상의 적절성

그러면 노박이 그리스도인으로서 주는 긍정적 메시지는 무엇인가? 거기에 분명히 연대주의와 사회주의의 위협을 받는 세계 속에서 '중심 성소'의 공백을 옹호하는 것 이상이 있다. 연대주의와 사회주의 요소를 없애 정제했을 때 가톨릭 사회사상의 가장 중요한 기능은 자유주의를 도와 "다원주의의 심장에 있는 숭배심 가득한 공백"을 수호하는 것인가?

노박은 가톨릭 사회사상에 단지 자유주의를 돕는 것 이상의 역할을 부여하지 않는다. 확실히 그는 기독교적 '상징들'이 다른 점에서 얼마나 중요하건 다원주의 사회의 중심에 자리해서는 안 된다고 주장한다. 그러나 노박은 분명 분리가 회의주의적 무관심—우리가 보았듯, 롤스 사상 속 진짜 위험—으로 미끄러져 들어가는 것은 막기 원한다. 오히려 노박은 다원주의를 옹호하기 위한 기독교적 기초를 제공하려 한다.

> 기독교적 상징들이 다원주의 사회의 중심에 자리해서는 안 된다. 다른 것들이 거기에 다른 방식을 통해 접근하는 초월성에 대한 숭배심에서 그렇게 하지 않아야 한다. 그러나…다원주의 기저에 있는 철학은 인간 삶에 대한 유대교적 이해 및 기독교적 이해와 조화를 이룬다.[59]

조화에 대한 노박의 생각은 두 질서의 구분 유지를 의미한다. 종교는 인간의 조건을 영원의 상(相) 아래에서(*sub specie aeternitatis*) 바라본다.

---

59   같은 책, p. 70.

그것은 우리의 피조물됨, 부패하는 경향, 사회성 등을 다룬다. 다원주의는 근대 사회의 역사적 질서와 관련이 있다.

우리의 경험을 질서 짓는 두 방식은 여전히 구별된다. 그러나 자유주의가 둘째 질서와 관련해 가장 적절한 사회-경제적·정치적 교리의 몸체로 보이는 반면, 노박은 종교 사상이 다원주의가 체계화되는 방식에 어느 정도 영향을 미치기 원한다. 진정한 다원주의 사회는 "신성한 삼위일체(the Blessed Trinity)의 이미지, 즉 만물의 창조주, 역사의 주인, 어두운 세상을 품으시는 성령의 이미지를 반영한다."[60] 조화 관계에 대한 노박의 이해에서 종교 사상은 그 자체의 완전성(integrity)을 가지고 있으며, 건강한 다원주의에 대한 시험은 다원주의 질서가 종교적 질서를 '반영'하는 방식과 관계가 있을 것이다. 그러나 가톨릭은 다원주의에 단지 영감적 지원을 제공하는 것을 넘어서는 또 다른 역할을 한다. 즉, 종교는 또한 공적 삶을 **제약하는** 영향력으로 기여하기도 한다.

노박은 다원주의 승인을 상대주의 옹호와 동일시하지 않는다.

올바르게 생각하는 모든 사람은 양심적이면서도 선의를 가득 품고서 선에 대한 동일한 비전을 신봉하고 도덕적 행위를 비슷하게 판단한다. 다원주의는 도덕적 비전에서 실제적이다. 이를 인정하는 것은 도덕적 상대주의에 굴복하는 것이 아니다. 사람들이(그리고 집단들이) 극단적인 도덕적 불일치를 겪고 있다는 사실로부터 '무엇이건 상관없다'(anything goes), '각자 좋을 대로'(to each his own) 등이 따라 나오는 게 아니다. 물론 사람들이나 집

---

60 같은 책, p. 164.

단들이 극단적인 도덕적 불일치에 처했을 때 단 하나만이 옳을 수도 있다. 자유 사회가 풀어야 할 문제는 어느 것이 옳은지 분별하는 것이다.[61]

노박은 자유주의 제도의 네트워크가 경쟁하는 비전들 중 어느 것이 옳은 것인지를 결정하기 위한 기준을 단독으로 발생시키지 않음을 분명히 한다. 실제로 한 사회가 주어진 상황 속에서 이 경쟁하는 비전들 중 한쪽이나 다른 쪽을 편들어 결정하는 것은 아주 중요할 수 있다. 그런 상황 속에서 무엇이 이루어져야 하는가? 노박은 자신의 답을 아주 명료하게 개진하지는 않는다. 그러나 그는 적어도 두 가지에 대해서만큼은 분명하다. 하나는 도덕적 강요를 행사하는 것에 대한 강력한 반대다. 둘째는 유대교 전통과 기독교 전통에서 보여 준 도덕적 이상들의 억제력에 대한 자신감이다.

이것은 롤스의 입장을 향상시킨 것인데, 공적 삶 속 기독교적 확신의 긍정적 역할에 더 가까이 주의를 기울였기 때문만이 아니라 그 속에서 종교적 이상들이 요구되는 제한을 위한 영적 자원을 육성할 방도를 진지하게 받아들인다는 점에서도 그렇다. 우리는 이미 공공성에 따른 제약에서 '내적' 차원의 중요성을 언급했다. 하지만 종교적 이상들이 노박이 그것들을 위해 의도한 다원주의적 환경 속에서 그 일을 해낼 수 있다고 생각하는 것이 잘못되지는 않았는지 물어야 한다. 다음 장에서는 이 질문을 현대의 몇몇 사상가의 견해를 검토함으로써 계속 이어 갈 것이다. 그들은 공공성에 따른 제약이 오직 사회적 제도(societal arrangement)에 의

---

61 Novak, *Spirit of Democratic Capitalism*, p. 63.

해서, 공적 성소가 롤스와 노박이 원하는 것만큼 완전히 비어 있지는 않은 사회적 제도에 의해서 보장될 수 있다고 주장한다.

3장

종교와 공론장

 존 롤스는 정의의 원칙이 특정한 윤리적, 종교적, 또는 형이상학적 전망에 의존하지 않는 방식으로 정립되기 원한다. 그리고 마이클 노박은 롤스의 설명보다는 훨씬 덜 야심적이지만 좋은 삶에 대한 모든 일원화된 비전이 제거된 공적 공간의 유지를 목표로 하는 기독교적 이론을 명시하려고 시도한다.

 이 기획들은 성공하는가? 성공**할 수 있는가**? 우리는 이미 롤스와 노박이 약속한 것을 실제로 이루어 낼 수 있을지 약간의 의심을 표했다. 이제 이 문제를 더 상세히 다뤄야 한다. 우리는 이런 종류의 얇게 함/비움 기획 자체가 역사적 발전과 적절한 인간 번영 유형에 관한 특별한 관점에 의존한 것일 가능성을 조사할 것이다. 더 구체적으로는, 이 기획들이 공적 삶은 완전히 **탈**종교적(post-religious)으로 되었거나 조만간 그렇게 되리라는—거기에 담긴 함의는 앞으로 종교는 사적 범위에 국한해서만 타당성을 갖는다는 것이다—세속주의적 논제를 당연시할 가능성에 대해 숙고할 것이다.

우리는 리처드 뉴하우스(Richard John Neuhaus)와 레슬리 뉴비긴(Lesslie Newbigin)의 견해를 숙고함으로써 이런 주장의 노선을 계속 따라갈 것이다. 이 두 저자는 빈 공적 성소를 만드는 시도 자체가 전혀 중립적이지 않다고 길게 주장해 왔다.

불가능한 벌거벗음

리처드 뉴하우스는 많이 논의되는 그의 『벌거벗은 공론장』(The Naked Public Square) 및 다른 글에서, 공적 삶에서 종교적 영향력을 제거하기 원하는 모든 이를 향한 비판을 지속적으로 제기해 왔다. 그러나 그는 또한 '벌거벗음' 시도에는 단지 공적 정책 논의에서 조직화된 종교의 역할 또는 부재에 초점을 맞추는 것 이상이 작동하고 있음을 보았다. 반종교주의자들은 흔히 "규범적 문화" 자체에 "적의"를 드러낸다.[1]

롤스는 이 점에서 특히 비판을 받는다. 롤스의 희망 사항인 "공적 영역에서의 종교 배제는 문화적으로 규범적인 것에 대한 배제의 일부"라는 것이다. 뉴하우스는 롤스적 기획의 결과는 "'무지의 장막'(veil of ignorance) 뒤에서 정의를 규정하는 자율적인, 뿌리 뽑힌, 탈역사화된 이성적 존재"에 불과한 공적 인간의 창조라고 주장한다. 그리고 규범적 이슈들에 대한 롤스의 비난은 다원주의의 이름으로 옹호되지만, 그것은 빈약한 일원론(monism)으로 귀착된다. 규범적 이슈들에 대한 논쟁의 분열

---

1 Richard John Neuhaus, "From Province to Privacy: Religion and the Redefinition of America", in *Unsecular America*, ed. Richard J. Neuhaus (Grand Rapids, Mich.: Wm. B. Eerdmans, Publ. Co., 1986), p. 66.

적 영향에 대항하여 생활 양식과 가치의 다원성의 평화로운 공존을 보호하는 것은 사실상 진정한 다원주의와 정반대로 귀결된다. 이는 진리 주장을 박탈당한 사상들을 단순히 병치하는 것이며, 사람들이 실제로 고백하는 이상과 가치에 대한 의도적 무관심이다.[2]

이런 맥락에서 우리는 뉴하우스가 다원주의를 인상적으로 "질투하는 신"(a jealous god)이라고 묘사한 것을 이해할 수 있다. 그가 주장하길, "다원주의가 교의로 확립된" 모든 곳에서는 "다른 교의를 위한 여지가 전혀 없다. 도덕적 담론에서 다른 참조점을 주장하는 일은 자명하게 다원주의 위반이 된다."[3]

롤스 및 여타 "극단적 상대화를 주장하는 이들"은 종교가 결코 성공적으로 사적 관심사로 환원될 수 없다는 사실을 깨닫지 못한다. 종교는 우리가 인간 존재의 모든 면에서 발견되는 궁극적인 의미 및 가치와 맺는 관계와 연관되기에, 또한 공적 삶은 불가피하게 궁극적 관심사로 이끌릴 수밖에 없기에, 종교는 공적 영역에서 끊임없이 스스로 드러내게 되어 있다.

> 종교와 정치는 같은 영토를 놓고 지배하고자 싸움을 벌인다. 둘 다 권력 투쟁에 관여하고 있다는 의미에서 정치적이다. 둘 다 삶에 대해 완전한 권리 주장을 한다는 의미에서 종교적이다.[4]

뉴하우스가 볼 때, 벌거벗음은 지속적 상황이 될 수 없다. 또는 노박

---

2   같은 글, pp. 56, 61, 63.
3   Richard J. Neuhaus, *The Naked Public Square: Religion and Democracy in America* (Grand Rapids, Mich.: Wm. B. Eerdmans, Publ. Co., 1984), p. 148.
4   같은 곳.

의 이미지를 활용하자면, 공적 성소는 장기간 빈 채로 있을 수 없다. 공적 삶의 특징은 공백에 대한 공포(horror vacui)다. 공적 공백은 "기껏해야 전환기적 현상이다. 그것은 채워지기를 갈구하는 진공이다."[5]

거기까지는 분명하다. 하지만 뉴하우스는 우리에게 그 자체로서 종교와 정치의 관계에 대해 무엇을 말하고 있는가? 정치는 그것의 타당한 경계 내에 머물기를 항상 거부하면서 필연적으로 궁극성을 추구한다는 점에서 본래 종교적인가? 아니면 정치는 공적 삶을 전체적으로 지배하기 시작했을 때만 종교적 형태의 충동을 배양하는가? 뉴하우스는 이런 중요한 질문에 답하지 않기 때문에 공적 삶에서의 종교의 역할에 대해 적절하거나 체계적인 설명을 제공하지 못한다.

공과 사

두 사상가가 글을 쓰는 맥락은 상당히 다르지만, 레슬리 뉴비긴이 『헬라인에게는 미련한 것이요』(*Foolishness to the Greeks*)에서 보여 준 기본 논지는 뉴하우스가 제시한 논지와 꽤 비슷하다. 『벌거벗은 공론장』은 시민종교(civil religion) 및 교회와 국가의 분리에 관한 북미의 논쟁들 속에서 크게 부각된 이슈들을 다룬다. 한편 뉴비긴 감독의 논의는 그가 인도에서 40년의 선교사 사역을 마치고 모국인 영국에 돌아와 인도 사회의 영적 풍토보다도 복음에 대해 더 적대적인 공적 분위기가 작동하고 있음을 발견했을 때 겪은 충격의 여파를 담고 있다. 아마도 이것이 왜 뉴비긴이 뉴

---

[5] 같은 책, p. 86.

하우스보다 세속주의 확산에 대한 체계적 설명을 고안해 내는 일에 더 관심을 보이고 있는지를 설명해 줄 수 있을 것이다.

뉴비긴의 초점은 공적 영역과 사적 영역의 이분법에 있다. 그는 계몽주의가 가치와 사실을 강하게 나누어 놓은 것이 공/사 균열의 가장 중대한 원인이라고 본다. 가치는 사적 영역으로 축출된 반면 사실에 공적 위상의 특권이 주어졌다. 뉴비긴에 따르면, 이 세계관이 세속주의의 대들보로 진화했다. 종교는 '가치'의 문제로 환원되고 사적 관심의 영역으로 그 지위가 떨어졌다.[6]

또한 계몽주의 전망은 타당한 과학적 이해의 영역에서 목적 개념을 제거했다.[7] 비목적적 설명이 공적 삶의 기준으로 받아들여지자 가치와 궁극적 목적에 대한 중립성이 교의의 위상을 가지게 되었다.

그럼에도 계몽주의 사상가들은 뉴비긴이 인간 본성에 내재한 목적성이라고 본 것을 파괴할 수는 없었다. 그리하여 '중립성' 추구 자체가 종교적 열성으로 추구하는 기획으로 진화하면서 목적에 맞는 시도가 되었다. 이런 영적 흐름이 공적 삶 속에서 작용하고 있기 때문에 뉴비긴도 뉴하우스처럼 빈 성소에 대한 노박의 희망은 잘못된 것이라고 확신한다. "성소는 빈 채로 남아 있지 않는다. 유일한 참된 형상인 예수 그리스도가 거기 있지 않으면 우상이 그 자리를 차지할 것이다."[8]

6　Lesslie Newbigin, *Foolishness to the Greeks* (Grand Rapids, Mich.: Wm. B. Eerdmans Publ. Co., 1986), pp. 35-37, 40. 『헬라인에게는 미련한 것이요』(IVP).
7　같은 책, p. 24.
8　같은 책, p. 115.

비판으로서의 종교

여기까지는 뉴비긴과 뉴하우스의 주장이 형식적으로 일치한다. 비록 뉴비긴의 주장이 세속주의 전망을 훨씬 체계적으로 다루고 있기는 하지만 말이다. 그러나 그들은 우리 논의에 중요한 한 가지 문제에서 의견을 달리한다. 뉴하우스가 일반적인 공적 일치를 끝까지 포기하지 않는 반면 뉴비긴은 공적 다원주의에 훨씬 분명한 지지를 나타낸다. 다원주의에 대한 뉴비긴의 호감은 피터 버거(Peter Berger)가 『이단의 시대』(*The Heretical Imperative*)에서 옹호하는 관점에 대한 비판에서 분명히 드러난다. 버거는 그 책에서 다원주의가 근대성의 두드러진 면모라는 그의 오랜 주장을 계속한다.

버거에 따르면 오늘의 다원주의 상황은 받아들인 믿음의 형식을 규정하는 전통적 종류의 "타당성 구조"(plausibility sturucture)—거기서 이탈하는 것은 '이단'에 관여하는 일이다—가 사라진 결과다. 이단이란 용어는 '하이레시스'(*bairesis*), 즉 자신을 위해 선택함을 뜻하는 말에서 파생되었다. 버거는 우리 근대인들이 모두 "신들 사이에서 선택해야 할 필요성"— "이단이 되어야 한다는 명령"—에 직면해 있다고 말한다.⁹

뉴비긴은 근대성을 그렇게 규정하는 것에 동의한다. 그러나 우리가 어떻게 우리의 신들을 선택하는지에 대한 버거의 설명에는 동의하지 않는다. 버거는 종교를 사적-주관적 영역으로 격하하기를 원치 않기에, 종교적 진리 주장이 역사 및 다른 경험적 분과 학문의 면밀한 조사를 받아

---

9   Peter Berger, *The Heretical Imperative: Contemporary Possiblities of Religious Affirmation* (Garden City, N.Y.: Doubleday, 1980), p. 24. 『이단의 시대』(문학과지성사).

야 한다고 주장한다. 그리고 그렇게 되었을 때 종교들이 인간의 기본적 필요의 범위 전체를 얼마나 잘 다루는지가 분명해지리라 자신한다.[10]

뉴비긴은 이 요구를 거부한다. 종교적 주장이 이런 종류의 검증을 받아야 한다고 주장하는 것은 과학적 전망이 특권적 위치를 갖도록 허용하는 것이다. 뉴비긴은 버거의 설명에서 경험 과학 자체는 종교가 받아야 하는 시험에서 면제되는 동시에 종교적 비판에 대해서는 면역력을 갖게 만든다고 주장한다.

> 여기서는 다원주의가 용납되지 않는다. 여기서 이 과학적 분과 학문들을 토대로 작동하는 전제에는 어떤 질문도 제기되지 않는다. 종교적 경험에서 주어진 것이 과학적 분과 학문들의 전제를 근원적으로 상대화할 수 있는 진리에 이르는 통찰을 제공할 가능성이 전혀 주어지지 않는다.[11]

여기서 문화를 종교적으로 비판하는 일에 대한 뉴비긴의 확고한 방침이 분명히 작용한다. 그는 기독교 메시지가 무엇보다도 모든 문화를 질문으로 소환하는 비판적 힘이라고 주장한다. 이것이 바로 그가 세속주의자들이 좋은 삶에 관한 특정 비전에서 일어나는 비판으로부터 공적 영역을 보호하기 위해 활용하는 주장들을 공격하는 이유다.

권력을 행사하는 이들이 무엇이 참인지에 대한 믿음을 갖지 않으며 그들이 옳다고 믿는 것에 헌신하지 않는다는 의미에서, 어떤 국가도 완전히 세

---

10 같은 책, p. 136.
11 Newbigin, *Foolishness to the Greeks*, pp. 17-18.

속적일 수 없다. 그 믿음과 헌신이 무엇인지를 묻고 그것들을 복음의 빛에 노출시키는 것이 교회의 의무다.[12]

이 비판은 전반적으로 설득력 있다. 뉴비긴은 분명 롤스와 노박이 제시한 종류의 전망이 가진 약점을 어느 정도 찾아냈다. 그러나 우리는 또한 뉴비긴이 경쟁하는 선에 대한 비전들의 충돌이 야기하는 위험으로부터 공적 영역을 성공적으로 지켜 내는지도 물어야 한다.

공-사 구분은 종교를 공적 삶에서 분리시킬 쐐기를 박기 원하는 세속주의자들의 발명품에 불과한가? 혹은 이 이분법은 공동성(commonality)과 상호성(mutuality) 같은 필수품을 점점 더 얻기 어려워져 가는 이때에 그것들을 보호하기 위한 타당한 관심에서 나오는 것으로도 볼 수 있지는 않은가? 공적 영역을 파괴하려는 세력들로부터 보호가 필요한 구별된 공적 영역이 존재하지는 않는가? 끝으로, 이 영역은 얼마나 공적 성격을 상실하지 않으면서 다원주의를 유지할 수 있는가?

공적 윤리

리처드 뉴하우스는 공론장을 올바로 이해하는 것과 관련한 내용을 최소화하여 이 질문들을 다루고 있다. 그는 다원주의에 호소하는 것을 자유주의자들이 상대주의적 성향을 감추는 외관으로 간주한다. 공적 윤리를 위한 뉴하우스 자신의 탐구는 명백히 그런 자유주의의 대안으로 의도

---

12   같은 책, p. 132.

되었다. 이는 그가 다원주의에 대한 모든 언급을 단순히 눈을 다른 데로 돌리기 위한 책략으로 본다는 말이 아니다. 뉴하우스는 분명 공적 윤리 내에 어느 정도 다양한 확신을 허용하기 원한다. 그러나 우리가 보게 될 것처럼, 그가 이 다양성을 다루는 방식은 상당히 중대한 모호성으로 특징 지어진다. 뉴하우스는 많은 사람이 "도덕에 대한 모든 의견을 동등한 것으로 여기기" 원해 확신들이 갈등하는 현실에 집중한다고 확신한다.[13] 다원주의의 중요성에 대한 자유주의적 주장은 다른 교의를 위한 여지를 남기지 않는 하나의 교의로 기능한다. 다원주의가 그런 "질투하는 신"인 이유가 바로 이것이다. 그러나 다시 말하지만, 뉴하우스는 다원주의적 분석 자체를 배격하지는 않는다. 그는 심지어 현대에 유행하는 문화적 다양성에 대한 찬양은 오로지 "선과 악에 대한, 가장 높은 것에 대한, 하나님에 대한 근본적 믿음에 관한 **진짜 차이들**"로부터 우리의 주의를 다른 데로 돌리는 일에 쓰인다는 앨런 블룸(Allan Bloom)의 불평을 지지하기도 한다.[14]

그러나 뉴하우스는 이런 지지에도 불구하고 대체로 이런 "진짜 차이들"조차 표면에 드러나게 하지 않는다. 예를 들어, 뉴하우스는 알래스데어 매킨타이어(Alasdair MacIntyre)가 이미 정치가 내전의 한 형태가 되어 버린 지점에 이르렀다고 주장한 것이 "옳을 수도 있다고" 인정하면서도, 종교적 확신에 기초를 둔 공적 윤리가 획득될 수 있는 가능성을 주장하

---

13   Neuhaus, *Naked Public Square*, p. 111.
14   Allan Bloom, *The Closing of the American Mind* (New York: Simon and Schuster, 1987), p. 192. 『미국 정신의 종말』(범양사). 뉴하우스의 지지에 대해서는 *Religion and Society Report* 1987년 9월호를 보라.

는 데로 나아간다.[15] 그는 공적 담론이 같은 종교적 믿음을 공유하지 않는 사람들로 하여금 그들 사이를 매개할 수 있는 공통의 도덕적 언어를 채용하기를 요청한다고 주장한다. 그것이 이 공통 담론을 발전시키기 위한 공적 윤리의 역할이다.[16]

뉴하우스는 이 공공철학 자체가 종교적 질문에 민감해야 한다고 주장한다. 이는 피할 수 없다. 공통의 삶의 이슈들은 미국적 경험의 종교적 차원에 무지한 가운데 논의될 수 없기 때문이다.[17] 그는 이 주장을 뒷받침하기 위해 애덤스(John Adams), 토크빌, 링컨(Abraham Lincoln)이 어떻게 공적 담론이 종교적 근거를 가진 가치들에 의존했는지를 강조한 방식을 보여 준다.[18]

뉴하우스는 미국이 여전히 지극히 비세속적인(unsecular) 나라라고 주장한다. "압도적 다수의 미국인이 자기 고백적 종교를 문화에서 도덕을 담은 요소와 동일시한다"는 것이다.[19] 뉴하우스는 다수가 히브리 성경과 기독교 성경의 종교를 지지한다는 보다 특정한 결론을 꺼리지 않는다. 그는 대다수 미국인이 성경 전통에 기초한 이상과 가치를 지닌다는 것이 "가공하지 않은 인구통계학적 현실"이라고 했다.[20]

---

15 Neuhaus, *Naked Public Square*, p. 21.
16 Richard Neuhaus, "From Civil Religion to Public Philosophy", in *Civil Religion and Political Theology*, ed. Leroy S. Rouner, Boston University Studies in Philosophy and Religion, vol. 8 (Notre Dame, Ind.: University of Notre Dame Press, 1986), p. 107.
17 같은 책, p. 106.
18 Neuhaus, *Naked Public Square*, p. 145.
19 Neuhaus, "From Province to Privacy", p. 63.
20 Neuhaus, *Naked Public Square*, p. 139.

비판적 애국심

미국의 '비세속성'은 뉴하우스의 기획이 가진 두드러진 강점이다. 그것은 비타협적인 민족주의적 쇼비니즘(chauvinism, 맹목적·배타적인 애국주의—옮긴이)을 반대하는 '비판적 애국심'의 기초를 제공한다. 이런 종류의 비판적 국가 정체성은 '하나님 아래 한 나라'가 된다는 것이 무슨 의미인지에 대한 의식을 길러 준다. 자신의 정치적 공동체가 하나님의 심판 아래 존재한다고 생각하는 것은

> 제일 중요하게는, 우리가 한 백성으로서 그에 책임을 져야 할 초월적 참조점이 있음을 의미한다. 그것은 비판이 공동체를 파괴하는 것이 아니며 반대는 애국심의 적이 아님을 인정하는 체제가 존재함을 뜻한다. 벌거벗은 공론장 안에는 공동체 자체보다 높은 것으로 합의된 권위가 없다. 그렇게 애국심을 비판하거나 견제하기 위해 공적으로 인정된 근거도 없다. 따라서 비판은 불가능하고 애국심도 위태로워진다.[21]

뉴하우스는 종교와 공적 삶의 밀접한 연계가 불관용과 획일성을 조장하게 될 것을 우려하는 이들에게 반대하여, 건강한 의견 교환을 특징으로 하는 공적 대화의 진짜 적은 '가치 중립성'을 주창하는 이들이라고 주장한다. 그들이 바라는 벌거벗은 공론장은 조만간 그 불관용의 진면목을 드러낸다. 편파적이지 않은 초월적 참조점이 없는 상태에서, 무엇이

21　같은 책, p. 76.

관용적인지 판단하는 기준은 무엇이 전체의 생존에 가장 유익한가 하는 문제가 된다.

말할 필요도 없이, 뉴하우스는 같은 종교를 믿으면서 덜 관용적인 신자들이 제기하는 위험을 잘 알고 있다. 이들은 '비판적 애국심'이라는 그의 고유 상표를 '나약한 적응주의'라고 비난한다. 그는 자기들이 만든 진리 공식을 신적 진리 자체와 한결같이 혼동하는 이런 종류의 종교적 독단론의 존재가 다음의 중요한 원리 하나를 흐리게 만드는 것은 불행이라고 생각한다. 바로, '초월적 책임'을 공동으로 받아들이는 것만이 민주주의 정신을 유지하기 위해 필수인 '겸손과 잠정성'을 우리에게 제공할 수 있다는 사실 말이다.[22]

다양성과 하나님의 의도

뉴하우스는 종교적 다양성 자체를 반대하는 것처럼 보이지 않는다. 예를 들어, 그는 사도 바울이 유대인과 그리스도인의 관계를 다루는 방식에 "믿음의 다양성은 우연적인 것이 아니라 본래 하나님이 의도하신 바"라는 암시가 들어 있다고 이해한다.[23] 이런 식의 주장이 만일 종교적 다양성의 범위 전체에 일괄 적용된다면, 종교적 전망의 다원성을 그저 '우발적인' 영역―물론 롤스가 종교적 믿음을 가두어 놓고 싶어하는 곳―에서 제거하는 데까지 나아가게 될 것이 확실하다.

그러나 뉴하우스가 이 제거 작전에 성공하는지는 분명하지 않다. 종교

---

22 같은 책, pp. 122-124.
23 같은 책, p. 122.

적 다양성이 공적 삶에 끈질기게 존재함을 인정했기에, 뉴하우스가 다양한 종교적 전망의 상호작용이 공론장에서 어떻게 조직되는지 논하는 것은 적절해 보인다. 그러나 불행히도 그는 공적 갈등을 판결하기 위해 필요한 종류의 규칙과 절차에는 사실상 주의를 기울이지 않는다. 그 대신 거의 전적으로 왜 정부가 이 갈등을 효과적 방식으로 판결하리라 기대해서는 안 되는지 그 이유에만 집중한다. 뉴하우스가 보기에 벌거벗음은 공론장의 영구적 특성일 수 없다. 정부가 불가피하게 삶의 궁극적 이슈들을 판결하게 될 것이고, 그렇게 함으로써 종교의 영역을 침범할 것이기 때문이다. 그렇다면 정치는 주도권을 쥐려는 내적 충동이므로 그 자체로 종교적이다.

이런 우려를 제기하는 것은 비뚤어진 일이 아니다. 우리는 적절한 범위를 넘어서려는 정부의 성향을 기억할 필요가 있다. 하지만 이를 기억하는 것은 정부가 실로 적절한 활동 범위를 **가지고 있음**을 인정해야 유효할 수 있다. 그리고 바로 여기가 뉴하우스의 설명이 빛을 비추지 못하는 곳이다. 그는 정치적 권위가 정당하고 정상적인 방식으로 행사될 때 무슨 일이 일어나는지 우리에게 거의 말하지 않는다. 그런데 이것 역시 우리가 공적 삶에서의 종교의 역할을 조사하려는 과정에서 고려해야 할 중요한 주제다.

뉴하우스는 이제 자신의 방식대로, 종교적 영향력을 마치 그것이 공적 삶 속에 우발적으로 존재하는 것인 양 다룬다. 그의 분석은 대체로 국민 대다수가 실상 "벌거벗음"을 공론장의 정상적 상태로 받아들이지 않으므로 미국은 **우연히** "비세속적" 국가가 된 것이라는 자기주장에 의존하고 있다. 뉴하우스 주장의 주요 내용 중 상당 부분이 특정 국가 상황의 "가공하지 않은 인구통계학적 현실"에 대한 자신의 판단에 의존한다. 그가 제공하지 못하는 것은 종교와 정치와 공론장 자체의 적절한 관계에 대한 체계적 분석이다. 이 실패로 인해 그의 주장은, 말하자면 네덜란드나 영국이나 캐나다에 거의 적용될 수 없다. 이는 매우 불행한 일이다. 그가 논의하는 이슈들이 다른 나라 상황과도 연관성이 있기 때문이다.

공동성 속 다원주의

그럼에도 이 방향의 비판을 조금 더 밀어붙여야 한다. 종교적 전망은 뉴하우스의 기획에서 최소한의 역할만 한다. 그것도 정부의 의미와 목적에 관한 질문들이 논의되는 중대한 정치적 관심의 수준에서 그렇다. 공적 삶의 이슈들에 관한 종교적 관점들은 그의 설명 속 중요 사항에서 미국의 민주주의에 대한 공동의 충성 뒤로 물러선다.

뉴하우스는 공적 삶 안에서 다원주의가 지닌 정당한 역할을 인정한다. 그러나 이 역할에 조심스레 경계가 그어진다. 뉴하우스에게서 다원주의는 그보다 훨씬 큰 일군의 공동적 충성 속에서 기능한다. 실제로 뉴하우스는 어떤 이가 비판적 애국심의 적절한 모습을 보여 주는지 판단하는 일종의 '리트머스 시험'을 제안한다. 그 시험이란 "**모든 대안을 고려한 결과 미국의 영향력이 세상의 선을 위한 힘**이라는 조심스런 뉘앙스의 주장"에 동의할 수 있는가다.[24] 뉴하우스의 기획에서 이 경험적 평가는 그 형식이 "종교에 의해 강력히 각인될" 국가적 사명 의식을 받아들이는 것

---

24 같은 책, p. 72.

과 긴밀히 묶여 있다.[25]

그리고 '종교적 미국'에 대한 새삼스러운 강조에 저항할 이들은 어찌해야 하는가? 그들은 민주주의 실험의 존재 자체가 걸려 있음을 이해하도록 계도되어야 한다. 민주주의는 도덕적 질서를 요구하며, 이 도덕적 질서 자체는 사실상 불가피하게 종교적인 더 높은 진리 주장에서 나온다.[26]

다시 말하지만, 이보다 더 큰 일군의 충성과 확신이 미국 사회 내에서 기능할 수 있는 다원주의에 중요한 압박을 가하는 데 기여한다. 미국의 사명과 운명에 대한 종교적 해석을 허용하는 그런 관점들에 분명한 우선권이 주어진다. 그런 해석에 반대하는 이들은 자신들이 이등 시민 취급을 받는다고 느끼게 되어 있다.

뉴하우스는 이 배제에 대한 감각을 독특한 방식으로 다룬다. 그는 불일치 사실을 경시한다. 예를 들어, 그는 미국 내의 이슬람교와 동양 종교 신자 수 증가에 많은 관심이 끌리는 것을 알지만, 이 사실과 다원주의 문제의 연관성은 평가 절하한다.

> 공적 질서에 관한 한, 가장 큰 부분에서 이 그룹들이 성경적 종교에서 유래한 문화적·헌법적 체제에 그들의 전통을 적응시키는 것 외에 그 어떤 일을 하고 있다는…아무런 증거도 없다.[27]

이것이 뉴하우스의 전형적인 행태다. 그는 비기독교 종교 집단들이 그

25　Neuhaus, "From Providence to Privacy", p. 65.
26　같은 곳.
27　Richard J. Neuhaus, "Genuine Pluralism and the Pfefferian Inversion", *This World*, no. 24 (Winter 1989): p. 83.

가 규정한 공공철학의 강한 기독교적 논조에 의해 상처를 입는다는 비난과 맞닥뜨릴 경우, 이 그룹들과 자신의 '종교적 미국' 이해의 차이를 최소화하는 경향이 있다.

이 점에서 그의 노력이 해당 집단들에게 위로가 되는지는 분명하지 않다. 예를 들어, 제임스 넥터라인(James Nuechterlein)은 『벌거벗은 공론장』에 대한 그의 서평에서 유대인들이 뉴하우스의 전망에 제기할 법한 문제들을 지적했다.

만약 미국의 신성한 덮개가 내용상 유대-기독교적이어야만 한다면 이는 그 범주 밖에 있는 이들에게 무엇을 시사하는가? 그렇게 되면 그들이 사회를 결속하는 사회적 합의에서 배제되지 않을까? 그리고 뉴하우스의 공식은 그 자체의 방식에도 문제가 있다. 뉴하우스가 잘 아는 대로 유대인과 그리스도인은 역사의 의미와 운명에 대해 상당히 다른 관념을 가지고 있으며, '유대-기독교적'이라는 용어는 하나의 관습으로 이는 공통 세계관의 방식에서 실제 내용보다 훨씬 많은 것을 암시한다.[28]

이것은 중요한 지적이다. 그러나 뉴하우스는 여전히 공적 삶에서의 다원주의에 대한 적절한 설명을 우리에게 제공해 주지 않을 것이다. 심지어 그가 적절하게 대답할 수 있다 해도, 예를 들어 유대인과 그리스도인뿐 아니라 무슬림, 힌두교인, 불교인에게 매력적이면서도 '유대-기독교적' 자

---

28 James Nuechterlein, "A Sacred Canopy?", Review of *The Naked Public Square: Religion and Democracy in America*, by Richard John Neuhaus; in *Commentary* 79, no. 1 (Jan. 1985): p. 80.

원에서 힘껏 끌어낸 공공철학을 명확히 설명해 낸다 해도 말이다. 그가 보여 줄 수 있는 것은 미국 상황의 우연적 요소들이 그렇기에 다원주의의 도전이 많은 이의 생각만큼 긴박하지 않다는 것이다.

복음과 맥락

물론 뉴하우스가 주장하는 노선은 뉴비긴에게 별 도움이 되지 않는다. 뉴비긴은 주로 그리스도인이 명백히 소수인 처지에 관심을 기울이고 있기 때문이다. 세속화의 실질적 영향에 의문을 제기함으로써 세속주의자들을 분리시키고 다양한 종교 집단 간의 강한 공공철학적 합의를 주장하는 두 갈래 전략은 뉴비긴의 목적에 아주 큰 도움을 주지는 못할 것이다. 반대로 그는 그저 기독교의 공적 역할이 더 이상 자명하지 않음을 당연하게 받아들인다.

그렇다면 뉴비긴은 어떤 근거로 공-사 이분법을 공격하는가? 인구의 비교적 적은 부분이 공유하는 종교적 관점이 갖는 공적 관련성은 무엇인가?

바로 여기가 뉴비긴의 선교사 경험이 작동하기 시작하는 지점이다. 그는 진리 주장을 판단하는 데 "가공하지 않은 인구통계학적 현실"이 결코 결정적일 수 없음을 알고 있다. 근대 사회에서 그리스도인이 여러 소수 집단 중 하나가 되어 버렸다는 사실은 복음의 권위에 대한 평가와 무관하다. 인구통계학적 자료가 가르쳐 주는 것은 이제 공적 삶에서 기독교의 역할이 선교사의 역할과 유사하다는 사실이다. 달리 말하자면, 모든 선교사가 아는 대로 진짜 중요한 것은 선포되는 메시지가 지닌 고유한 질이다. 그렇다면 질문은 복음이 공적 삶의 이슈들에 적용되는지 여부다. 뉴비긴은 분명 그렇다고 생각한다.

한편, 기독교 메시지는 문화적으로 관련 있게 되기 위해 선포되고 적용되어야 한다. 뉴비긴이 "선교적 대면"(missionary encounter)이라고 분명하게 부르는 데서 이 점은 매우 중요하다.[29] 그리고 그런 대면이 있기 위해서 복음은 그 복음이 전해지는 특정 문화에서 소통될 수 있는 언어로 명확히 표현되어야 한다. 뉴비긴은 문화적 맥락(context)의 중요성을 잘 알고 있다.

> 처음에나 그 이후 언제건 복음이 문화적으로 조건 지어진 말의 형식으로 구현되지 않았던 때는 없었으며 그럴 수도 없었다.…말로 하는 모든 복음 진술은 그 말이 속한 문화에 의해서 조건 지어지며, 복음의 진리를 구현한다고 주장하는 삶의 모든 양식은 문화적으로 조건 지어진 삶의 양식이다. 문화로부터 자유로운 복음은 결코 존재할 수 없다.[30]

더 나아가, 문화적-뿌리박음이라는 사실을 이해하기 위해 기독교 메시지를 문화적으로 관련성 있게 만드는 의식적 노력의 중요성을 아는 것이 필요하다. 진정한 '대면'은 타자의 고유한 언어로 말하는 능력을 요청한다.

그러나 상황화(contextualization)의 중요성에 대한 강조가 복음의 권위를 불가피하게 상대화시키지는 않을까? 뉴비긴은 그렇게 생각하지 않는다. "처음부터 끝까지 문화적으로 조건 지어진 형식으로 구현된 복음은 모든 문화에 질문을 제기한다." 뉴비긴은 이 주장을 사도 바울이 아그

29　Newbigin, *Foolishness to the Greeks*, pp. 132-133.
30　같은 책, p. 4.

립바 왕 앞에서 한 연설을 예로 들어 설명한다. 바울은 다메섹 도상에서 하나님의 음성을 들은 경험을 이렇게 묘사한다. "내가 소리를 들으니 히브리 말로 이르되…"(행 26:14). 뉴비긴은 이것이 상황화의 좋은 예라고 했다. 바울의 삶을 바꾸어 놓은 메시지가 그에게 모국어로 말해졌기 때문이다. 그러나 그것이 사태의 끝은 아니었다. 이 신적 상황화 행위의 의도는 사울의 현재 삶의 방식을 너그럽게 봐주는 것이 아니라 오히려 도전하는 것이었다. "네가 어찌하여 나를 박해하느냐?"[31]

복음의 메시지는 단지 세속 문화에 영적 차원을 덧붙이지 않는다. 심판, 도전, 변혁하기 위해 우리 인간의 맥락 속으로 들어온다. 그렇게 뉴비긴은 메신저들이 처한 역사적 조건을 완전히 인정하나, 전적으로 상대주의를 피하려는 의도로 그렇게 한다. 인간 메신저들은 복음을 그들이 원하는 방식으로 아무렇게나 상황화해서는 안 될 것이다. 그들 역시 그 심판 아래 서 있다.

성스럽지도 속되지도 않은

뉴비긴은 인간 삶의 모든 사적·공적 복잡성을 하나님 나라의 범위에 포함되는 것으로 본다. 이것이 그가 노박의 "빈 성소"를 강력히 반대하는 이유다. 또한 교회의 보호 감독에서 공적 제도를 해방하는 것과 공적 삶의 '세속화'를 사실상 동일시하는 몇몇 기독교 신학자를 포함한 사상가들을 그가 반대하는 이유이기도 하다. 뉴비긴은 공적 삶을 교회의 통제

---

31   같은 책, pp. 4-5.

에서 해방하기 원하지만, 정치적 삶의 세속화를 옹호하지는 않는다.

일례로 뉴비긴이 보기에 완전히 '세속화된' 공론장 개념은 환상이다.

어떤 국가도 권력을 행사하는 이들이 무엇이 참인지에 대한 믿음을 가지지 않고 그들이 옳다고 믿는 것에 헌신하지 않는다는 의미로 완전히 세속적일 수 없다. 그 믿음과 헌신이 무엇인지를 묻고 그것들을 복음의 빛에 노출시키는 것이 교회의 의무다.[32]

그러나 더 나아가, 뉴비긴은 철저한 세속화와 교회가 통제하는 사회 사이에서 선택하는 것은 잘못이라고 확신한다. 뉴비긴은 세속화 기획을 배격할 때, 교회가 정치적 권위와 긴밀히 동일시되었던 모든 "코르푸스 크리스티아눔(corpus Christianum, 기독교 사회) 시대로의 복귀" 또한 확고히 반대한다. 뉴비긴은 이슬람 근본주의를 예로 들며 정치적 삶의 "신성화"는 항상 악마적 권세를 풀어놓았다고 주장한다.[33]

그렇다면 뉴비긴은 그가 반대하는 대안들에 대해 분명하다. 공적 삶이 종교적으로 중립적인 방식으로 기능할 수 있다는 생각과 교회가 중심이 된 사회 질서라는 이상 모두 결함이 있다. 그러나 이 두 선택지의 자리에 무엇을 놓아야 하는가? 기독교와 공적 삶의 관계를 구성하는 적절한 방식에 대한 그의 고유한 구상은 상세하게 개진되지 않았다. 그러나 그는 자신이 어떤 생각을 가지고 있는지 몇 가지 실마리를 확실히 제공한다.

---

32 같은 책, p. 132.
33 같은 책, pp. 115-116.

예를 들어, 뉴비긴은 원칙적으로 '기독교 국가'(Christian state) 개념을 반대하는 것으로 보이지 않는다. 그는 이상적으로, "기독교 신앙이 참임을 인정하되 다른 관점의 신앙에도 완전한 안전을 의도적으로 제공하는" 국가를 세우는 것이 가능할 수 있어야 한다고 생각한다.[34] 그는 심지어 기독교 교의에 대한 실질적 헌신이 공론장의 건강을 위해 필수라고 생각하는 듯하다. 그는 한 지점에서, "국가의 삶의 중심 성소는 비어 있을 수 없으며, 만일 그리스도가 거기 있지 않으면 분명 우상이 그 자리를 차지하게 될 것"임을 교회가 명확히 해야 한다고 말한다.[35]

그러나 이것이 교회가 복음을 받아들이기 거부하는 이들에게 교회의 확신을 강요해야 한다는 뜻은 아니다. 실제로 뉴비긴은 제도화된 조직체로서의 교회가 공적 정책 형성에 직접적 역할을 가지고 있다고 보지 않는다. 그가 마음에 품은 종류의 비전을 실행하는 일은 "일상의 세속적 의무를 위해 복음에서 빛을 찾으려고 애쓸", "비성직화된" 신학을 갖춘 평신도들의 과업이다.[36]

뉴비긴에게 이런 방식으로 기독교적 확신을 공론장에 연결하는 것은 "우리 문화와의 선교적 대면"이라는 성격을 띠게 될 것이다.[37] 그리스도인들은 그 속에서 비그리스도인들과 "진정으로 듣는 대화 속으로 들어가"며, 이는 자신들이 동의하지 않는 이들로부터 그리스도인들이 배울 것이 많음을 당연하게 받아들이는 대화다.[38] 오로지 겸손한 열린 정신만이 그

---

34 같은 책, p. 140.
35 같은 책, p. 123.
36 같은 책, pp. 141-143.
37 같은 책, p. 141.
38 같은 책, p. 139.

리스도인들을 그들 자신의 전체주의 형식을 세우는 일에서 막아 줄 수 있다.

다시 말하지만, 뉴비긴은 여기서 어떻게 그의 대안적 전망이 발전될 수 있는지 약간의 기초적 실마리를 제공하는 것 이상은 하지 않는다. 그의 간략한 스케치는 도발적이고 유망하지만, 많은 질문을 답하지 않은 채 남겨 둔다. 하지만 그 질문들은 그의 기획 전반에 공감하는 이들이 물어야 하는 중요한 것들이다.

예를 들어, 그리스도를 공적 삶의 중심, 즉 "중심 성소"에 둔다는 게 정확히 무슨 의미인가? 뉴비긴이 마련한 내용들이 점증하는 다원주의에 의해 야기된 문제들에 대해 어떤 방식으로든 **공정한** 해법이 될 수 있는가? 그것은 롤스의 기획보다 높은 수준의 정의를 허용할 것인가? 뉴비긴의 "선교적 대면"이 일어나는 영역이 정당하게 **공적** 공간으로 여겨질 수 있는가? 이런 내용들이 다음 여러 장에서 더욱 주제와 관련된 방식으로 우리가 추구할 주제다.

4장

공적 자아 탐색

리처드 세넷(Richard Sennett)에 따르면 근대 산업 사회는 공적 시민교양의 유익에 대한 적절한 감각을 상실했다. 인간사의 친밀한 따스함에 대한 오늘날 우리의 집착은 세넷이 "친밀감의 이데올로기"라고 딱지를 붙인 것이 되고 말았다. 그 이데올로기는 "모든 종류의 사회적 관계를, 각 사람 내면의 심리적 관심사에 더 가까이 접근할수록 실제적이고 믿을 수 있으며 진정한 것"으로 본다. 세넷은 이 전망이 "정치적 범주들을 심리적 범주들로 변질시켰다"고 주장한다.[1]

세넷에 의하면 이런 변질은 우리를 "가족이나 친밀한 연합의 끈으로 함께 묶여 있지 않은 이들 사이에 존재하는 종류의 연합적 결속과 상호 헌신의 진가를 인정하지 못하게" 만들어 버렸다. 우리는 "군중과 '국민'과 정치체"의 가치에 대한 의식을 잃어버렸다.[2] 이 공적 자아의 상실은 다

---

1 Richard Sennett, *The Fall of Public Man: On the Social Psychology of Capitalism* (New York: Random House, Vintage Books, 1978), p. 259.
2 같은 책, pp. 3-4.

시 사적 분열을 일으킨다. "공적 삶과 사사로운 삶 사이의 혼동이 일어났다. 사람들은 비인격적 의미의 법규들을 통해야만 적절히 다뤄질 수 있는 공적 문제들을 개인의 감정에 근거해 해결하고 있다."[3]

간단히 말해, 세넷이 보기에 우리는 이 모두로 인해 도시 자체의 의미에 대한 적절한 의식을 잃어버렸다.

'도시'(city)와 '시민교양'(civility)은 어원적으로 같은 뿌리를 가지고 있다. 시민교양은 타인을 낯선 사람인 듯 대하며 그 사회적 간격 위로 사회적 유대를 형성하는 것이다. 도시는 낯선 사람들이 가장 만날 법한 인간의 정착지다. 도시의 공적 지형은 제도화된 시민교양이다.[4]

근대성과 공적 의식

우리는 앞 장에서 "사적 세계와 공적 세계의 구분"에 관한 레슬리 뉴비긴의 비평을 살펴보았다.[5] 이 이분법은 뉴비긴이 "'근대' 사회의 가장 두드러진 특징 중 하나"로 여긴 것이다.[6] 뉴비긴의 설명을 급하게 읽으면 그가 세넷의 분석에서 적어도 두 가지 점에 동의하지 않는 것처럼 보일 수 있다. 첫째, 뉴비긴은 공과 사의 분명한 구분이 근대성에 의해 사라지지 않았으며, 도리어 사실상 근대적 의식의 두드러진 면모라고 말하는 것처럼 보인다. 둘째, 뉴비긴은 공-사 이분법이 없으면 우리 모두에게 좋으리라

---

3 같은 책, p. 5.
4 같은 책, p. 264.
5 Newbigin, *Foolishness to the Greeks*, pp. 18-19.
6 같은 책, p. 35.

생각하는 듯하다.

그러나 뉴비긴이 공-대(對)-사 구분에서 실제로 비판하는 내용을 면밀히 들여다보면, 뉴비긴의 설명과 세넷의 설명 사이의 분명한 차이는 희미해진다. 그는 공과 사의 구분 자체를 반대하는 것이 아니다. 오히려 그는 이 구분이 다음처럼 '사실'과 '가치'의 엄격한 분립을 강화하는 데 사용되는 방식에 초점을 맞춘다.

> 공적 세계는 모든 사람에게 그들의 가치가 무엇이건 동일한 사실의 세계다. 사적 세계는 모두가 자기 나름의 가치를 선택하는 데 자유로우므로 그에 부합하는 행동 방식을 추구하는 가치의 세계다.[7]

우리 논의에서 세넷과 뉴비긴이 제시한 분석이 조화되는지를 결정할 필요는 없다. 그러나 그들의 설명을 조화시킬 아주 간단한 길이 있다. 그 길은 또한 현대의 삶에서 공-사 구분의 불확실한 위상을 매우 정확하게 묘사하는 이점도 가지고 있다.

뉴비긴은 공과 사 이분법이 근대 사상에서 엄격한 사실-가치 분립을 강화하는 데 항상 사용되었다는 사실을 제대로 강조한다. 이 엄격한 이원론은 유감스러운 일이다. 인간에게 공적 자아를 성취하는 만족스러운 길을 제공하지 않기 때문이다. 그래서 많은 사람이 공적인 것을 사적인 것으로 만들기를 시도했고, 세넷은 능숙하게 이 기획이 부적절함을 밝혀 준다. 세넷이 논의하지는 않지만, 이따금 추구되는 또 다른 선택지는 사적인

---

7   같은 책, p. 36.

것을 공적인 것으로 만들려는 시도다. 예를 들어, 부부 관계를 주로 공동-법적("결혼 계약") 용어와 정치적("성 정치학") 용어로 묘사하는 것이다.[8]

공적 공간의 유익

그러나 공적 자아와 사적 자아의 분명한 구분이 유지되는 것을 왜 우려하는가? 세넷이 공적 상호작용과 연결한 "비인격적 의미의 법규들"을 유지하는 것이 왜 좋은 일인가?

제임스 글래스(James M. Glass)는 정신병 환자에 관한 최근 연구에서 공적 의식의 유익에 관해 세넷의 전망과 흡사한 전망을 제시한다. 정치 이론가인 글래스는 정신병으로 분류된 이들이 스스로 공동의 현실에 참여할 수 없다고 여기는 상태를 조사하기 위해 그들과 더불어 상당 시간을 보냈다. 글래스는 자기가 연구한 환자들 각자가 "때로는 정신병적으로 자신을 고립시키도록, 또한 합의된 관계에서 물러나도록 두는 내적 본성의 흐름에" 빠져 있음을 보았다.[9] 그들에게는 적절히 계발된 **공적** 자아가 결여되었다. 건강을 위한 그들의 씨름은 사실 "공동적 존재"와 "상호주관성"을 보다 굳게 장악하려는 몸부림이었다. 따라서 글래스는 "자아와 공적 장(場) 사이의 의견 교환은 압제적인 내적 이미지들의 엔트로피적 힘과 필사적으로 싸우는 의식을 위해 상당히 유익한 경험이 될 수

---

8   마르크스주의 계열의 최신 페미니즘에서 사적 양식을 공적인 것으로 만드는 일의 이론적 바탕에 관한 유익한 요약은 Josephine Donovan, *Feminist Theory: The Intellectual Traditions of American Feminism* (New York: Frederick Ungar Publishing Co., 1985), ch. 3, 특히 pp. 75-80을 보라.
9   James M. Glass, *Private Terror/Public Life: Psychosis and the Politics of Community* (Ithaca, N.Y.: Cornell University Press, 1989), p. 14.

있다"고 주장한다.¹⁰

이처럼 세넷과 글래스 모두 공적 자아가 제공할 수 있는 치유적 유익을 확신한다. 세넷은 무례함(incivility)이 지배하는 곳에서는 우리 각자가 "개성의 부담"(burden of personality)을 떠안아야 하는 반면, 시민교양(civility, 정중함)은 "타인들을 그들 자신에 대한 부담을 떠안는 데서 보호하는 것을 목적으로 한다"고 말한다.¹¹ 글래스는 이 점을 더 통렬하게 표현하는데, 바로 우리의 시민권이 가진 역할이 "사적 지옥과 내적 갈등에 대한 끈질긴 **공적 매개**"를 촉진한다는 것이다.¹²

우리 각자의 경험을 통합하는 것을 촉진하는 이런 종류의 공적 상호작용에 대한 갈망은 로버트 벨라(Robert Bellah)와 동료들이 제기한 사회과학적 담론의 공적 통합을 위한 요청과 유사하다. 『마음의 습관』(Habits of the Heart)과 『좋은 사회』(The Good Society)의 저자들은 "우리 제도들에 대한 성찰, 참여, 변혁을 위해" 꼭 필요한 공동적 "공간들"의 개방을 촉진할 조건을 기술하는 데 관심을 기울인다. 그들은 사회에 대한 학문적 연구에 종사하는 "전문 지식인과 전문가들"이 이런 개발을 수행하는 데 중요한 공헌을 해 왔다고 확신한다.¹³

---

10   같은 책, p. 26.
11   Sennett, *Fall of Public Man*, pp. 264-265, 269.
12   Glass, *Private Terror/Public Life*, p. 27.
13   Robert Bellah et al., *Habits of the Heart: Individualism and Commitment in American Life* (Berkeley, Calif.: University of California Press, 1985), pp. 218, 303. 『미국인의 사고와 관습』(나남출판). 또한 *The Good Society* (New York, N.Y.: Alfred A. Knopf, 1991)를 보라. *The Good Society*는 *Habits of the Heart*의 후속작으로, *Habits of the Heart*가 우리 각자와 공동선을 향한 헌신을 부식시키는 것으로 본 "로크적 개인주의"에 대한 비판을 이어 간다. *The Good Society*는 미국의 경제·사회·종교·정치 제도에서 개인주의의 효과들을 면밀히 조사한다. 여기서 제시한 예후는 좋지 않다. 저자들은 우리가 개인적으로는 부유하지만 사회로서는 가난하게 되었다는 두려움을 표명한다. *The Good Society*는 *Habits of the Heart*와 마찬가지로 건강한 공공복리를 회복할 전망에 아주 비관

이들이 기대하는 공헌의 성질과 범위는 『마음의 습관』 부록에 매우 상세히 열거되어 있다. "공공철학으로의 사회과학"이란 제목의 이 논문은 "사회 전체와 관련된" 공적 삶의 질문들에 대한 학문적 종류의 답을 요청한다. 그러한 답은 공동생활에 대한 "철학적·역사적·사회학적"일 "공관적 관점"(synoptic view)을 제시할 것이다. 벨라 팀은 이 공헌이 공공철학의 한 활동으로서의 사회과학적 탐구라는 보다 옛 관념의 회복을 요청할 것이라고 주장한다.[14]

사회과학적 논의의 현 상태에 대한 벨라 팀의 해석에 의하면, 이 과정은 실제로 거의 잃어버린 어떤 것을 회복하기를 요청할 것이다. 그들은 공공철학 전통이 완전히 사라지지는 않았지만, "그 하위 분과 학문들이 일반 대중에 대해서는 말할 것도 없고 종종 서로 이야기할 수 없을 정도로 점점 전문화되고 있는 사회과학에 의해 주변으로 밀려났다"고 주장한다.[15]

벨라 팀은 글래스가 정신병 환자들의 곤경을 묘사할 때 쓰는 사실적 언어를 사용하지 않는다. 예를 들어, 『마음의 습관』 저자들은 현대의 사회과학자들이 "사적 지옥 및 내적 갈등"에 빠져 있다고 주장하지 않는다. 그러나 사회과학의 현 상태는 심각하게 파편화된 상태에 있다고 생각한다. 그들만 이런 우려를 하는 것도 아니다. 셸던 월린(Sheldon Wolin)은 1963년에 쓴 정치사상에 대한 노련한 연구에서 널리 퍼져 있는 사회과학적 "지역주의"에 대해 불평했다. 그것은 "사회를, 각기 정치적 자기 충

적이지는 않다. 두 책 모두 개인의 도덕적 확신에 있어서뿐 아니라 우리의 사회 제도와 정치 제도에도 의미와 헌신의 회복이 필요하다고 본다. 그러나 성공적 회복은 성경적이고 시민적인 공화주의 전통에서 발견되는 '기억 공동체'의 회복에 의해서만 성취될 것이다. 우리는 여기서 이 공통 주제를 개진하면서 두 책을 다루고 있다.

14 같은 책, pp. 298, 302.
15 같은 책, p. 299.

족을 향해 진화하고 각기 개인 구성원을 흡수하려 애쓰며 각기 더 포괄적인 통일성을 가진 어떤 자연적 동맹도 없는 일련의 아주 조그마한 섬들로 보는 그림"을 받아들인다.[16]

우리의 사적 삶뿐 아니라 사회적 상호작용의 훨씬 넓은 형식들에 대한 이해에서 통합적 전망을 갖추라는 이런 요청은 중요한 것이다. 공적 자아에 대한 더 건강한 의식을 회복하기 위해 무엇이 필요할지 탐색할 가치가 있고, 회복을 위한 이 기획에 기독교의 사상과 실천이 무엇을 공헌할 수 있을지 살펴볼 가치가 있다.

공동선의 의도

공적 자아에 대한 건강한 의식에 관해 물을 때 우리는 무슨 이야기를 하는가? 이 질문에 답하기 위한 일군의 분명한 참조점을 찾아내기란 쉽지 않다. 의존할 수 있을 만큼 충분한 양의 문헌이 없다는 것이 한 가지 이유다. 공적 사유와 실천에 관한 이슈를 다루는 논의 대부분은 '공적'이라는 용어 사용을 분명히 설명해 주지 못한다. 더 나아가, 공적 자아에 대한 의식 상실을 한탄하는 저술가 모두가 공적 삶에 대한 건강한 이해 속에 무엇이 포함되는지에 대해 정확하게 동일한 이해를 갖고 움직이는 것도 아니다.

하지만 이 주제에 관심을 기울이는 대다수 사상가는 적절한 공적 의

---

16 Sheldon S. Wolin, *Politics and Vision: Continuity and Innovation in Western Political Thought* (Boston: Little, Brown and Co., 1960), p. 431. 『정치와 비전』(후마니타스).

식이 공동선을 의도적으로 추구하기를 요청한다는 데 동의한다. 이 점에서 **의도성**(intentionality)을 강조하는 것은 공적 형태의 상호작용이 관련 행위자들에게 지지받는 주관적인 공적 지향의 전망 없이도 유지될 수 있다는 홉스주의적 확신을 거부하는 것이다. 홉스주의적 접근은 공적 분위기를 증진할 유일한 책임을 의사결정 시스템에 부과한다. 이 관점에 따르면 공적 토론에 참여한 사람들은 그들 자신의 '당파적' 기획 이외의 어떤 것에도 주의를 집중할 필요가 없다. 당파적 주장을 체계의 길들이기 과정의 규율에 복종시킴으로써 다양한 열정을 상대적으로 조화로운 정책으로 조정하는 일은 정책 결정 시스템의 기능이다. 공적 삶과 연관 지을 수 있는 자질들은 생산된 정책들 속에서 발견되지 그것들을 만들어 낸 인물들의 정신에서 발견되지 않는다.

홉스주의적 전망의 거부는 체계의 특징만으로는 공적 상호작용의 적합한 영역을 만들어 내는 데 성공할 수 없음을 주장하는 것이다. 이는 공적 의식이 롤스가 "관용의 덕 및 다른 이들과 타협할 준비가 되어 있는 것, 그리고 합리성과 공정성 의식의 덕" 같은 "**매우 위대한 덕목들**"이라고 묘사한 주관적 기질의 함양을 요청한다는 것을 인정하는 일이다.[17]

이 덕목의 훈련은 공적 자아에 의해 의도된 **공동선** 관념이 없으면 건강한 공적 의식을 위해 불충분할 것이다. 협동 정신, 공평함, 관용은 더 큰 공동체의 실제적 안녕을 향해 종사할 이해관계의 충족이라는 공유된 목적 추구를 지향해야 한다.

다시 말하지만, 우리의 최선의 노력이 의도적으로 지향하는 공동선

---

17 Rawls, "Overlapping Consensus", p. 17.

의식은 중요하다. 그것은 데이비드 홀렌바흐(David Hollenbach)가 마이클 노박이 말하는 공적 삶의 "자유 시장" 관념을 비판하며 지적한 것처럼, 공동선이 너무 복잡해 누구도 파악하기 어려운 개념이라고 인정하고 오히려 이기적 목적들을 공평하게 추구하라고 권하는 것이 아니다. 그런 전략이 일군의 공유된 이해관계를 반드시 증진하지는 않을 것이며, 그런 노력이 공동선이 어떤 것으로 드러나건 그것을 반드시 증진하지도 않을 것이다. 홀렌바흐는 공동선에 대한 의식적 고려가 사회적 계획의 일부여야 한다고 주장한다. 적절한 목표와 목적을 결정하는 일은 우리로 하여금 "그것들이 사회 전체의 더 큰 목적에 연결되는 방식에 조심스레 주의할" 필요가 있도록 하기 때문이다.[18]

합의파

그러나 이런 기본적이고 중요한 문제들에 대한 합의가 있음에도, 건강한 공적 자아에 관심을 가진 사상가들은 공적 상호작용의 실행가능한 형태가 무엇일지에 대해 각기 다른 개념을 가지고 작업한다. 우리의 목적을 위해서는 '공공철학'의 두 주요 유파(strand)를 구분하는 것으로 충분할 것이다. 그중 첫째 유파는 공적 삶에서 궁극적 합의의 필요성을 매우 강조한다.

종교 다원주의에 관한 현대의 논의에 익숙한 사람이라면 누구나 합의파를 알아볼 수 있다. 실제로 우리는 이미 우리 논의 가운데 여러 곳에

---

[18] David Hollenbach, S.J., "The Common Good Revisited", *Theological Studies* 50 (1989), p. 73.

서 이 전망의 표현과 마주쳐 왔다. 이 관점에 따르면 건강한 공적 삶이란 사람들에게 상이한 종교적 확신 같은 다른 차이점이 있음에도 그들이 공통적으로 가진 것을 인정하는 삶이다. 여기서 관심사는 공적 영역에서 모든 논쟁거리를 밀어내는 것이다. 이 사상의 유파는 공적 무대를 이성의 영역으로 보면서 계시에 호소하는 것은 사적 믿음의 지역으로 보냈던 계몽주의 전망과 잘 어울린다.

합의파는 월터 리프먼(Walter Lippmann)의 『공공철학』(The Public Philosophy)에 훌륭하게 전개되어 있다. 리프먼의 관심은 민주주의 정치가 1930년대와 1940년대의 사건들에 의해 악화되어 순전히 여론의 노리개가 되어 간다는 사실에 있었다. 리프먼은 자신의 우려를, 미국 편에서 나치 독일을 대하는 태도의 변화를 예로 들어 구체적으로 설명한다. 처음에 일반 대중은 전쟁을 원하지 않았다. 전쟁 중에는 독일의 무조건 항복 외 어떤 것으로도 만족하지 못했다. 전쟁 후에는 평화 협정 준수에 대한 관심이 급속히 소멸되었다. 리프먼이 보기에 이 모든 것은 나침반의 결핍을 나타낸다. 서양 민주주의는 "공공철학"에 대한 이해를 상실했다.[19]

리프먼이 의도적으로 단수로 표기한 이 철학은 자연법에 기초한 보편적이며 불변하는 원칙들에 기초한다.[20] 그렇다 해도 이 원칙들은 다양한 역사적 상황 아래서 표현된다. 그리하여 하나의 공공철학이 다양한 '시민교양 전통'에 뿌리박혀 있다. 이 전통들은 인간적 특질을 뚜렷이 표명하는 데 필수다. 월터 리프먼의 주장처럼 공적 상호작용을 위한 적절

---

19 Walter Lippmann, *The Public Philosophy* (Boston: Little, Brown and Co., 1955), pp. 25-27. 『공공사회의 철학』(을유문화사).
20 같은 책, pp. 79-85.

한 관심을 발전시키는 것은 우리의 "문명화된 제2의 본성"을 실현하는 일이다. 그것은 "자신의 영역, 자신의 질서, 자신의 군대, 자신의 군함, 자신의 대의를 위하여" 자신의 덜 사회적인 본능과 감정을 지배하는 힘을 획득한 "지배자의 내면성"을 성취하는 것을 뜻한다.[21] 리프먼에 따르면, 확고한 원칙에 대한 한 사회의 문명화된 지지는 사사화가 개시되면 약화되기 시작한다. 모든 강한 확신은 사적 의식의 영역으로 축출된다. 그 결과는 시민을 전체주의의 침략으로부터 거의 보호할 수 없는 최소의 가짜-합의다.

불건전한 사사화에 대한 리프먼의 치유법은 상대적으로나마 통합된 단일한 '공공철학'이 필요함을 강조하는 것이다. 기독교는 여러 '시민교양 전통' 중 하나로 기능하여—이는 기독교의 가르침 중 더 논란이 많은 부분은 모두 사적 확신의 문제에 머물러야 할 것을 요한다—이 철학이 유지되는 일에 기여할 수 있다. 그렇게 되면 종교적 다양성은 공적 삶에 어느 정도 기여할 수 있다. 즉, 시민적 담론을 다양하게 보강할 수 있다. 그러나 바라는 목표는 철학적 통일성이지 다원성이 아니다.

다원성과

리프먼이 『공공철학』을 출판한 시기와 거의 같은 시기에 한나 아렌트 (Hannah Arendt)는 공과 사라는 주제와 열심히 씨름하고 있었다. 아렌트가 다루는 방식은 이미 『전체주의의 기원』(*The Origins of Totalitarianism*,

---

21   같은 책, p. 107.

한길사)에서 기본 형태로 제시되었는데, 『인간의 조건』(The Human Condition)에서는 더 온전하게 발전된 형태로 발견된다. 아렌트의 입장은 공공철학 논의의 둘째 유파, 바로 공적 삶에서 다원성의 중요함을 강하게 역설하는 입장을 훌륭하게 예시한다.

아렌트도 리프먼처럼 자유시민들이 공화국(res publica)을 집단적으로 돌보는 공동체인 폴리스(polis)에 대한 공화주의적 이상을 가지고 움직인다. 아렌트가 리프먼과 다른 점은 다원성에 대한 깊은 헌신이다. 폴리스에서 우리는 우리의 다양성이 공적 의식의 중요한 부분임을 인식하면서 서로를 동등한 입장에서 만난다는 것이다.

다양성에 대한 이 칭송은 아렌트의 '공적 공간' 개념에서 매우 중요하다. 아렌트에게 폴리스의 중심 공간은 순수한 합의를 실현하는 가상의 교차점이 아니라, 우리 각자가 독특한 정체성을 유지하면서 서로 소통하는 가운데 구분이 유지되는 장소다. 오직 그런 공간에서 참된 개성이 번영할 수 있다. 그곳에서만 연속성과 구분, 공동체성과 분리가 서로 뒤섞이기 때문이다.[22]

리처드 번스타인(Richard Bernstein)은 공적 의식의 적절한 조건에 대한 아렌트의 이해를 요약하면서 이 공간적 은유의 활용을 설명한다. 인간의 삶은 행위와 말로 유지된다는 것이다. 그런데 행위와 말은 인간의 다원성을 요구한다. 행위와 말은 분명 **사람들 사이에서**, 즉 한 독특한 인간이 인간적 다원성의 '타자성'과 대면할 때 발생할 것이기 때문이다. 인간성의 실현인 행위는 필연적으로 우리가 자신과 타자에게 우리가 누구인지

---

22 Hannah Arendt, *The Human Condition* (Chicago: University of Chicago Press, 1958), pp. 52-53. 『인간의 조건』(한길사).

를 드러내 보여 주는 영역인 폴리스라는 공적 공간 속에서 일어난다.[23]

공적 상호작용의 이 '현시적' 차원은 아렌트에게 매우 중요하다. 그녀는 공과 사의 기본적 구분을 "그것들이 적어도 존재하려 한다면 감추어질 필요가 있는 것들과 공적으로 드러날 필요가 있는 것들이 있다"는 사실에 귀속된 것으로 본다.[24] 그녀는 고전적인 인간의 탁월성 관념을 언급하면서 다음의 활동에 주목한다. 공적 영역에서 적합하게 수행되는 그런 활동들은

> 사생활에서 도저히 필적할 수 없는 탁월성을 성취할 수 있다. 정의상 탁월성을 위해서는 다른 이들의 존재가 항상 요청되고, 이 존재는 동료들에 의해 구성된 공적 격식을 필요로 하기 때문이다. 그것은 우리와 대등하거나 우리보다 못한 이들의 격식 없는, 친숙한 존재일 수 없다.[25]

그러나 아렌트는 어떻게 인간 삶에 관한 정말 다양한 전망 사이의 대면이 실제로 공적 건강을 증진할지 아주 분명하게 밝히지는 않는다. 실제로 아렌트는 종교적 다양성에 관한 질문에 전혀 도움이 되지 않는다. 기독교 같은 종교가 담당할 공적 역할이 있다고 생각하지 않는 것처럼 보이기 때문이다. 아렌트의 관점에서 예수의 종교는 영적 관계의 비정치적인, 공적이지 않은 유대다.[26]

---

23 Richard J. Bernstein, *Beyond Objectivism and Relativism: Science, Hermeneutics, and Praxis* (Philadelphia: University of Pennsylvania Press, 1983), p. 208. 『객관주의와 상대주의를 넘어서』(철학과현실사).
24 Arendt, *The Human Condition*, p. 75.
25 같은 책, p. 49.
26 예를 들어 같은 책, pp. 35, 53, 60, 74를 보라.

더욱이 아렌트가 공적 영역으로 맞아들이는 다원성은 사실 그녀가 생각하기에 근본적으로 조화 불가능한 관점의 다양성을 만들어 내지 않는다. '공간'이 아렌트가 공적 영역에 대해 선호하는 은유라는 사실은 사소한 게 아니다. 결국 아렌트에게 공적 다원성은 일종의 공간적-전망적 다양성이다. 외관상 확신의 기본 차이는 인간 실재의 이슈들을 다양한 전망으로부터 바라본다는 사실과 관계있다. 정치적 논쟁은 우리들로 하여금 다른 전망들을 고려함으로써 더 큰 그림을 얻을 수 있도록 한다.[27]

공적 영역의 범위

공적 자아 탐구에서 해명이 필요한 주제 중 하나는 공적 영역의 범위를 얼마나 넓게 설정해야 하느냐는 질문이다. 공적 의식에 대해 글을 쓰는 이들은 때때로 공적인 것이 정치적인 것과 같은 공간에 걸쳐 있다는 인상을 준다. 하지만 이런 인상은 대개 '공적' 삶에 속하는 것으로 생각되는 여타의 상호작용들을 외면한다. 공적 영역은 일반적 관심사들이 검토되는 광장(forum)이자 무대(arena)로, 정치적 상호작용보다 더 넓은 것을 포함한다. 예를 들어, 신문의 '기명 논평'(op-ed) 면은 공적 광장으로 여겨지는 것이 맞다. 거기서는 스포츠 경기에서의 군중 행동, 광고에 드러난 인종·젠더 고정관념, 종교적 편협성처럼 정치적인 것보다 다양한 범위의 주제를 논하긴 하지만 말이다.

그렇다면 공적 삶은 정치 영역 속에 국한될 수 없다. 정치 체제는 대

---

27   같은 책, p. 57.

의제와 정당을 통해서 시민을 국가와 연결한다. 그러나 더 큰 공적 영역은 국가가 제공하는 공공 서비스에서 대학, 조합, 교회, 자선 단체 등과 관련한 많은 활동에 이르는, 공동선과 관계있는 모든 것을 포함한다.

공적 영역이 정치적 성격 이상임을 강조해야 할 이유는 충분하다. 예를 들어, 미국 정치 체제에 대한 리처드 뉴하우스의 견해를 살펴보자.

> 헌법 정치(constitutional polity)는 덕을 배양하는 일을 떠맡기 위해 의도된 것이 아니다. 사실 덕은 정치 영역 밖에 있다. 하지만 공적 영역 밖에 있는 것은 아니다. 덕의 힘은 정치에 앞서며 정치를 강화하는 것으로 여겨진다. 정치는 덕의 문화를 전제한다. 정치는 덕의 문화를 대체하는 것을 의도하지 않으며, 그 자리에 어떤 새로운 것을 만들어 낼 수도 없다.[28]

이는 중요한 견해다. 한 사회의 정치는 외부로부터의 도움 없이 자체의 공적 성격을 육성하고 유지할 수 있는 자율적인 장을 조성하지 못한다. 정치는 다른 다양한 체제 및 제도와 공적 영역을 공유한다. 비정치적 자원은 건강한 공적 의식의 형성을 위해 필수다. 실제로 전체주의의 위협이 대두되는 것은 이 여타 자원들이 무시되거나 차단되는 바로 그때다.

리프먼도 아렌트도 공적 상호작용의 범위에 엄격한 제한을 가하는 데 관심을 기울이지 않는다는 사실을 분명히 해야 한다. 리프먼은 종교적인 것을 포함해 다양한 '시민교양 전통'이 공적 삶에 끼칠 수 있는 기여에 높은 가치를 둔다. 아렌트는 우리가 개별적 차이들을 가지고 공적 상호

---

28   Neuhaus, *The Naked Public Square*, p. 141.

작용의 공간으로 들어오라고 주장한다.

그러나 이들은 각각 공적 영역에 대한 상당히 제한된 이해를 가지고 움직인다. 이에 관한 명백한 시사점 한 가지는 그들 각자의 체계에서 기독교에 부여하는 역할과 관계가 있다. 리프먼은 기독교의 기여를 다양한 시민교양 전통에 공통적인 것을 강화하는 데 국한하기 원한다. 아렌트는 기독교가 건강한 공적 공간에 적합한 이슈들에 대해 할 말이 별로 없다고 본다.

그러나 종교적 다양성이 리프먼과 아렌트가 공적 영역에서 배제하기를 원하는 유일한 요소는 아니다. 가족 역시 배제된다. 리프먼과 아렌트가 되찾으려는 공공철학 전통은, 사람들이 "다양하고 복합적인 사회적 집단들과 불가피하게 접촉할 수밖에 없었던" "공적 영역" 가운데 "가족 및 가까운 친구들의 삶을 벗어난 삶"을 가치 있게 여겼던 시절을 세넷이 묘사하면서 그것이 지나가 버렸음을 애통해할 때의 그 전통이다.[29] 이 전통에서 가족은 시민이 되려면 반드시 넘어서야 하는 '자연적' 기층의 일부다. 이 저자들에게 가족적 결속에 대한 관심은 종교적 실천과 마찬가지로 공적 상호작용의 영역에서 아무런 위치도 차지하지 못한다.

공적 삶에서의 확신과 친족

우리는 앞서 벨라와 공저자들이 공공철학의 복원을 주장한 것을 살펴보았다. 그러나 우리가 논의해 온 이슈들에 비추어 볼 때 벨라 그룹은 실제

29　Sennett, *Fall of Public Man*, p. 17.

로 과거 공공철학을 다룬 방식 및 건강한 공적 공간의 성격과 관련한 일부 주요 문제에서 의견이 다른 것이 분명하다. 우선, 벨라 팀은 진정한 종교적 다양성이 공론장에 긍정적으로 기여한다고 주장한다. 그들은 공적 대화에 전념하는 공간이 개인적 이해관계로 그토록 북적이게 된 것은 바로 공적 삶이 오래된 종교적·시민적 비전들 속에서 그 토대를 잃었기 때문이라고 확신한다. 이 상황을 고치기 위해 필요한 것은 '기억 공동체'의 회복 그리고/또는 강화다. '기억 공동체'란 특히 교회와 회당으로 대표되는 곳으로, 벨라 그룹의 표현처럼 "우리 가운데 여전히 작동하고 있는… 우리에게 세상의 본질에 대해, 사회의 본질에 대해, 우리가 어떤 사람인지에 대해 이야기해 주는 전통이 여전히 존재하는 곳이다."[30] 『마음의 습관』과 『좋은 사회』에서 제시된 경우에 따르면, 이 전통들─이 공동의 기억들─은 한 사회의 건강에 결정적이다.

또한 벨라 그룹은 종교가 공적 삶의 통일성에 기여하는 한에서만 관심을 갖는 것이 아니다. 그들은 전형적인 롤스식 태도와 달리 '얇은 정치적 합의'가 우리의 사회적 질병을 치유하는 데 별로 할 일이 없을 것이라고 주장한다. 오히려 그들은 공적 논쟁에서 화해 불가능한 출발점들과 충돌하는 확신들의 영속적 다양성을 당연하게 생각한다.[31]

비슷하게, 벨라와 동료들은 가족적 결속을 간단히 '사적' 영역으로 격하하기를 거부한다. 6장에서 볼 것처럼, 그들은 현대의 삶에서 풍부한 연합적 다양성, 즉 다양한 비정치적 집단이 공적 상호작용을 증진할 주제와 관심사에 기여할 다양성을 공적으로 증진하기를 강력히 호소한다. 벨

---

30 Bellah, *Habits of the Heart*, pp. 239, 281-282.
31 같은 책, pp. 246, 287, 301.

라 그룹은 공적 유대에 대한 강한 의식은 필연적으로 비(非)공적 상호작용 영역들에서 경험되는 유대의 유형들 위에 건설되고 거기서 힘을 끌어낸다고 생각하는 게 분명하다. 그리하여, 예를 들면 '친족'이라는 가족적 주제가 공적 삶에 대한 그들의 논의 속에서 크게 부각된다.

벨라 그룹이 다른 저자들보다 종교적 연합과 가족적 연합 모두 건강한 공적 영역 이해에 중요한 기여를 할 수 있다고 보는 경향이 강한 데는 아주 타당한 이유가 있다. 벨라와 동료들은 점증하는 개인주의가 위기 수준에 도달했다고 확신한다. 사람들은 과거에 개인의 자아를 넘어서는 뭔가에 명료하게 헌신하던 것보다 훨씬 유능하지 못하다. 이 문제의 핵심에는 대인 관계 및 공동체 관계를 본래적 의미를 가진 것으로 생각하거나 이야기하는 것에 대한 근본적 어려움이 있다.

벨라 팀이 보기에 현대의 인간은 단지 시민권의 유대에서 문제가 있는 게 아니다. 유대 그 자체에 문제가 있다. 벨라 팀은 이 점에서 세넷보다 더 뉘앙스 있는 주장을 펴는데, 현대인들이 더 친밀한 상호작용 유형과 더 공적인 상호작용 유형 모두에서 문제가 있다고 보기 때문이다. 폴리스에 적합한 관계들은 여타 더 원시적인 연합 유형들로부터의 직접적 강화가 절실하게 필요하다. 그러나 이보다 친밀한 유대들은 공적 상호작용들과 마찬가지로 그 자체가 우리의 의식과 담론의 점증하는 개인화로 인해 위협받고 있다.

다양성들의 다원성

무엇이 공적 영역의 건강에 기여하는지에 대한 벨라의 논의는 이후의 장들에서 더욱 길게 살펴보기 원하는 이슈들로 가는 길을 가리킨다. 방금 언급한 두 항목은 우리 논의와 특별한 관련이 있다. 벨라 그룹은 공적 삶을 위한 친족 결속의 중요성을 강조함으로써 공공철학을 위한 연합적 다양성의 중요성을 주장하고 있다. 그리고 종교적 차이들이 공적 대화를 위해 갖는 가치를 강조함으로써 방향적 다원주의의 중요한 역할도 시사하고 있다.

더 나아가, 벨라 그룹의 기여는 그저 그들이 흥미로운 주제들을 가리키고 있다는 사실에 국한되지 않는다. 그들의 논의는 또한 이 주제들이 어떻게 발전되어야 하는지에 대한 매력적인 실마리를 제공한다. 예를 들어, 벨라 팀에 따르면 연합적 다양성은 단지 개인주의와 싸우기 위한 전략적 가치만을 가진 것이 아니다. 오히려, "공통적 결속과 종교적 헌신"은 일종의 "실재 내 기초"를 가지고 있다.[32] 그것들은 형이상학적 "소여"(givenness)를 반영하며,[33] 우리가 "모든 헌신을 불안정하게 만들어 버리는 순전히 계약적인 윤리"를 피하기 원한다면 반드시 그것들을 존중해야 한다.[34]

그렇다면 벨라의 체계 속에서 가족과 같은 연합은 든든한 기초를 갖추어 주어진 것이다. 그리고 종교적 확신 또한 사회적 실재의 이런 묘사 속에 깊이 흐르고 있다. 벨라 그룹은 종교적 불일치를 심원하고 화해 불가능한 차이를 나타내는 한 영역으로 매우 진지하게 다룬다.

이것들은 중요한 제안이다. 하지만 우리는 연합적 다양성이 지닌 소여의 성질을 규명하려고 노력해야 한다. 또한 방향적 다양성에 대한 질문도

---

32   Bellah, *Habits of the Heart*, p. 137.
33   같은 책, p. 140.
34   같은 책, p. 130.

더 면밀히 들여다보아야 한다. 예를 들어, 벨라의 논의는 이 후자의 주제에 관해서 몇몇 흥미로운 질문을 답하지 않은 채로 두었다. 벨라 그룹이, 계속 진행하는 "공통의 삶의 의미와 가치에 대한" 공적 "대화, 즉 가장 좋은 의미에서의 논쟁"을 요청했을 때, 대체 무슨 일이 일어나고 있는 것인가?[35] 어떤 의미에서,『좋은 사회』는 벨라와 동료들이 정치, 종교, 가족, 경제 제도에서의 방향적 힘의 상실에 집중함으로써 바로 그런 대화를 시작하려는 시도다. 그러나 벨라가 최근 한 논문에서 "자신의 유한성을 확인하고 겸손히 인정하는 니버식 변증법"을 주장했을 때,[36] 그는 방향적 다양성의 중요성을 깎아내리고 있는 것인가? 그는 사실 아렌트와 비슷한 방식으로, 방향적 차이는 결국 우리가 동일한 실재를 유한한 공간-유형 전망의 다양성으로부터 바라본다는 사실에서 비롯된다고 주장하는 것인가? 이런 차이들의 심오한 성격을 더욱 잘 보존할 대안적 관점은 무엇이겠는가?

이제 이 어려운 주제 중 몇 가지를 다루고자 한다. 이를 위해 1장에서 스케치한 삼중 체계를 폭넓게 활용하게 될 것이다. 우리는 거기서 **방향적** 다원주의, **연합적** 다원주의, **맥락적** 다원주의를 구분했다. 이 세 유형의 다원주의는 각기 공적 삶에서 벌어지는 특별한 종류의 '어수선함'을 다룬다. 이 유형들이 좀처럼 분명히 구별되지는 않는다 해도, 각각의 어수선함은 항상 다원주의를 다루면서 다양하게 논의할 주제다.[37] 공적 영

---

35 같은 책, p. 303.
36 Robert Bellah, "Public Philosophy and Public Theology", in *Civil Religion and Political Theology*, Boston University Studies in Philosophy and Religion, vol. 8, ed. Leroy S. Rouner (Notre Dame, Ind.: University of Notre Dame Press, 1986), p. 87.
37 우리 생각에 폴 모이제스(Paul Mojzes)가 다음과 같은 말로 종교 다원주의에 관한 심포지엄을 소개했을 때, 그는 유사한 분류 체계를 가지고 있는 것처럼 보인다. "다원주의-종교

역이 종교적·철학적·이념적인 다양한 방향적 비전의 존재로 인해 압박을 당한다는 불평은 확실히 흔한 불평이다. 그러나 사람들은 또한 가족, 조합, 회사 등의 구성원이 되는 것과 연관된 다양한 연합적 역할이 더 큰 공적인 것에 대한 충성에 침해받는 방식들도 염려한다. 그리고 문화적으로 상황화된 전망과 경험의 다원성이 공적 삶에 대해 가진 함축에 대한 관심도 현대의 의제에서 높은 우선순위를 차지하는 항목이 되고 있다.

이제 각 유형의 다원주의에 한 장씩 할애해 이 유형들을 더 자세히 논의하고자 한다.

적, 문화적, 정치적, 기타 등등 – 는 세계적 규모와 특정 사회 차원 모두에서 우리 현대 세계의 **현실**이다." Paul Mojzes, "Universality and Uniqueness in the Context of Religious Pluralism: An Introduction", *Journal of Ecumenical Studies* 26, no. 1 (Winter 1989): p. 1.

5장

방향적 다양성 이해하기

자크 마리탱(Jacques Maritain)은 『가론강의 농부』(*The Peasant of the Garonne*)에서 세상에 관한 두 가지 진리를 예리하게 구분했다.

> 자연적 구조나 그것을 적절히 구성하고 있는 것으로 살펴본 세계에 대한 '존재철학적 진리'(ontosophic truth)가…존재한다. 이런 의미에서 세상은 근본적으로 선하다고 해야 할 것이다. 그리고 세계를 하나님 나라와 성육신과의 모호한 관계 속에서 고찰한 '종교적' 또는 '신비적' 진리가 있다.[1]

마리탱은 세상에 드러난 두 개의 아주 다른 기본 유형을 분별할 수 있다고 제안하는 것이다. 한편으로는 존재 구조의 풍성한 배열이 있고, 다른 한편으로는 은총과 반역의 복잡한 드라마가 있다. 그의 구분은 칼뱅주의자들이 종종 창조의 질서와 악과 구속의 질서를 구분하는 것과

---

1   Jacques Maritain, *The Peasant of the Garonne* (New York: Holt, Rinehart and Winston, 1968), p. 60.

아주 비슷하다.[2] 그러한 구분의 적절성을 인정하는 일은 우리가 다양한 연합 구조(가족, 팀, 기업, 교회, 국가)와 관련된 연합적 다원주의와 '영적' 지향의 다양성에 걸쳐 있는 방향적 다원주의를 구분하도록 이끈다.

분명 이 두 '질서'는 실재 속에서 뒤섞여 있다. 연합 구조들은 다양한 방향적 지향에 기여하고 영적 비전들은 연합적 형태를 취한다. 그래서 우리의 임무는 구분하는 것뿐만 아니라 연결하는 것이다. 이번 장에서 우리는 방향적 다양성을 검토할 것이며, 다음 장에서는 연합적 유형으로 넘어갈 것이다. 이미 간단히 언급한 대로, 제3의 주제인 맥락적 다원성에도 한 장을 할애할 것이다.

왜 '방향적'인가?

'방향적'이라는 용어는 일견 우리 논의의 목적에 적절하지 않은 것처럼 보인다. 그것은 '구조적' 및 '맥락적'과 달리 철학 용어에서 중요한 자리를 차지하지 않는다. 그럼에도 그 말은 철학적 이점 때문이 아니라 모종의 중요한 기독교적 주제들을 전달하는 데 적합하기에 선택되었다. 성경은 자주 경건한 '길'(way)과 죄악된 '길', 그리고 의의 '도'(path)과 불의의 '도'(예를 들어 시 1:1; 18:21; 23:3; 119:29를 보라)의 차이를 언급한다.

이 비유적 표현이 성경적 전망과 무관한 이슈를 다루는 것도 아니다. '도'와 '길'은 포괄적 행위 유형을 암시한다. 그 그림은 인간이 처할 수 있

---

2   예를 들어 Albert M. Wolters, *Creation Regained: Biblical Basics for a Reformational Worldview* (Grand Rapids, Mich.: Wm. B. Eerdmans Publ. Co., 1985), p. 48를 보라. 『창조 타락 구속』(IVP).

는 다양한 환경이 있음에도 하나의 명확한 노정을 따르는 모습에 관한 것이다. 이는 사람이 삶에서 취하는 방향은 잇따른 여행 속의 우여곡절보다 신적 부르심에 순종으로 답하는가에 더 많이 달려 있기 때문이다. 우리의 기본 지향, 즉 하나님 경외 아니면 하나님 멸시가 인생의 순례를 조종하는 요소다.

기독교 인간학은 순종 대 반역의 이원성을 인생의 기본 갈등으로 보는 일을 피할 수 없다. 언젠가 플래너리 오코너(Flannery O'Connor)가 말했듯이, "모든 것은 참된 목적을 향해 움직이거나 거기서 멀어져 가며, 모든 것은 궁극적으로 구원받거나 파멸한다."[3] 말할 것도 없이, 실생활의 복잡성을 허용하는 것 역시 필수다. 많은 요소가 사람이 온전히 일관성 있게 자신의 근본 선택을 살아 내는 것을 방해한다. 기본 방향은 하나님 경외 혹은 하나님 멸시로 명백할 수 있지만, 실제로 사람들이 동시에 두 방향에 끌리는 것처럼 보일 때가 많다.

일부 사상가는 우리가 '방향적'인 것을 이야기하는 곳에서 '종교적'인 것을 이야기하려는 경향이 있다. 이 선택에 대해서는 할 말이 있으며, 특히 '종교'를 누군가가 신적 실재를 지향하는 것에 대한 아주 일반적인 감각으로 이해하는 경우에 그렇다. 그러나 불행히도 '종교적'이라는 말은 대체로 특정 종교 기관(교회, 회당, 사찰, 모스크)과 구체적인 예배 의식을 가리키는 아주 좁은 의미로 사용된다. 이런 함의를 염두에 두고 '종교 다원주의'를 이야기하는 것은 그 안에서 우리 삶의 전반적 유형들이 펼쳐지는 기본적인 종교적 방향의 다원성보다 훨씬 좁은 범위를 다루는 일이다.

---

3   Frederick Crews, "The Power of Flannery O'Connor", *The New York Review of Books* 37, no. 7 (April 26, 1990): p. 51에서 재인용.

다원적인 것으로서의 불신앙

그러나 순종과 불순종을 나누는 단순한 이분법만으로는 방향적 다원주의의 복잡성을 이해하기에 충분하지 않다. 불신앙의 수많은 다양한 형태에 상당한 주의를 기울이는 일은 필수이면서도 계몽적이기도 하다.

성 아우구스티누스(Augustine)는 『참된 종교』(Of True Religion)에서 갖가지 불신앙을 언급했다. 그는 하나님 자신보다 오히려 하나님의 일들을 사랑하는 것이 "모든 불신앙의 기원"이라고 주장한다. 그렇게 아우구스티누스는 죄를 우상 숭배와 동일시하면서 곧바로, 사람들이 실재의 어떤 피조물적 양상을 예배하려고 선택할 때 그들에게 열리는 우상 숭배적 선택지의 윤곽을 그렸다. 누군가는 이성적 영혼을, 다른 이는 인간 자체를 숭배한다. 또 다른 이는 "더 멀리 미끄러져 내려가 동물과 심지어 물질적 사물을 숭배한다." "스스로를 창조된 우주 전체를 예배하는 가장 종교적인 사람이라고 생각하는" 자들도 있는데, 이들은 우주가 "하나의 위대한 신이요 만물이 그것의 일부라고 생각한다."[4] 아우구스티누스는 국가, 인종적 정체성, 이익, 권력, 쾌락 같은 다른 충성과 숭배의 피조물적 대상을 포함시켜 가능성 목록을 쉽게 확장할 수 있었을 것이다.

여기서 아우구스티누스의 설명은 주로 불신앙의 감정적 차원에 초점을 맞추고 있다. 그는 다양한 우상 숭배가 상이한 피조물적 '사랑들'에 기초한다는 사실에 관심을 두었다. 그러나 이 설명은 또한 사람들이 실재

---

4   St. Augustine, *Of True Religion*, trans. J. H. S. Burleigh, with an Introduction by Louis O. Mink, Gateway Edition (Chicago: Henry Regnery Co., 1959), pp. 65-66. 『참된 종교』(분도출판사).

를 **생각하는** 방식에, 신 중심적이지 않은 지성적 전망이 주님의 다양한 작업에 선택적으로 반응하는 데 근거한 방식들에 적용될 수 있다.

이 분석에 의하면, 피조물 중심적 사유는 성격상 환원주의적이다. 사람들은 피조물적인 것의 어떤 양상을 '절대화한' 것에 중심을 두고 실재에 대한 이해를 체계화할 것이다. 그러나 그들이 환원주의적 기획을 촉진하려 할 때 사용할 수 있는 선택지는 여럿이다. 우리가 사유를 하나님의 실재로 향하도록 조정하는 데 실패할 경우, 우리는 '궁극적' 참조점을 재배치하는 데서 선택할 피조물적 존재의 수많은 양상을 갖게 된다.

그렇다면 우리는 비기독교 사상이 다수 형태의 유형을 보여 주리라 예상해야 한다. 그리고 이런 예상은 지성적 실재들을 통해 지지받는다. 프로이트주의자에게 기본 범주는 심리-생물적인 것이며, 따라서 심지어 하나님에 대한 믿음까지도 이 범주들로 설명된다. 마르크스주의자에게 실재는 정치-경제적 용어로 해석되고, 니체주의자에게 인간의 의지(volition)는 체계화의 참조점이며, 그 외에도 많다. 따라서 비그리스도인들이 필연적으로 실재를 그리스도인들과 다르게 바라보리라고 주장하는 것으로는 충분하지 않다. 비그리스도인들도 적절한 참조점과 범주를 선택하는 데서 의견이 서로 다를 공산이 큼을 인지하는 것 또한 중요하다. 하나님의 작업이 다양하다는 사실은, 사람들이 하나님의 실재를 고집스레 부인할 때 지성적으로 행동하는 방식에도 영향을 미친다.

비기독교 사상가들 자신도 최근 몇십 년간 광범위한 방향적 다양성의 가능성에 매우 민감해졌다. 곧 보겠지만, 실제로 깊고 통약 불가능한 방향적 차이들에서 겉으로 보이는 끝없는 가능성에 대한 이런 종류의 메타인식은 흔히 현대적 의식을 특징짓는 모습으로 제시된다. 이런 맥락에서 특히 그리스도인들에게는 방향적 다원주의의 유형을 면밀히 조사하는 것이 중요하다. 이번 장의 나머지 부분에서 이 주제를 다룰 때, 우리는 방향적 다원주의에 대한 두 현대적 메타설명(meta-account)을 평가할 것이다. 바로 상당히 상대주의적인, 심지어 회의주의적인 특성을 가진 '포스트모던' 전망, 그리고 몇몇 기독교 신학자가 포함된 여러 현대 사상가가 상대주의/회의주의에 대한 대안으로 제시한 변증법적 개관이다.

'포스트모던' 다원주의

'포스트모던' 의식을 연구한 여러 분석가는 '다원주의 문제'의 현대적 형태가 상당히 새로운 양상을 띠고 있다고 확신한다. 그들은 인간의 인식적 추구가 영구적으로 다수의 담론으로 산산조각 났다고 주장한다. 이 다양한 대화를 통합해 줄 구속력 있는 '메타내러티브'(meta-narrative)는 존재하지 않는다. 정말로, 지난날 삶을 인도했던 통합적 비전들은 힘 있는 계층이 그들의 의지를 전체에 부과하기 위해 사용한 도구였다. 장프랑수아 리오타르(Jean-Francois Lyotard)는 이렇게 말한다. "우리는 전체(the whole)와 일자(the one)의 향수(nostalgia)를 위해 지나치게 높은 대가를 지불했다." 이제 "내놓지 못할 볼품없는 것(the unpresentable)의 증인"이 되어 "전체성과 전쟁을 해야 할" 때가 왔다.[5]

이런 종류의 회의주의를 단순히 늘 있어 온 상대주의의 역사적 행진

---

5   Jean-Francois Lyotard, *The Postmodern Condition: A Report on Knowledge*, trans. Geoff Bennington and Brian Massumi, Foreword by Frederic Jameson, Theory and History of Literature, vol. 10 (Minneapolis: University of Minnesota Press, 1984), pp. 81-82. 『포스트모던의 조건』(민음사).

이 또 다르게 출현한 것이라고 묵살하는 것으로는 충분하지 않다. 피터 버거가 본 것처럼, 방향적 다원성을 무한한 다양성으로 여기는 우리의 현대적 인식은 우리의 역사적 시대 특유의 급진적 사회 변화 경험에 근거를 두고 있다. 그는 "근대성"은 "생활 방식, 정체성, 종교적 취향의 백화점"을 만들어 낸, "선택 가능한 인간 생활 영역을 거의 상상할 수 없을 정도의 확장"으로 특징지어진다고 주장한다.[6]

이렇듯 회의적 무드는 매우 실질적인 사회적 조건의 경험에 기초를 두고 있다. 그러나 '포스트모던'의 사제들이 실제로 일관성 있게 회의적인 방식으로 움직이고 있는지는 분명치 않다. 퀜틴 스키너(Quentin Skinner)는 왜 "인문과학에서의 거대 이론 복귀에 기여"한 예로 푸코(Michel Foucault), 비트겐슈타인(Ludwig Wittgenstein), 파이어아벤트(Paul Feyerabend), 데리다(Jacques Derrida) 같은 사상가의 전망을 다루려고 택했는지를 설명하면서 이렇게 주장한다.

말하자면 계략은 회의주의자들 자신에게 돌아가고 만다. 그들은 이론화 활동을 배격할 이유를 제기해 왔지만, 물론 그와 동시에 스스로도 이론화에 열중하고 있다. 푸코가 지식의 본질에 대해 일반적 견해를 명료히 진술했다는 것, 비트겐슈타인이 의미와 이해에 관한 추상적 설명을 제시한다는 것, 파이어아벤트가 과학적 가설을 판단하는 데 거의 포퍼식의 방법론을 선호한다는 것, 심지어 데리다가 우리의 다음 과업이 해석들을 해체하는 것이어야 한다고 말할 때 해석들을 구성할 가능성을 전제하고 있다는

---

6   Peter Berger, *The Heretical Imperative*, pp. 3, 27.

것, 이것들을 부인할 수 없다.…거의 그들 자신이 그러함에도, 그들은 사회적 분과 학문의 광범위한 분야에 걸쳐 현재 이루어지고 있는 실천에 대한 최고로 거대한 이론가들이라는 것이 입증되었다.[7]

스키너의 평은 우리가 1장에서 말한 몇몇 주장을 생생하게 해설한 것이다. 즉, 방향적 다원주의가 최종 지평으로 채택되면 풀 수 없는 문제들이 일어난다는 것과 처음에는 궁극적 다원주의로 보였던 입장들이 자세히 조사해 보면 모두 그렇지는 않다고 드러난다는 사실이다. 이제 우리는 이런 주장을 강조하면서, 포스트모던 회의주의에 대한 설득력 있는 대안을 분명히 제시하는 시도로 나아가려 한다.

부당한 선택

리처드 번스타인은 외견상으로는 기본적인 다원성들에 대한 오늘날의 논의가 자주 매우 양극화된 용어로 대안을 구성하는 불행한 경향으로 특징지어진다고 주장한다. 사람들은 '객관주의'(objectivism)와 '상대주의'(relativism) 사이에서 선택해야 하는 것으로 생각하는 듯하다. 우리는 이 문제에 관한 기독교적 전망을 위해 가능한 선택지를 고려하는 데서, 이것이 부당한 선택이라는 번스타인의 주장을 검토해 보아야 한다.

번스타인의 체계에서 "객관주의"란 "합리성이나 지식, 진리, 실재, 선

---

[7] Quentin Skinner, ed., *The Return of Grand Theory in the Human Sciences* (Cambridge: Cambridge University Press, 1985), pp. 12-13. 『현대사상의 대이동』(강원대학교 출판부).

함, 옳음의 성격을 결정하면서 궁극적으로 호소할 수 있는 어떤 영구적·초역사적 모형(matrix)이나 틀(framework)이 존재하거나 존재해야 한다는 기본적 확신"을 말한다. 그와 반대로 "상대주의"는 그런 모형의 존재를 부인하는 것이다. 즉, 경쟁하는 주장들 사이에서 결정하면서 채용할 수 있는 합리성이나 지식, 진리, 실재, 선함, 옳음의 모든 개념 자체를, "최종 분석에서는" "특정한 관념 체계나 이론 틀, 패러다임, 삶의 형태, 사회, 문화에 상대적"이라고 보아야 한다는 주장이다.[8]

여기서 우리는 아주 기본적이며 피할 수 없는 선택처럼 보이는 것을 만난다. 두 개의 상당히 일반적이며 양립 불가능한 개념 체계를 직면했을 경우, 더 합리적이거나 더 적절한 체계를 판단할 수 있는 더 일반적이거나 더 궁극적인 기준이 존재하든지 그렇지 않든지 둘 중 하나다. 그렇다면 번스타인이 "객관주의와 상대주의를 넘어서"는 대안을 찾으려는 것은 약간 이상하게 보일 수 있다. 하지만 좀 더 자세히 들여다보면 그런 대안이 어떻게 가능할지 분명해진다. 그는 객관주의에 관한 자신의 설명에 더 일반적이거나 더 궁극적인 참조점이 "어떤 영구적·비역사적 모형이나 틀" 안에 뿌리박혀 있다는 필요조건을 집어넣었다. 이것은 그에게 그가 기술한 객관주의 설명보다 덜 '영구적'이고 덜 '초역사적'인 관점을 탐색하게 해 주면서도 그 자체가 여전히 역사적으로 뿌리박혀 있는 규범들에 호소함으로써 상대주의를 피하게 해 준다.

번스타인은 『사회 이론과 정치 이론의 재구성』(The Restructuring of Social and Political Theory)에서 제시한 이전 논의에서, 헤겔주의적 희망을

---

8   Bernstein, *Beyond Objectivism and Relativism*, p. 8.

표출하면서 사회정치 이론 내 외견상 이질적인 유파들에 대한 호의적 고찰을 끝마친 바 있다.

헤겔이 우리에게 가르쳐 준 것처럼, 문화의 역사는 화해 불가능한 갈등과 대립으로 보이는 주장과 추구에 의해 발전한다. 우리는 이 '계기들' 속에서 어떻게 그들의 '참됨'과 '허위'를 모두 파악할 수 있는지를 드러내 보여 주는 유형을 분별할 수 있다. 우리는 이 계기들을 뚫고 나가면서 어떻게 그것들 각각의 참된 것이, 거짓되고 부분적이며 일면적이고 추상적인 것을 우리가 거부할 수 있게 해 주는 훨씬 포괄적인 이해 속으로 통합될 수 있는지 배우게 된다.[9]

이는 번스타인이 『객관주의와 상대주의를 넘어서』에서 훨씬 길게 옹호한 입장을 간략히 설명한 것이다. 그는 나중에 나온 이 책에서도 다양한 철학적 전망이 미래의 더 포괄적인 비전으로 가는 길을 가리킬 수 있는 방법을 계속 낙관하고 있다. 번스타인이 역사적 과정의 결과에 대한 분명한 예언에 기꺼이 자신을 내맡기려 한다는 게 아니다. 다음의 신중한 논평에 나타난 결론적 생각에서 분명히 보여 주듯, 그는 미래의 합의에 대한 실제 가능성이 우리 인간 본성 자체에 닻을 내리고 있음을 의심하지 않는다.

모든 인류를 포용하고 상호 판단, 실천적 담론, 합리적 설득이 번영할 대

---

9 Richard J. Bernstein, *The Restructuring of Social and Political Theory* (Philadelphia: University of Pennsylvania Press, 1978), p. 235. 『현대정치사회이론』(나남).

화의 공동체로 불가피하게 인도될 수밖에 없다는 어떤 보장도, 어떤 필연성도, 어떤 '역사의 논리'도 없다. 뭔가 있다면, 우리는 현대 세계가 그에 대항해 얼마나 많은 음모를 꾸미고 그것을 손상시키고 있는지를 배웠거나 배웠어야 한다는 것이다. 하지만 그럼에도 그것은 여전히 하나의 텔로스, 즉 우리 인류의 기획 속에 깊이 뿌리 박힌 텔로스다.[10]

기독교적 변증법?

분명 어떤 사람에게는 기독교가, 적어도 기독교의 가르침에 관한 어떤 정통적 이해에서, 번스타인이 제시한 객관주의적 전망과 같은 철저한 객관주의로 보일 수 있다. 하나님이 변치 않으신다면, 또한 실재, 지식, 가치에 관한 모든 질문이 결국 하나님의 관점에서 결정되는 것이라면, 그 경우 어떻게 그리스도인이 어떤 형태건 객관주의에 동의하기를 피할 수 있을지 알기 어렵다.

이런 식으로 주장하는 것은 아주 정당해 보인다. 그럼에도 약간의 뉘앙스를 도입할 필요가 있다. 이를 다루는 한 가지 길은 어떤 그리스도인들이 객관주의와 상대주의 모두에 대한 대안을 찾으려는 번스타인의 관심을 공유할 수 있는 이유를 생각해 보는 것이다.

번스타인의 변증법적 접근은, 모종의 '초역사적 모형'을 가정하는 게 아니라 그 자체가 역사적 과정을 통해 도달되어야 하는 합의를 향해 노력함으로써 상대주의를 피하려고 시도한다. 기독교 공동체 내에도 변증

---

10 같은 책, p. 231.

법적으로 산출되는 종합에 대해 비슷한 희망을 표출하는 사상가들이 있다. 아주 잘 알려진 경우를 언급하자면, 존 힉(John Hick)은 『하나님은 많은 이름을 가지고 있다』(God Has Many Names)라는 책에서 언젠가는 단지 종합적 기독교 신학이 아니라 훨씬 넓은 '세계 신학'(world theology)이 성취되리라는 기대를 자신 있게 나타낸다.

[그런] 세계 신학(global theology)은 인류의 종교적 경험을 기독교 내에서 일어날 뿐만 아니라 종교 생활의 다른 위대한 흐름들 내에서 일어나는 것으로, 또한 마르크스주의와 마오주의 같은 위대한 비종교적 신앙 및 아마도—누군가의 '종교' 정의에 따르면—유교와 특정 형태의 불교에서 일어나는 것으로 해석하기 위해 고안된 이론이나 가정들로 구성될 것이다. 세계 신학 기획은 분명히 여러 세대에 걸친 많은 개인과 집단의 협동 작업을 요구하는 방대한 것이다.[11]

힉이 자신의 변증법적 시나리오를 스케치하는 방식은, 대화적 검토를 위해 "이론과 가정"을 제시하여 합의를 향해 나아가는 "여러" 다양한 종교적이고 유사-종교적인 작업의 "협동 노력"을 통해 과학적으로 시험하는 종류의 이미지에 크게 의존한다. 역사적으로 만들어진 합의를 찾는 폴 니터(Paul F. Knitter)도 "일종의 테야르적(Teilhardian) 종교 진화"와 연관된 역사관에 더 명확히 의존한 비전을 분명히 말하고 있다. 니터는 세계 종교들이 지금 "서로에게서 상대적으로 고립되어 있는 가운데 다양한 전통

---

11 John Hick, *God Has Many Names: Britain's New Religious Pluralism* (London: Macmillan, 1980), p. 8. 『하느님은 많은 이름을 가졌다』(창).

이 성장하며 통합되는 종교 역사의 미시 단계(micro phase)에서…각 종교가 오직 다른 종교들과의 상호 연관을 통해서 성장하고 스스로를 이해할 수 있게 될 역사의 거시 단계(macro phase)를 향해 진화"하는 중이라고 주장한다.[12]

니터의 변증법적 과정은 힉이 묘사한 발전보다 훨씬 덜 '지적'이다. 우선, 그것은 역사의 방향에 관해 더 강력하고 더 분명한 설명으로 뒷받침된다. 종교 간 상호작용은 역사적 흐름에 따라 의도적으로 이루어진다. 그러나 필수적인 엘리트적 대화 역시 힉의 "이론들과 가정들"이 보여 주는 것보다 훨씬 더 참여적이다. 니터는 테야르적으로 다른 종교에 대한 더 많은 사실을 받아들여 씨름할 수 있을 뿐 아니라 "다른 종교의 신조(creeds)와 율법(codes)과 제의(cults)를 육성"하는 종류의 "새로운 의식"도 받아들일 수 있는 새로운 종류의 신학자를 마음속에 그린다.[13]

해방주의적 변증법

힉-니터의 변증법적 전망이 해방신학의 전망과 얼마나 다른지 살펴보는 것은 번스타인의 유형론이 기독교 사상과 무슨 관련이 있는지를 분명히 밝히는 데 도움이 된다. 사실 해방 사상은 번스타인의 체계에서 객관주의로 분류되기 아주 쉽다.

이에 놀랄 사람이 있는 것 같다. 결국, 여러 해방신학자는 자주 그들

---

12 Paul F. Knitter, *No Other Name? A Critical Survey of Christian Attitudes Toward the World Religions* (Mayknoll, N.Y.: Orbis Books, 1985), p. 225. 『오직 예수 이름으로만?』 (한국신학연구소).
13 같은 책, p. 226.

스스로 인정하듯 마르크스주의 범주들의 영향을 받지 않았는가? 그리고 마르크스주의는 '변증법'과 '종합'이 두드러진 위치를 차지하는 전망 아닌가?

이 두 질문에 답하자면, 긍정한다. 어떤 의미에서는 그렇다. 해방 사상가들은 분명 종말론적 개념들을, 하나님이 아주 다른 사회 질서를 이룰 새롭고 활기찬 미래를 위한 세상을 준비하며 이 시대에 일하고 계심을 주장하는 데 활용해 왔다. 그리고 그들은 '가난하고 억눌린 자들'이 중요한 의미에서 이 새로운 세계 질서의 전위라고 믿는다.

이런 식의 주장은 결국 마르크스주의 체계와 상당히 명백한 유사성을 띤다. 마르크스주의 체계에서는 실제로 혁명 이후 시대를 예언적으로 가리키는 갈망으로 그들의 신음과 열망이 형성된 프롤레타리아가 '보편 계급'으로 인식된다. 많은 기독교 해방신학 지지자가 그들의 '가난하고 억눌린 자들'의 특별한 종말론적 위상에 대한 이해를 풀어내는 데서 마르크스주의의 영향을 직접적으로 받아 왔다. 그러나 성경의 체계 안에서 정치적으로나 경제적으로나 주변화된 이들이 특별한 종류의 종말론적 위상을 가진다는 생각은 마르크스주의의 지원에 전혀 의존하지 않고도 옹호될 수 있다. 결국 성경은 가난한 자들이 '복 됨'에 중요한 의미가 있다는 것을, 또한 미래 왕국의 기쁨에 참여하기를 희망하는 자들은 지금 시대에 고통받는 이들과 운명을 같이해야 한다는 점을 분명히 한다.

어쨌든, '가난하고 억눌린 자들'의 특별한 종말론적 위상에 대한 강조야말로 정확히 해방신학자 대부분의 관점을 학과 니터의 비전과 구별시키는 것이다. 해방 사상가들이 보기에, 지금 시대에 억눌린 자들의 탄식과 신음은 하나님이 역사를 이끌어 가는 궁극적 목적의 푯말이자 길잡

이야기에 우리는 이미 최종의 '종합'이 어떤 모습일지 상당 부분 분별할 수 있다. 억눌린 자들의 신학적 희망은 그저 최후의 세계 신학 속에서 결국 하나로 이끌릴 여러 다양한 요소 중 하나가 아니다. 그 궁극적 신학은 이미 사용 가능한 기준과 규범, 즉 억압의 의미에 대한 현재의 성찰에서 나오는 유형들과 일치해야 한다.

이처럼 세계 신학의 마지막 모습에 대한 힉과 니터의 생각이 가진 '기다려 보자'식 성격은 결코 해방주의자들의 전형적인 모습이 아니다. 다가오는 역사적 합의에 관한 그들의 기대는 해방주의의 체계가 허용하는 미래의 모습보다 훨씬 더 개방되어 있다. 힉과 니터는 현재의 신학들을 결정적으로 평가할 규범이 결국엔 분명해지리라고 믿는다. 그러나 그들의 설명에 따르면, 우리는 그 규범을 지금은 가지고 있지 않다. 기껏해야 우리는 그 미래를 향한 새로움의 방향으로 우리를 창조적으로 이끌 것 혹은 이끌지 않을 것에 대해 감수성을 가지고 움직여야 한다. 그 감수성은 아주 정확하지 않더라도, 기꺼이 새롭게 생각하려 하고 새로운 경험으로 '넘어가는' 너그러움, 포용성, 개방된 정신에 우호적인 감식 성향을 보여 줄 것이 확실하다.

역사적 뿌리박음

번스타인이 "영구적인 초역사적 모형" 개념이 진리를 결정하는 데 중대한 특징이라고 객관주의적 전망을 규정했을 때, 그는 매우 중요한 이슈를 표현하고 있었다. 상대주의와 번스타인-힉-니터식 변증법주의에서는 역사적 과정을 아주 진지하게 받아들이며, 이것들을 강력한 '역사주의'로 특징지을 수 있을 만큼 그렇다. 상대주의는 역사적으로 발전된 전망의 다원성을 초월 불가능한 '주어진 것'이라고 가정한다. 반면에 변증법주의는 통약 불가능한 주장들과 비전들을 판결하는 것을 도와줄 규범들을 찾는다. 하지만 언젠가 다양한 역사적 특수성의 적절함과 부적절함을 판단할 수 있는 참조점을 제공할 이 규범들 자체도 이 현존하는 특수성들 사이의 역사적 상호작용에서 드러날 것이다.

일부 그리스도인들은 여전히 인간적 선택지들을 시험하는 데서 모종의 "영구적인 초역사적 모형"에 호소하지 못할 그 어떤 입장에도 만족하지 못할 것이다. 그런 경우, 이 그리스도인들은 바로 역사주의적 성격이 상대주의와 변증법주의 둘 다의 부적절함을 보여 준다고 여긴다.

그러나 이는 우리가 단지 객관주의적 전망에 대한 열정을 한껏 드러내야 한다는 의미가 아니다. 주의하는 것은 적어도 두 가지 이유에서 적절하다. 첫째, 객관주의적 유형의 입장임을 의식적으로 밝히는 그리스도인들은 흔히 역사적인 것을 초역사적인 것과 혼동하는 경향이 있다. 그들은 실제로 하나의 역사적으로 뿌리박은 특수성과 밀접하게 묶여 있는 관점을 마치 그것이 번스타인이 정의한 **바로 그** "영구적인 초역사적 모형"인 것처럼 여긴다. 예를 들어, 흔히 "성도에게 단번에 전해진 그 신앙"이 문화적으로 포장된 형태(version)를 마치 그것이 하나님에게서 온 순수한 계시 자체처럼 여기는 개신교 근본주의자 집단이 바로 그렇다. 어떤 형태의 해방신학이 역사적으로 특수한 한 '억압'의 경험을 모든 다른 진리 주장을 평가할 아르키메데스 점으로 여기는 경우, 이 경향에 대해 비판을 받을 수 있다.

우리는 이런 평을 그럴싸한 비판으로 던지지 않는다. 우리는 그리스도인들이 세상의 억눌린 자들에 대한 관심을 진지하게 받아들이라는 해방신학자들의 요청에 강하게 공감한다. 그리고 교리적 정통성이라는 대의를 증진하려는 근본주의의 열망도 공유한다. 그러나 우리는 또한 각 집단에게서 그들의 고유한 전망이 갖는 문화적 한계를 과소평가하는 경향을 본다.

우리는 이 첫째 우려를 표하면서 객관주의적 입장의 어떤 요소들은 바른 궤도에 올라와 있는 것으로 보지만, 다른 한편으로 객관주의적 선언들이 사실은 객관주의 기준에 부합하지 못하는 주장을 위장하는 데 자주 기여하는 것도 우려한다. 그것이 해방신학과 근본주의 둘 다에 대한 우리의 주요한 우려다. 각 입장은 스스로의 요구에 부응하는 데 자주 실패한다. 그러나 둘째로, 우리는 객관주의를 열정적으로 지지하는 것도 주저한다. 뉘앙스가 결여된 그런 객관주의가 실제로 이런 종류의 혼란을 일으키는 성향을 기르기 때문이다.

객관주의적 입장에 대한 번스타인의 설명을 다시 보자. 그는 이를 "합리성이나 지식, 진리, 실재, 선함, 옳음의 성격을 결정하면서 궁극적으로 호소할 수 있는 어떤 영구적·초역사적 모형이나 틀이 존재하거나 존재해야 한다는 기본적 확신"이라고 했다. 만일 우리의 관점을 뉘앙스가 결여된 말로 표현해야 한다면 번스타인의 정의로 충분할 것이다. 그러나 그 사실을 그렇게 단순하게 제시하는 것은 진짜 위험하다고 본다. 간단히 말해, 우리는 객관주의—이 입장은 그가 거부하고자 한 것임을 기억해야 한다—에 대한 번스타인의 설명이 우리 입장을 최소한으로 공식화한 것으로 수용한다. 하지만 우리는 그것이 확장되고 명료해지지 않는다면 이 최소한의 설명에는 정말로 위험이 따른다고 확신한다.

대화적 신중심주의

기독교 전통에서는 모든 면에서 지혜롭고 모든 것을 아는 신격(divine Person)이 있으며 그분의 관점이—번스타인이 그의 정의에서 열거한 용어를 사용하면—"합리성이나 지식, 진리, 실재, 선함, 옳음" 문제의 진정한 최종 항소 법정이라고 가르친다.

그러나 역사주의적이지 않은 전망을 찾도록 우리를 **압박하는** 것은 우리가 하나님을 믿기 때문만은 아니다. 역사적 변화의 우여곡절에 영향을 받지 않는 관점을 인정하는 종류의 전망에 대한 갈망은 우리가 받아들이는 기독교적 전망과 비슷한 어떤 것에도 찬동하지 않을 이들조차 표명하는 인식적 동경에 기초를 둔 것이다.

예를 들어 루소(Jean-Jacques Rousseau)는 『사회계약론』(The Social Contract)에서 인간이 일반의지(General Will)가 요구하는 것을 분명히 확인하기 위해 무엇이 필요한지 서술하면서 자주 신학의 언어에 의지한다.[14] 그는 일반의지에 대한 자신의 설명이 구체적인 인간의 체현 방식을 통해서 제시될 수 있는 것보다 훨씬 많은 것을 약속하고 있다는 사실을 잘 의식하고 있었던 것 같다. 게다가 우리가 합의를 위해 가장 잘 알고 최선의 의도를 가지면서 시도하더라도 기껏해야 일반의지의 전망과 일치할 선언을 잠정적이며 근사치에 가까운 방식으로 만들 수 있을 뿐이다.

이것이 단지 루소주의적 특색은 아니다. 루소는—다시 한번 번스타인의 말로 돌아가자면—"우리가 합리성이나 지식, 진리, 실재, 선함, 옳음의

---

14 예를 들어 Rousseau, *The Social Contract* (41, 75), 2권 7장의 첫 문단과 3권 4장의 결론 문단을 보라. 『사회계약론』(후마니타스).

성격을 결정하면서 궁극적으로 호소할 수 있는" 하나의 관점, 전망을 찾으려 했던 수많은 일행 가운데 중요한 한 목소리일 뿐이다. 물론 어떤 이들은 그런 관점 찾기를 포기했다. 그렇게 상대주의는 적어도 고대 소피스트에게로 거슬러 올라간다. 다른 이들은 그런 관점이 습득 가능할 뿐 아니라 그들이 이를 자기 수중에 확실히 가지고 있다고 주장한다. 여기서 뉘앙스가 결여된 형태의 객관주의와 연관된 유형이 나온다.

변증법주의자들은 올바르게도 이 두 대안 모두 수용하기를 거부한다. 그들은 상대주의자들이 기존의 교착 상태를 넘어서려는 시도를 너무 빨리 포기한다고 주장한다. 일관성 있는 상대주의에 매달리는 이들이 있는 한 그렇다. 그러나 변증법주의자들은 또한 단순한 객관주의적 태도로 그들 자신이 모든 다른 입장을 어떤 결정적 방식으로 측정하고 판단할 수 있는 입장에 직접 접근하는 방법을 가지고 있다고 주장하기란 불가능함도 알고 있다. 그래서 그들은 흔히 역사가 움직이는 방식에 대한 특정한 확신에 의해 지지되는, 어떤 인간적 합의가 결국에는 성취되리라는 희망 안에서 굳세게 밀고 나아간다.

이 변증법주의 체계에서 중요한 통찰이 포착된다. 그럼에도 우리는 그와 비슷한 통찰이 성경적 전망 안에서도 길러진다고 믿는다. 우리는 이미 전통적 그리스도인들에게 하나님이 모든 면에 지혜롭고 모든 것을 아신다는 확신은 타협 불가능함을 지적했다. 성경의 체계에서 이 확신과 밀접히 연계된 사실은 신격이 진리를 인간들에게 계시하셨다는 주장이다. 성경 안에서, 특히 성경이 증언하는 성육신하신 그리스도 안에서 그렇게 하셨다는 것이다.

그렇다면 이는 그리스도인들이 단순한 객관주의가 주장하는 방식으로 진리에 분명히 접근하는 길을 정말 소유하고 있다는 확신을 가지고 일해야 함을 의미하지 않는가? 어떤 의미에서는 그렇다. 그러나 인간을 향한 신적 진리의 계시를 이렇게 강조하는 것과 더불어 또 다른 중요한 가르침도 성경의 체계에 두드러진다. 바로 하나님이 은혜로 공동체인 교회를 창조하셨고 인간들은 그 안에서 하나님의 뜻을 분별하기 위해 함께 노력하라는 명을 받았다는 것과 이는 오로지 종말에만 도달될 수 있는 종착점에 다다르는 과정이라는 사실이다.

힉과 니터 둘 다 그들의 책 『하나님은 많은 이름을 가지고 있다』와 『다른 이름은 없다?』(*No Other Name?*)의 제목에서 기독교의 핵심 주제, 즉 성경이 우리에게 하나님의 정체성에 관한 독특한 정보, 오로지 하나님의 자기 계시에 의해서만 알려질 수 있는 정보를 제공하는지 묻는 질문을 택했다는 점이 흥미롭다. 신약성경 저자들은 우리에게 예수의 **이름**을, 즉 그분 안에서 신적인 특성과 목적이 유일하고 필수적인 방식으로 계시된 그 이름을 부르라고 말한다. 성경은 예수만이 구주이자 주님이며, 그분의 대속적 죽음과 부활은 인류가 자신들의 죄에서 구원받는, 또한 창조 전체를 새롭게 함을 고대하는 제자도에 응하는 구속 역사에 결정적이라고 주장한다. 이 내용들은 우리가 미래의 합의를 향해 나아가는 데서 더 이상 협상할 수 있는 것이 아니다. 오히려 추리의 판단 과정을 기초 짓고 인도하는 주제다.

따라서 사실을 이렇게 제시하는 방식은 그것이 인간적 합의를 궁극적 관점, 즉 그것으로부터 다른 모든 것이 최종적으로 판단될 관점을 추구하는 것으로 보지 않는 점에서 변증법주의와 다르다. 가장 완벽한 인간적 합의조차도 신적 평가자(divine Assessor)만이 온전히 지니고 이해하는 규범에 비춘 최종 분석에 따라 평가되어야 한다.

우리가 여기서 윤곽을 그린 전망을 **대화적 신중심주의**(dialogical theocentrism)로 생각할 수 있을 것이다. 그것이 합의를 도출하려는 우리 인간의 시도를 초월하는 궁극적 참조점을 강조하는 한, 어떤 형태의 역사주의로도 만족할 수 없다. 그러나 그것은 또한 인간 역사가 정점에 이르렀을 때 하나님을 기쁘시게 할 합의의 목표를 향해 노력하는 분별 공동체에 참여해야 할 필요를 진지하게 받아들인다.

이 관점에 따르면 비록 어떤 인간적 합의도 진리의 최종적 **제작자**는 아니지만, 인간의 대화 과정은 여전히 아주 중요하다. 인간을 특히 "대화적 세계-내-존재"에 적합하다고 한 번스타인의 성격 묘사를 그리스도인들이 기꺼이 지지할 수 있을 정도로 그렇다.[15] 사람들이, 심지어 중요한 문제들에 대해서 의견을 달리하는 사람들까지도 합의를 도출하기 위해 함께 일하는 대화 공동체에 참여하라는 부름은 성경이 그리는 인간의 심오한 필요에 부응한다. 인간은 하나님 및 서로와 언약적 동역 관계를 맺고자 지어졌다. 대화는 이 동역을 활성화하는 중요한 수단이다.

그러므로 인간이 진리를 소유한다고 주장하고 단지 그 진리를 남에게 선포하는 것으로는 결코 충분하지 않다. 하나님이 우리에게 주신 진리는 온전한 성숙을 먼 목적지 삼아 나아가는 순롓길에서 우리를 굳건하게 하는 장비로 주어진 것이다. 그 인식적 장비를 적절하게 사용하는 지극히 중요한 하나의 방법은 같은 여행길에 서 있는 다른 이들과 대화하는 가운데 씨름하는 것이다.

---

15 Richard J. Bernstein, "The Rage Against Reason", *Philosophy and Literature* 10, no. 2 (Oct. 1986): p. 203.

대화의 범위

우리가 이 대화적 신중심주의 전망을 정통 기독교의 표현으로 제시했기 때문에, 왜 많은 전통적 그리스도인들이 우리가 대화라는 주제를 사용하는 방식에 다소 과민할지 그 이유를 살펴보는 것이 중요하다. 전통적 그리스도인들은 우리가 대화의 범위를 대개 그 범위가 규정된 기독교 내적 맥락을 넘어 확대했다고 정확하게 지적할 수 있다. 그들은 분별 공동체에 참여하라는 성경의 부름을 더 큰 인류 공동체의 광범위한 대화를 옹호하는 기초로 삼는 것은 변칙적 움직임이라고 주장할 것이다. 분별력은 교회에 주신 영적 은사다. 성경이 말하는 대화 공동체는 더 큰 시민 사회가 아니라 **신앙** 공동체다.

이는 제기할 만한 정당한 이슈다. 대화적 분별력이 바람직함을 강조하기 위해 호소할 수 있는 여러 성경 구절은 뚜렷이 기독교 공동체 내의 유형에 대한 것이다. 그런 주제들을 더 큰 공동체에 적용하는 것은 실제로 더 나아가는 주장이다.

그럼에도 이 일은 여전히 타당해 보인다. 신약성경 저자들 자체가 이 기독교 내부의 유형을 더 큰 공중에게로 확대하는 것이 타당함을 암시한다. 우리는 이미 히브리서에 나오는 "모든 사람과 더불어 화평함을 따르라"(히 12:14)는 부르심에 주목했다. 이 강조는 바울과 베드로의 글 모두에서 되울리고 있다. "할 수 있거든 너희로서는 모든 사람과 더불어 화목하라"(롬 12:18). "뭇 사람을 공경하며"(벧전 2:17). 더 큰 인간 공동체 속에서 사람들을 평온히 '공경'하는 일은 대화에 열려 있기를 요구한다. "사랑과 희락과 화평과 오래 참음과 자비와 양선과 충성과 온유와 절제" 같은 "성령의 열매들"(갈 5:22-23)이 교회 밖으로 확장된 관계들에 적용되려면 특히 그렇다.

이는 비그리스도인들과 삶의 기본 이슈들을 두고 대화하는 일이 그리스도인에게나 비그리스도인에게나 쉽게 이루어질 수 있는 어떤 것이라고 말하는 것이 아니다. 성경은 분명히 현재의 인류 체제를 근본적 분열이 인류 가운데 일어난 체제, 기독교 전통이 자주 의로운 자들과 불의한 자들의 근본적 대립으로 묘사하는 체제로 그린다. 이 성격 묘사가 지시하는 갈등은 타락의 순간에서 최후의 심판까지 만물의 체계 자체 속으로 엮여 들어왔다.

인간 실재에 대한 이런 묘사를 무시하는 것은 성경의 시나리오에 필수적인 많은 것을 포기하는 일이다. 근본적인 인간 이슈들에 대한 불일치는 현재 상황 아래서 피할 수 없는 삶의 현실이다. 전통적 그리스도인들이 모종의 다원주의 형태를 지지할 다른 이유가 없다면, 이것만으로도 지지할 이유는 충분할 것이다. 신앙과 불신앙의 이슈에 이르면, 성경은 적어도 하나의 기본적 다원성으로 우리의 주의를 이끈다. 바로 인류 공동체 내에서 참된 하나님을 예배하는 자들과 배교를 고집하는 자들의 구분이다.

그러나 이미 지적한 것처럼, 어떤 민감한 그리스도인도 단지 공동체들 사이에 그어진 선을 따라 각 개인이 명백히 선의 한쪽 아니면 다른 쪽에 속한다는 식으로 의와 불의를 구분하는 것에 만족할 수는 없다. '의로운 자들'의 행동이 자주 매우 실망스러운 반면, '불의한 자들'은 우리의 신학이 기대하게 하는 것보다 훨씬 더 나은 태도로 행할 때가 많다. 바로 여기서 그리스도인의 삶 속에서 일어나는 상당히 느린 성화 과정과 불신앙 공동체 속에서 죄의 힘을 줄이는 모종의 신적 억제 둘 다를 허용할 관점의 필요성이 대두된다. 조정하지 않는다면 무심결에 강한 마니교적 색조를 드러낼 수도 있는 종교적 관점에 대한 이 신학적 조정은 광범위한 대화로의 열림을 위한 또 다른 이유를 제공한다. 그리스도인들은 그들의 약점이 다른 이들의 강점과 대면함으로써 바로잡힐 수 있음을 믿을 좋은 기초를 가지고 있다.

우상 숭배에서 배우기

이 모든 것은 광범위한 시민적 대화 속 기독교적 참여의 적절한 방식에 대해 무엇을 말하는가?

이번 장 앞부분에서 제시한 우상 숭배의 다양성에 대한 아우구스티누스 유형의 분석은 그리스도인들이 비그리스도인들과의 대화에 높은 가치를 부여할 몇 가지 중요한 이유를 제공한다. 방향적 다원성에 대한 인식은 우리가 새로운 통찰을 얻을 수 있게 하는 방법들을 볼 수 있게 도와주며, 그 방법 안에서 우리는 다양한 관점과의 광범위한 상호작용에 참여하여 새로운 통찰을 얻는다. 우리가 그 다양성이 우상 숭배적인 지적 기획에 근거해 있다고 여길 때조차도 말이다.

우리는 이 점에서 신경증적 불안에 대한 폴 틸리히(Paul Tillich)의 흥미로운 분석에서 유사한 내용을 끌어낼 수 있다. 틸리히는 신경증 환자가 '축소된' 자아의식을 가지고 움직인다고 주장한다. 그러나 실재에 대한 이 왜곡된 관점 자체가 진정한 통찰의 계기가 될 수 있다. 틸리히가 신경증적 자아의 유익에 대해 이야기하는 유익한 점들을 포착하기 위해 틸리히의 용어 전부를 명료하게 하려고 멈출 필요는 없다.

병적 불안이 정신병적 특징들을 보인다 하더라도 창조적 순간들이 나타날 수 있다. 이 사실에 대한 충분한 예가 창조적인 사람들의 전기 속에 나온다. 그리고 신약성경의 귀신 들린 자들의 예가 보여 주는 것처럼 평균보다 훨씬 아래에 있는 사람들도 대중이 갖지 못한, 심지어 예수의 제자들도 갖지 못한 번쩍이는 통찰을 소유할 수 있다. 예수의 임재로 인해 생긴 깊은 불안이 그들에게 예수의 메시아적 성품을 그의 출현 아주 이른 단계에 드러내 보여 주었던 것이다. 인류 문화의 역사는 거듭해서 신경증적 불안이 보통의 자기 긍정의 벽을 뚫고 정상적으로는 감추어진 실재의 차원을 열어 보여 주었음을 입증한다.[16]

여기서 우상 숭배가 그 자체를 하나의 대체 현상으로 분명히 드러난다는 것이 우리 논의와 유사하다. 창조주의 실재를 부인한 불신자는 창조 세계의 어떤 양상에 그에 합당한 가치보다 더 큰 의미를 부여한다. 불신자는 창조된 요소가 궁극적 의미를 지닌 것으로 여기며 그 실재의 차원에 '신경증' 유형의 강렬함으로 다가간다. 따라서 마르크스주의자가 정치경제에, 프로이트주의자가 심리-생리적 과정에 매혹된다.

그럼에도 이 강렬함은 중요한 통찰을 낳을 수 있다. 예를 들어, 마르크스주의자는 가정에서의 상호작용이나 종교적 상호작용에서 작동하는 아주 현실적인 정치경제적 힘, 다른 이들이 쉽게 간과할 수 있는 영향력을 밝혀내리라는 기대를 받을 수 있다. 이렇듯 그리스도인들은 근시안적 전망을 가지고 일하는 사람들과의 진지한 대화에서 많은 것을 얻을 수 있다.

---

16   Paul Tillich, *The Courage to Be* (New Haven: Yale University Press, Yale Paperbound, 1959), pp. 66-67. 『존재의 용기』(예영커뮤니케이션).

비슷한 종류의 기독교적 개방성은 공론장에서 자주 벌어지는 더 실제적인 대화에서 매우 적합하다. 그리스도인들에게는 공적 상호작용에서 중요한 법률, 정책, 관습, 태도에 관한 토론에 성심성의껏 참여해야 할 충분한 이유가 있다. 신자들이 이런 논의에서 자주 새로운 감수성을 얻을 수 있다는 확고한 자신감을 가지고 참여해야 한다. 실제로 그런 대화들은 때로 우리 자신들이 주님의 다양한 작업에 대한 축소된 이해를 가지고 움직여 왔음을 인정하도록 압박할 것이다.

합의와 불일치

대화의 중요성을 강조함으로써 방향적 다원주의의 더 고통스러운 차원들에서 주의를 분산시키려는 게 아니다. 이미 설명한 것처럼, 신 중심적 입장은 모든 인간적 관점을 궁극적으로 하나님의 권위 앞에서 책임져야 할 것으로 다룬다. 그리고 어떤 방향적 관점들은 다가오는 심판에서 친절하게 다루어지지 않으리라는 성경의 분명한 주장을 피할 수는 없다.

그렇다면 방향적 다양성을 단지 풍부하고 다채로운 인간적 다양함의 표현으로 여기는 것은 심각한 잘못이다. 적어도 연합적 다원성과 맥락적 다원성의 어떤 표현들은 그런 식으로 볼 수 있다. 하지만 우리가 다음 장들에서 보게 될 것처럼 방향적 다양성을 비슷한 측면에서 묘사하는 것은 위험하다. 방향적 차이들은 우리 인간들이 가장 깊은 헌신을 내보이는 아주 실제적인 분열과 갈등 속에서 표명되기에 이른다.

또한 왜 우리가 방향적 합의가 바람직하고 성취 가능한 목표라는 인상을 주지 않아야 하는지 더 실천적인 이유가 있다. 방향적 다양성의 실재를 가볍게 여기는 것은 흔히 방향적 불일치를 억압하기 위해 고안된 공식적 프로그램들과 연계되어 있다. 시민종교의 전파와 강요가 이 점에 관한 명백한 사례 중 하나다. 이런 억압이 일어나면 연합적 다원성과 맥락적 다원성도 손상을 입을 것이다. 다음 두 장에서는 인간 번영을 위해 이 두 유형의 다원주의를 증진해야 할 필요성을 탐구할 것이다.

6장

통합적 비전과 연합적 다원성

이번 장에서 할 일은 연합적 다원주의를 살펴보는 것이다. 따라서 왜 연합의 다원성이 관심 주제로 비칠 수 있는지를 물음으로써 시작할 수 있다. 다원주의의 다른 두 유형이 가진 문제적 위상은 쉽게 인식될 수 있다. 방향적 다양성과 문화적 다양성은 실제로 인간 공동체 속에서 우리가 경험하는 많은 어려움의 원인이다. 그러나 왜 사람들이 가족, 학교, 클럽, 교회, 팀, 기업 같은 다양한 형식의 연합을 계속 유지해 왔다는 사실이 우려할 일이 되어야 하는가?

연합적 다양성과 관련된 문제들은 다른 두 영역의 문제와는 다르다. 예를 들어, 말하자면 종교 집단 간, 또한 인종 공동체 간 갈등을 방향적 다원주의와 맥락적 다원주의의 핵심 면모라고 생각하는 것이 적절하다. 그러나 갈등은 오늘날의 연합적 다양성을 평가하는 데 그만큼 중요한 사항이 아니다. 여기서 이슈는 **갈등하는** 연합들의 다원성보다는 서로 **분리되어** 있는 상호작용 영역들의 다원성이다.

지역주의적 사회과학

우리는 먼저 둘러서 가는 것처럼 보일 수 있는 방식으로 시작한다. 우리는 연합적 관여 자체에 대한 논의가 아니라 연합적 관여를 **연구하는 것**에 관한 논의에서 일어나는 단절 현상을 살펴볼 것이다.

셸던 월린은 20세기 정치사상 유형에 대한 논의에서 근래 사회과학 연구의 파편화된 유형들이라고 본 것에 신랄한 비판을 가했다. 월린이 보기에, 정치사상가들이 "정치적인 것을 사회에 일반적인 것과 동일시한" 결과, "사회 전체의 복지에 대한 일반적 책임이 정치 질서의 특별한 기능인 것처럼 시종일관 여겨지는 일"이 서양 사상에 아주 흔했다.[1] 그러나 이런 경향과 더불어 '반정치적 충동' 또한 작동해 왔다. 그리고 바로 이 후자의 힘이 지난 세기나 그즈음의 사회적 상호작용 연구에서 승리해 왔다. '지역주의적' 기조가 권력과 권위를 다루는 학술 논의에서 유행했다. 여러 소집단과 특수 연합과 협회의 활동이 폴리스 대신 가장 중요한 초점 영역이 되었다.

월린은 비록 정치적인 것을 자주 언급하긴 했으나, 이 편향됨이 정치학에 국한된 특수한 것이라 여기지 않았다. 그는 사회과학이 전반적으로 점점 '지역주의적'으로 바뀌어 왔다고 주장한다.

현대의 사회과학자는 해부하는, 심지어 현학적인 이해 방식과 분석을 취하는 경향이 있다. 계속해서 폭넓게 정치적인 것보다는 다루기 쉬운 지적

---

1 Wolin, *Politics and Vison*, p. 429.

분류를 추구한다. 그는 인간을 계급 지향성이나 집단 지향성, 직업적 지향성으로 분석하려는 경향이 있다. 그러나 일반 정치 사회의 구성원으로서의 인간은 이론적 탐구를 위한 적절한 주제로 거의 고려되지 않는다. 이른바 '지역 시민'—노동조합원, 관료, 로터리 클럽 회원, 소득세 특정 분위에 속한 사람으로서의 인간—이 정치적 시민으로서 어떻게 행동할지에 우선적 혹은 결정적 영향을 준다고 가정하기 때문이다.[2]

월린이 묘사하는 다원주의 상황은 지극히 파편화된 연합적 다원주의 형태가 인간 연합의 다원성에 대한 연구 자체에 흡수된 상황이다. 그가 언급하는 "아주 작은 섬들"이란 기업, 교회, 구역, 조합, 서비스 클럽 같은 연합적 실체들이다. 그는 이 단위들이 현대의 삶에서 서로 단절되어 있으며, 이 연결의 결핍이 이제 다양한 형태의 실재를 연구하는 학문 자체에 반영되어 있다고 주장한다. 보통 사람들이 투표권자와 로터리 클럽 회원과 감리교인과 부모와 판매원으로서 삶을 연결하는 데 겪는 어려움과 사회과학자들이 투표 습관과 로터리 클럽과 감리교 회중과 육아 유형과 구매력에 대한 **연구**를 연결하는 데 겪는 어려움은 흡사하다. 그래서 우리는 다음과 같은 데서 사회과학적 분석의 한 형식을 부여받는다.

말하자면 우리는 각자 일련의 단절된 믿음들 속에 연속적으로 갇혀 있다. 우리 중 누구도 일군의 일반 개념을 지닌 것으로 여겨지지 않는다. 우리는 오직 특정 부류에 속할 때에만 분석적으로 의미가 있기 때문이다.[3]

---

2   같은 책, p. 430.
3   같은 곳.

지역주의를 넘어서

『마음의 습관』 저자들은 방법론적 이슈에 대한 그들의 부록에서 동일한 사회과학 유형에 천착한다. 그들은 사회과학자들이 실제로 모든 것에 우선하는 통일성에 관한 질문을 무시해 주제를 왜곡한다고 주장한다. "단일한 변수들이 사회적 세계에서 일관성 있게 예측할 수 있을 만큼 충분히 독립적인 경우는 거의 없기" 때문이다. "개별 변수들이 이해될 수 있는 것은 전체 사회의 맥락 속에서 그것들이 가진 가능성, 한계, 열망과 함께할 때뿐이다." 개별적인 사회적 사실들은 더 큰 사회 전체와 연관해서만 제대로 해석될 수 있다.[4]

월린과 마찬가지로 벨라 그룹은 이 사회과학 연구의 파편화된 모델을 널리 퍼져 있는 풀뿌리 대중(grass roots)의 사회적 파편화 경험과 연관시킨다. 벨라와 동료들은 여기서 명백히 알래스데어 매킨타이어의 『덕의 상실』(*After Virtue*)에서 받은 영향을 보여 주는 주장을 한다. 경영 기술과 치료 기술이 "우리 삶의 특정 단편을 독립된 작은 세계"로 만드는 일에 몰두하자, "경영자와 치료사의 문화"가 극단적 역할 분리와 더불어 도래한 삶의 파편화를 반영하고 강화하기도 한다는 것이다.[5]

벨라 팀과 월린은 이 이슈들을 제기하면서 사회의 건강 자체에 대한 우려를 표명하고 있다. 인간 공동체들은 역할의 파편화를 오래 견딜 수 없다. 한 사회는 통합적 비전을 회복함으로써 통일성을 성취하거나 통일성이 전체주의적 수단에 의해 그 사회에 강제될 것이다. 이것이 월린과

---

4 Bellah, *Habits of the Heart*, p. 300.
5 같은 책, p. 50.

벨라 그룹 모두가 분명히 지적한 위험이다.

월린과 벨라 팀은 이 파편화에 대한 해결이 통합적 비전의 형태로 나와야 한다고 주장한다. 게다가 연합적 파편화에 대한 개선책으로 요청하는 통합적 비전은 본질상 틀림없이 **방향적인** 전망이다. 실제로 연합적 분할에 대해 그들이 제안한 치유책은 방향적 통합을 상당히 필요로 한다. 두 논의에서 역할 다양성과 역할 연구 다양성 모두와 연관된 문제의 해법은 사회적 인간됨에서 인간을 위한 좋은 삶이 무엇인지와 연결된 비전 속에서 찾아야 한다.

월린은 필수적으로 연결된 비전이 어떻게 근대 사회에서 회복될 수 있을지 세 가지 제안을 내놓았다. 첫째, 우리는 시민 역할이 다른 역할들을 함께 묶는 종류의 "통합적 경험"을 형성할 길을 찾아야 한다. 둘째, "정치 기술"은 다시 한번 "모든 그룹이나 조직체에 의해서 조달되는 것보다 광범위한" 종류의 "방향의 통합적 형식"을 찾으려고 진력하는 수단이 되어야 한다. 셋째, 정치 이론가들은 다시금 "인류에 일반적이며 통합적인 공통적 관여의 삶"과 씨름해야 한다.[6]

월린이 '일반적'이고 '공통적'인 것에 더 많은 관심을 요청하는 것이 연합적 다원주의 자체의 대체를 의도한 것이라고 생각할 이유는 없다. 사실, 그는 활기차고 건강한 연합적 다양성이 더 통합된 정치 질서를 증진하기 위한 중요하고도 필수적인 수단이라는 벨라 그룹의 확신을 공유하는 것 같다. 월린과 벨라 그룹도 어떤 식으로든 공론장에 안치될 통합적 비전을 요청하는 게 아니다. 그들은 어떤 공식적 혹은 유사-공식적 공공

---

6   Wolin, *Politics and Vision*, p. 434.

철학 없이는 사회 질서가 생존할 수 없다고 주장하지 않는다. 오히려 사람들이 어떻게 전망을 통합시킬지와 어떻게 광범위한 공적 대화 속에서 그들이 선호하는 비전을 편들어 옹호할지 생각하는 것이 사회의 건강을 위해 중요하다고 제안한다.

결속된 자아

연합적 다양성의 훨씬 건강한 형태에 대한 요청은, 1980년대 북미의 '베이비 부머들' 사이에서의 임상적 우울증 증가율에 관한 논문을 쓴 심리학자 마틴 셀리그만(Martin Seligman)에게서도 되울린다. 셀리그만은 현대 문화는 "자신의 쾌락과 고통, 성공과 실패가 사회의 중심 무대를 차지한" 매우 불건전한 종류의 자아를 만들었다고 주장한다.[7] 그는 나아가 이 자아 중심성은 자아의 적절한 경계에 대한 널리 퍼진 혼동과 밀접하게 연관되어 있다고 주장한다.

셀리그만은 우리 근대인들이 삶에 매우 야심찬 목표를 설정하도록 부추겨진다고 본다. 피할 수 없는 실망이 닥쳤을 때, 우리에게는 의지할 사회적 후원 체계가 없다. 과거에는 개인에게 좌절이 벌어졌을 때 "개인적 손실에 대처하게 돕고 희망을 위한 틀을 제공"할 "더 큰, 자비로운 제도(하나님, 국가, 가족)"에 대체로 의지할 수 있었다. "이런 제도에 대한 믿음이 없다면 우리는 개인적 실패를 파멸로 해석하게 된다." 셀리그만은 우리의 유일한 희망은 "안락과 불편에 몰두하기를 줄이고 공동선에 대해 갱신된

---

7   Martin E. P. Seligman, "Boomer Blues", *Psychology Today* 22, no. 10 (Oct. 1988): p. 52.

헌신을 하는 것"이라고 말한다.[8]

셀리그만의 면밀한 조사는 강력한 '매개 구조들', 즉 가족, 교회, 회당, 인종 동맹, 그리고 결속된 정체성 의식을 사람들에게 제공하기 위한 다양한 공동체와 서비스 기구 같은 것들의 중요성을 강조해 온 근래의 몇몇 사회 평론가의 견해와 잘 일치한다. 이는 분명 벨라 팀, 매킨타이어, 월린이 지지하는 관점이다. 물론 우리는 곧 훨씬 더 상세하게 주장해 온 몇몇 저자를 언급하겠지만 말이다.

매개 구조에 대한 옹호는 다양한 연합이 잘못된 선택, 예를 들어 정치적 삶에서 개인주의와 국가주의 사이에서의 선택을 피할 수 있게 도와줄 완충 지대를 제공하는 방법을 부각한다. 우리가 국가가 규정한 역할들에 흡수되는 것을 피할 유일한 길은 극단적 개별성 의식을 증진하는 것이 아니다. 하나의 대안은 비국가주의적인 공통의 정체성 의식을 제공할 교회와 가족 같은 사회 구조를 증진하고 강화하는 것이다.

셀리그만은 이 주장을 더 친밀한 정신 영역으로 확장한다. 사람들은 정체성 의식을 유지하기 위해 울타리를 필요로 한다. 매개 구조는 우리를 한편으로는 나르시시즘으로부터, 다른 한편으로는 전체주의로부터 막아 줄 역할과 의무를 제공한다.

방향적인 것의 연관성

피터 버거는 매개 구조의 역할에 상당히 관심을 기울여 왔다. 그가 자신

---

[8] 같은 책, p. 55.

의 전망을 "미국적 삶의 다원성을 존중하는" 것이라고 설명할 때, 그는 연합적 다양성을 염두에 둔 것으로 보인다.⁹ 버거의 분석에 따르면 인간 상호작용의 "메타구조들"은 밖으로부터의 도움 없이 스스로 건강을 챙길 수 없다. 국가와 자치단체들은 그들 "아래"로부터 "도덕적 지지"를 끌어올 필요가 있다.¹⁰ 개인과 더 큰 메타실체들 사이에 자리한 이 연합들은 "사람들이 거기서 의미와 정체성을 끌어내는 살아 있는 하위문화들"의 구현이다.¹¹ 그들의 매개 역할을 존중하는 것은 극도로 중요한 사안이다.

매개 구조 옹호는 시의적절하면서도 현명하다. 하지만 연합적 다원주의에 대한 이 지지가 방향적 다원주의에 대한 존중과 밀접하게 연결되어 있음을 명확하게 하는 것도 중요하다. 매개 구조들의 건강한 네트워크를 유지하는 것은 방향적 대화에서만 올 수 있는 안내를 필요로 한다.

방향적 이슈들은 분명 벨라 팀과 월린이 제시한 사례에서 크게 부각되었다. 그들은 연합적 다양성 자체를 옹호하지 않는다. 사실 그들의 상황 이해에 따르면, 이런 종류의 다양성의 존재는 현대의 삶이 가진 몇몇 가장 심각한 문제의 원인이다. 사람들은 극단적인 역할 파편화를 경험하고 있다. 인간 상호작용의 다양한 영역이 분명히 연결되지 않은 채 삶이 분할되어 왔다. 그리고 이 극단적 분할이 실존의 분할된 유형들에 대한 과학적 **연구**에도—전문가 공동체의 정신적 습관을 일반적 해법의 자원이 아니라 오히려 문제의 일부로 바꾸어 놓으면서—널리 퍼져 버렸다.

9　Peter Berger, "In Praise of Particularity: The Concept of Mediating Structures", in his *Facing Up to Modernity: Excursions in Society, Politics, and Religion* (New York: Basic Books, 1977), p. 140.
10　같은 책, p. 134.
11　같은 책, p. 139.

'방향을 제시하는' 연합적 다양성

반복하자면, 월린과 벨라 그룹은 연합적 다원주의 자체를 반대하지 않는다. 그들의 불평은 본질적으로 현재의 연합적 다원주의가 유감스러운 방향적 비전, 즉 상대주의에 의해 인도되어 왔다는 것이다. 다양한 연합 영역 사이에서 아무 연결도 감지되지 않는 것은 이 영역들이 상호 연관되는 방법을 상대주의적으로 이해하기 때문이다.

이는 연합적 관계에 직접 참여하는 이들이건 참여의 유형을 연구하는 지식인이건, 분할에 사로잡힌 모든 이를 상대주의자로 치부한다는 말이 아니다. 그러나 그들이 어떤 연결이나 통일적 비전, 초연합적 규범도 볼 수 없는 한 그들은 기능적 상대주의자다.

이 상대주의에 대한 유일한 대안은 우리가 언급한 설명에서 요청한 통합 의식을 공급할 방향적 비전이다. 연합적 다원주의는 스스로 설 수 없다. 불가피하게 모종의 방향적 전망의 빛 속에서 다루어야 한다.

그러나 누가 어떤 방향적 전망이 적절한 통합적 비전을 제공할지 결정할 것인가? 즉시 두 개의 가능성이 떠오른다. 하나는 그것이 어떤 특정 그룹, 즉 교회나 정당이나 학자 네트워크 등에 의해 부과되는 것이다. 다른 하나는 논의에서 어떤 특정한 방향적 지향에도 유리한 지위를 부여하지 않으면서 공적 토론의 상호 타협으로부터 산출되도록 하는 것이다.

우리의 견해로는 후자가 바람직한 선택지다. 우선은, 우리가 종말이 오기 전에 공적 질서에 어떤 특정의 방향적 비전을 부과하는 것을 반대하기 때문이다. 그렇다면 둘째 선택지가 더 **정당한** 방식이다. 사람들은 가능한 한 어디서나 그들이 선택한 방향적 비전이 함축한 바를 살도록 허용되어야 한다. 우리는 모든 방향적 비전이 똑같이 참되다는 상대주의적 입장으로 미끄러져 들어가지 않고도 그런 제도를 소중히 여길 수 있다. 심지어는 모든 방향적 비전이 얼마간의 진리 요소를 담고 있다고 주장하는 일이 꼭 필요하지도 않다. 비록 그것이 맞다 해도 말이다. 정의(justice)가 요구하는 바는, 우리가 노골적으로 잘못되었다고 여기는 관점을 가진 이들조차도 그들이 자기 확신과 그들이 옹호하는 연합적 유형들이 연결되어 있음을 기꺼이 증명하려 한다면, 그들이 진정으로 신봉하는 확신을 추구할 자명한(prima facie) 권리를 가지는 것이다.

기독교 관점에서, 우리는 서로를 진지하게 대하면서 일치와 불일치의 실제 유형들을 탐구하는 것이 인류에게 좋으리라 주장해 왔다. 성경적 관점에서 볼 때, 지금 우리는 방향적 차이를 제대로 의식하는 것이 그것을 감추는 것보다 중요한 시대에 살고 있다. 연합적 다양성과 방향적 다양성 모두를 증진하는 사회는 단지 정의에 대한 최소한의 요구만을 승인하지 않을 것이다. 아울러 인류가 적어도 인류의 사상과 행동을 형성하고 인도하는 비전을 스스로 의식하면서 살아가는 것이 가능하게 될 영적 풍토를 육성하려 할 것이다.

방향적/연합적 대화

그럼에도 우리는 방향적 대화가 연합적 다원주의를 위한 통합의 가능성을 제공할 방법을 조금 더 가까이서 살펴봐야 한다. 현대의 조건 하에서 연합적 다양성을 동시에 증진하지 않고서 방향적으로 달리 헌신하고 있는 집단들 사이의 대화를 증진하기란 사실상 불가능하다. 이를 이해하기 위해서는 그런 대화 속에서 다루어질 이슈들에 대해 더 구체적일 필요가 있다.

여기서 우리가 언급하고 있는 연합은 가족, 학교, 정당, 노동조합, 기업체, 교회 등 아주 익숙한 실체들이다. 이 다양한 연합이 어떻게 서로 연결되어야 할지에 대한 공적 대화가 추상적이고 일반적인 차원에서 일어날 가능성은 거의 없다. 연합적 연결성 이슈가 제기될 때, 그것은 의심의 여지 없이 구체적인 실천이나 정책 문제에 초점이 맞추어질 것이다. 예를 들어, 그 토론의 한 형태는 흔히 "누가 결정할 것인가?"라는 논쟁과 관련된다.

요구에 의한 임신 중절을 허용할 것인가에 관한 논쟁을 예로 들어 보자. 여기서 일어나는 논쟁적 이슈를 해석하는 한 가지 정당한 방법은 그것을 연합 내부의 관계를 이해하는 적절한 방법에 관한 토론으로 보는 것이다. 임신 중절이 권할 만한 일인지에 대한 질문은 개인에게서, 종종 가족에게서도 분명 일어난다. 그러나 그 질문은 또한 의료 전문가 편의 결정도 수반한다. 일부 교회도 이 영역의 결정과 정책에 영향을 미칠 권리를 주장한다. 그 외에도 태아의 살 권리(right-to-life)를 주장하는 집단과 임신 중절을 선택할 권리(right-to-choose)를 주장하는 집단 같은 자발적 단체들도 이 주제에 대해 말할 비슷한 권리를 주장한다. 더 나아가, 학교들도 자주 이 주제와 연관된 이슈에 관해 학생들을 교육하는 일을 스스로 떠맡는다. 정부 기관들도 이런 문제와 관련해 법률을 만들어야 할지, 만든다면 어떻게 만들지를 결정해야 한다.

이 상이한 주장과 이해관계를 어떻게 판단할지 결정하는 것은 이 다양한 연합, 즉 개인, 가족, 의료 전문가, 교회, 학교, 국가가 어떻게 상호작용해야 하는지에 관한 통합적 비전을 요구한다. 그런 비전이 없다면 권력을 향한 의지가 판치게 될 것이다.

그러나 임신 중절 사례가 또한 보여 주는 것은 이런 주장과 이해관계를 판결하는 데 채용된 방향적 비전 자체가 다양한 연합적 맥락으로부터 일어나리라는 사실이다. 부부는 임신을 중절할 권리가 순전히 가족의 결정이라고 주장한다. 의사는 임신 중절을 시술할지 말지를 결정하는 데서 자신의 유식한 전문적 판단에 따라 행동할 권리가 있다고 주장한다. 교회 관계자는 공공 도덕의 이슈를 다루어야 할 자신의 의무를 주장한다. 페미니스트 단체에서는 여성이 출산 결정에 대해 양도 불가능한 권리를 가진다고 주장한다. 고등학교 교사들은 학생을 성에 대해 책임 있게 훈련할 교육적 책임에 호소한다. 정당은 자기 정당의 정강이 우리를 중세 암흑시대로 후퇴하는 데서 막아 주리라고 주장한다. 통합적 비전에 관한 공적 대화의 내용이란 바로 이렇다. 그리고 바로 그 폭넓은 논의의 다양성은 다양한 방향적 뉘앙스 및 주제와 더불어 풍부한 연합적 다양성에 의해 가능해진다. 그렇다면 방향적 질문에 대한 논쟁은 교회가 다른 교회와 논쟁하고 정당이 다른 정당과 논쟁하며 운동가 집단이 다른 운동가 집단과 논쟁할 때만 벌어지는 게 아니다. 정당과 교회와 운동가 집단이 서로 논쟁할 때도 일어나며, 실제로 자주 일어난다. 어떤 의미에서 연합적 다원주의는 방향적 다원주의의 활력에 공헌하며, 그 반대도 마찬가지다.

매개 구조 옹호

연합적 다양성에 대한 폭넓은 방향적 대화를 옹호했으니, 이제는 기독교적 전망이 그 대화에 무슨 공헌을 할 수 있을지를 물어야 한다. 그리스도인은 연합적 다양성에 대한 현대의 이해에 어떤 종류의 통합적 비전을 제공할 수 있는가?

매개 구조 옹호는 대체로 연합적 다양성의 보호적·교정적 가치를 크게 부각한다. 우리는 이미 이런 논증 방식의 특징을 설명했다. 즉, 매개 구조들은 개인이 전체주의적 국가주의로 흡수되는 것을 막아 줄 완충 지대를 제공하는 것처럼 보인다는 것이다.

기독교 관점에서 이는 정당한 관심사다. 실제로 연합적 다양성은 사람들에게 정치 영역 훨씬 너머로 확장된 종류의 보호를 제공한다. 일군의 다양한 연합적 역할에 의해 제공되는 완충 지대가 없을 경우, 다른 종류의 '흡수'가 사람들을 위협한다. 대중적인 영적 일원론들—근래의 '뉴에이지'(New Age) 현상은 그중 두드러진(그러나 단지 하나의) 예일 뿐이다—이 근래에 여러 서양 사회에서 번성하는 것은, 강력한 가족적·교회적·국가적 유대를 상실한 채 살아가는 탈구된 근대적 개인들이 자신의 '원자적' 자기본위주의(selfism)에 대한 유일한 대안은 분화되지 않은 우주 전체 속으로 흡수되는 것이라고 확신하기 때문이다. 영적 일원론과 전체주의는 둘 다 각기 그에 반대되는 개인주의와 더불어 매개 구조에 의해 제공되는 완충 지대가 적거나 없는 문화 속에서 번성하고 있다.

그러나 기독교 전통은 교정적-보호적 숙고에 호소하는 것보다 훨씬 더 강력한 연합적 다양성의 사례들을 제공한다. 몇몇 기독교 사상가는 매개 구조들의 다원적 실재는 내재적 가치를 지니고 있다고 주장한다. 즉, 연합적 다양성은 다소 중요한 의미에서 사물의 본성 자체의 표현이라는 것이다. 그것은 근본적 '소여'와 같은 종류로, 벨라 팀이 좋아하는 것이다. 간단히 말해, 그들은 하나님이 인간적 상호작용 유형들의 다원주의적 구조에 이미 강한 관심을 갖고 있었다고 주장해 왔다.

삼위일체와 사회분석

연합적 다원주의를 위해 일종의 존재론적 근거를 제공하는 하나의 기독교적 방식에서는 삼위일체 교리를 활용한다. 마이클 노박은, 성 파트리키우스(Patrick)가 토끼풀에서 하나님의 삼위일체적 성격의 은유적 표현을 보았고 성 아우구스티누스는 인간 영혼의 기능들을 삼위일체적으로 해석한 반면, 자신은 삼위일체 공식이 민주적 자본주의 덕목들에 대한 이해와 연관성이 있는 것으로 본다고 말한다.

나는 모든 것 속에서 하나님의 임재를 찾으라는 가르침을 받아 왔다. 그래서 정치경제학에서도 그렇게 하려 했다. 나는 구별되지만 하나인 어떤 정치경제학에 매혹되었고 어두운 조명에도 공감했다. 그것의 구성 체계들은 각기 다른 것들로부터 확실한 자율성을 가지고 있지만, 각 체계는 다른 체계와 상호 의존적이다. 각각은 독특한 작용, 방법, 규칙을 가지고 있다. 각각은 다른 것들을 길들이고 교정하며 강화한다.[12]

---

12   Novak, *Spirit of Democratic Capitalism*, p, 338.

맥스 스택하우스는 이 방식을 따르는 훨씬 상세한 분석을, 신학 사상과 사회학 사상의 관계를 다룬 1972년 연구에서 긴 장을 이 주제에 할애하며 제시했다. 스택하우스는 거기서 기독교 사상사 속에서 다양한 삼위일체론 공식이 인간의 사회적 역동성에 대한 이해에 영향을 준 방식들을 보여 주었다.[13] 스택하우스는 더 근래에 그가 매우 그럴듯하다고 생각한 논제, 즉 "모든 인간 문명 속에 다원성을 향한 경향이 내재하며, 이는 제도적 형식의 정해진 다원주의를 요구하는 것"이라는 논제를 검토하면서 그 논의를 다시 다루었다.[14] 그가 이와 관련하여 삼위일체론 체계에 호소하는 방식은 이렇다.

삼위일체 하나님이 참된 하나님임을 믿는 우리에게는 다원주의가 규범적인 신학적 믿음이자 도덕적 혹은 사회적 믿음이다. 다원주의를 다루기 위한 형이상학적-도덕적 기초가 손 닿는 곳에 있다. 공동체 내 사람들과 사람들의 공동체로 이해된 역동적 통일성 내의 다원주의는 말씀과 세계를 이해하는 일에서 성경 이후(postbiblical) 기독교 신학이 기여한 가장 중요한 것일 수 있다. 다원주의는 다원주의의 적절한 기초와 한계에 대한 명료한 형이상학적-도덕적 설명을 제공한다는 바로 그 사실 때문에 문명들의 공적 삶과 관계가 있다. 그리스도인들은 궁극적 실재에 대한 획일적 정의를 반대한다. 그러나 그들의 다원주의적 신앙은 통일성에 대한 더 넓은 신앙의 지배를 받는다. 삼위일체 하나님은 통합되어 있다. 따라서 통일성 없

---

13 Max L. Stackhouse, *Ethics and the Urban Ethos: An Essay in Social Theory and Theological Reconstruction* (Boston: Beacon Press, 1972), ch. 6.
14 Stackhouse, *Public Theology*, p. 163.

는 다원주의 신학 형태인 다신론은 분화가 결여된 불경한 단일함 못지않게 강력히 정죄된다. 이런 용어들을 사용하는 데서 다원주의와 통일성 둘 다 축복이나 저주가 될 수 있음을 본다. 그것은 다원주의에 대한 관점이 궁극적 일치를 가졌는가와 통일성에 대한 관점이 다양성을 위한 여지를 두고 있는지 그렇지 않은지에 달려 있다.[15]

이 설명에는 여러 유익한 통찰이 담겨 있으나, 스택하우스가 어떻게 삼위일체론 체계가 실제로 "다원주의를 다룰 형이상학적-도덕적 기초"를 제공한다고 생각했는지는 분명치 않다. 성경의 하나님이 "통합된" 삼위로 존재하시는 분이며 신적 삼위일체에 대한 바른 이해는 다신론이나 "불경스러운 단일함"과 연관된 신관을 배격한다고 주장한 점에서 그는 분명히 옳다. 게다가 우리는 이 모든 것이 어떻게 건강한 연합적 다원주의가 어떤 모습일지 예시하는 일을 도와주는지 알 수 있다. 예를 들어, 우리는 매개 구조의 다원성을 일종의 통일성-속-다수성으로 해석해야 함을 알 수 있다.

문제는 삼위일체를 연합적 다원주의를 이해하기 위한 유용한 '은유'로 보는 것을 넘어 연합적 다원주의가 하나님의 삼위일체적 본질에 대한 견해 속에 어떤 식으로든 "기초 지어져 있다"는 논제로 갈 때 일어난다. 스택하우스는 "그 궁극적인 한 분이 이 셋의 현존 속에서 구체화되셨다는 인식은 우리에게 하나님 한 분이 인간의 경험 속에서 다원주의 방식으로 활동하시게 되는 것으로 상상하기를 요구한다"고 생각한다.[16] 그러나

---

15 같은 책, pp. 175-176.
16 Stackhouse, *Ethics and the Urban Ethos*, p. 114.

여기서 "요구"의 논리적 효과는 무엇인가? 예를 들어, 본질이 통일성 속 다수성으로 특징지어진 삼위일체 하나님이 사실 연합적 다원주의를 싫어하실 수도 있다는 생각에는 어떤 명백한 모순도 없어 보인다. 더 나아가, 하나님이 인간의 경험 속에서 다원주의적으로 행하시는 방식을 우리가 어떻게 이해해야 할지에 대한 적절한 한계는 무엇인가? 예를 들어, 이를 니터식으로 이해한다고 가정해 보자. 한 하나님이 역사적 과정 속에서 '여러 이름'을 가지게 되었다고 말이다.

이것은 여기 스택하우스의 제안이 단지 혼란스럽다고 암시하는 것이 아니다. 그의 주장은 보다 그럴듯하게 개정될 공산이 크다. 우리가 말했듯이, 삼위일체 하나님을 믿는 것이 어떤 의미에서 연합적 다원주의가 필요하다는 인식을 '요구'한다고 주장하는 것은 사태를 과장하는 것일 수 있다. 그러나 분명 삼위일체론적 전망, 예를 들어 신적 삼위일체의 삶과 인간의 사회적 역학의 연관성에 대한 카파도키아 교부들의 입장을 주장하는 전망은[17] 실제로 사회적 상호작용의 다양한 형태를 밝혀 줄 실마리를 제공할 수 있다. 이 실마리를 엄격한 삼위일체론 공식들에서 직접적 방식으로 연역해 내지 못할 수도 있다. 그러나 이 공식들이 인간의 사회적 실재에 대해 성경이 설명해 주는 기능적이며 연합적인 다양성의 역할에 관한 추가 자료로 보완될 수 있다면, 스택하우스의 제안은 타당성을 얻을 수도 있다.

---

17 코넬리우스 플랜팅가(Cornelius Plantinga, Jr.)는 이런 종류의 삼위일체론적 전망을 "The Threeness/Oneness Problem of the Trinity", *Calvin Theological Journal* 23, no.1 (April 1988): pp. 37-53에서 훌륭하게 설명했다. 또한 그의 "The Perfect Family: Our Model for Life Together is Found in the Father, Son, and Holy Spirit", *Christianity Today* 32, no 4 (March 4, 1988): pp. 24-27를 보라.

창조적 다양성

그리스도인들이 연합적 다원주의를 사물의 본성 자체 속에 근거 지으려 시도했던 두 번째 방식은 연합적 다양성이 창조적 위상을 가지고 있다는 주장을 통하는 것이다. 인간 상호작용의 다양한 유형을 보존하는 것은 하나님이 인간이 인간답도록 의도하신 종류의 삶에 본래 들어 있다. 이런 식의 주장이 삼위일체론 유형에 호소하는 것과 양립 불가능하지 않다는 데 주목하라. 인간이 연합적 다양성 속에서 최고로 번영한다는 것이 심오한 의미에서 삼위일체 창조주의 삶 자체를 반영한다는 사실은 아주 그럴듯하다. 그럼에도 창조적 논증은 신론에 관계된 주제들 대신에 곧장 연합적 다원주의의 존재론적 기초에 초점을 맞춘다.

데이비드 홀렌바흐는 로마 가톨릭에서 "보완성"(subsidiarity) 원칙에 호소하는 것으로 대표되는 이 창조적 전망은 유서 깊은 기독교 사회사상의 두 지류에서 끌어낸 것이라고 보았다. 아우구스티누스 전통에서는, 어떤 단일 사회 기구도 지고선(summum bonum)을 완전히 구현할 수 없기 때문에 "인류 공동체의 형태 다양성(pluriformity)이 존중되[어야 하]며, 그런 존중이 정치적·법적·경제적으로 제도화되어야 한다"는 주장이 나온다. 그리고 토마스주의 지류에서는 이런 가르침이 나온다.

공동체의 이 다양한 형태는 사람들이 하나님과의, 그리고 서로 간의 온전한 연합, 즉 하나님 나라에 못 미친다고 해서 공동체이기를 그치는 것은

---

18   Hollenbach, "The Common Good Revisited", pp. 93-94.

아니다. 그것들은 사람들이 부분적이지만 아주 실질적인 성취, 즉 본질적으로 공동체 내에서만 이룩되는 성취에 도달하는 영역들로 남아 있다.[18]

비슷한 전망이 아브라함 카이퍼(Abraham Kuyper)의 리더십 아래 19세기 후반에 일어난 네덜란드 신칼뱅주의 운동에 의해 매우 상세하게 개진되었다. 신칼뱅주의 논증에서는[19] 창조적 주제를 명시적으로 사용한다. 하나님이 창조 질서 자체에 인간적 상호작용의 다양한 유형을 위한 잠재력을 만들어 넣으셨다는 것이다. 창세기 이야기(saga) 속에 그려진 대로, 원래 에덴동산은 연합적 다원성을 잉태하고 있는 것으로 여겨져야 마땅하다. 신칼뱅주의자들은 창세기 1:28을 "땅을 충만하게" 하라고 명하신 "문화 명령"(cultural mandate)으로 본다.[20] 그들은 심지어 타락이 일어나지 않았더라도 인간이 창조 질서의 문화적 형태 다양성을 실현함으로써 매우 풍부한 연합적 다양성이 발전되었을 것이라고 주장한다. 따라서 그리스도인들은 "영역 주권"(sphere sovereignty)의 유형들을 존중해야 한다.

헤르만 바빙크(Herman Bavinck)는 이 다양성의 창조적 위상에 관한 신칼뱅주의의 주장을 명료하게 제시했다.

피조물들은 그들 사이의 차이와 더불어 각각 특유의 본성이 주어졌기 때문에 그들이 따라야 할 법과 서로를 지지하는 관계에서도 차이가 있다. 그

---

19 Abraham Kuyper, *Lectures on Calvinism*, L. P. Stone Foundation Lectures, 1898 (Grand Rapids, Mich.: Wm. B. Eerdmans Publ. Co., 1931). 『아브라함 카이퍼의 칼빈주의 강연』(다함). 또한 Wolters, *Creation Regained*를 보라.
20 이 주제를 충분히 다룬 글로는 Henry R. Van Til, *The Calvinistic Concept of Culture*, Twin Brooks Series (Grand Rapids, Mich.: Baker Book House, 1959)를 보라. 『칼빈주의 문화관』(성암사).

들은 물질적인 것과 정신적인 것에서, 지적 영역과 도덕적 영역에서, 가족과 사회에서, 과학과 예술에서, 땅의 영역과 하늘의 영역에서 모두 다르다. 이것이 이 다양한 체제를 유지하고 온전한 발전으로 이끄는 창조에 수반된 하나님의 섭리다. 하나님은 창조를 통해 존재하게 하신 모든 것을 존중하며 펼치시지 그것들을 무효화하지 않으신다. 그리하여 모든 피조물을 그들의 본성에 따라 조화롭게 유지하시며 통치하신다.[21]

신칼뱅주의자들은 자주 연합적 다양성에 대한 그들의 "영역 주권" 설명을 로마 가톨릭의 "보완성" 체계와 구분하려고 굉장히 애써 왔다.[22] 하지만 여기서 그 논쟁들이 우리를 붙잡을 필요는 없다. 그 두 전망은 연합적 다양성이 인간을 위한 창조주의 계획에서 핵심 요소였다는 공유된 확신에 기초를 두고 있다. 가족, 학교, 교회, 클럽, 팀, 기업, 조합 같은 인간적 상호작용의 유형과 맥락의 다원성은 전체주의의 위협에 직면할 때 교정적-보호적 전략으로만 중요한 게 아니다. 그것들은 우리의 피조된 인간성의 근본적 표현이다. 토마스주의자와 신칼뱅주의자 모두 계약주의(contractarianism)에 대한 벨라 그룹의 비판, 즉 계약주의의 연합적 규범들은 "끊임없이 재협상의 대상이 되기 쉽다"는[23] 비판에 대해서 화답할

---

21   Herman Bavinck, *Gereformeerde Dogmatiek*, vol. 2 (Kampen: Kok, 1928), p. 571. 『개혁교의학 2』(부흥과개혁사). Gordon J. Spykman, "Sphere-Sovereignty in Calvin and the Calvinist Tradition", in *Exploring the Heritage of John Calvin*, ed. David E. Holwerda (Grand Rapids, Mich.: Baker Book House, 1976), pp. 180-181에서 재인용.
22   예를 들어, 이에 관한 사례로는 Herman Dooyeweerd, *Roots of Western Culture: Pagan, Secular, and Christian Options*, ed. Mark Vander Vennen and Bernard Zylstra, trans. John Kraay (Toronto: Wedge Publishing Foundation, 1979), 특히 chs. 5 and 6를 보라. 『서양 문화의 뿌리』(크리스챤다이제스트).
23   Bellah, *Habits of the Heart*, p. 140.

것이다.

홀렌바흐는 우리의 모든 다양한 연합에서 "사람들이 하나님과의, 그리고 서로 간의 온전한 연합, 즉 하나님 나라에 못 미침"을 제대로 보았다.[24] 이는 신칼뱅주의자들이 끊임없이 강조해 온 것처럼, 연합적 다양성을 증진하는 일이 하나님 나라의 규범에 의해 인도되어야 함을 의미한다. 매개 구조들은 무엇보다 다양성 자체에 대한 애정 때문이 아니라 이 구조들을 유지하는 것이 우리의 번영에 기여하는 방식으로 우리를 창조하신 하나님의 목적을 존중한다는 이유에서 그 진가가 인정되어야 한다.

더 큰 그림들

사회적 실재의 창조됨이라는 주제를 제기하는 것은 사소하게 추가하는 일이 아니다. 기독교 관점에서 볼 때, 단지 매개 구조들의 다양성 유지에 삶을 쏟아부음으로써 얻을 수 있는 것은 별로 없다. 인간이 증진하려고 힘써야 할 것은 다양성 자체가 아니다. 오히려, 창조된 존재의 풍성함을 온전히 의식하면서 살아가는 삶의 통일성 의식을 증진해야 한다.

이렇듯 기독교는 인간의 소명에 대한 더 큰 통일성의 비전, 즉 창조 질서의 통일성 의식을 반영하는 비전에 의해 조율된 연합적 다양성에 대한 인식을 제공한다. 그리스도인은 연합적 다양성을 증진하는 프로그램을 열렬히 지지할 수 있다. 그러나 그들은 이 지지가 인간 번영이 무엇인지에 대한 더 큰 설명을 배경으로 이해되어야 한다는 사실도 주장할 것이다.

---

24   Hollenbach, "The Common Good Revisited", p. 93.

벨라 팀이 사회과학 방법론에 대해 주장한 바는 인간 존재의 더 실천적인 차원에도 통렬하게 적용된다. 인간의 사회적 존재의 가장 중요한 통일성 이슈들을 무시하면, 인간적 상호작용의 개별적인 면들을 필연적으로 왜곡하게 된다. 우리는 큰 사회적 그림을 "그것의 가능성, 한계, 열망과 더불어" 고려할 때에만 "개별적 변수들을 이해할 수 있다." 여기에 인간 네트워크 체제 전체가 무엇인지에 대한 적절한 이해를 위해서는 궁극적으로 훨씬 큰 그림에 주목하기를 요구한다고 덧붙이기만 하면 된다. 홀렌바흐가 현명하게 지적한 것처럼, 인간적 상호작용의 모든 구체적 형태는 하나님 나라에서 발견되는 사회적 존재의 완전함에 못 미치기 때문이다.

7장

보석상의 관점을 향하여

우리는 1장을 자신들의 분과 학문에서 패러다임과 개념 틀의 피할 수 없어 보이는 다원성에 직면한 사회과학자들이 느끼는 불안함을 언급하면서 시작했다. 그러나 많은 사회과학자에게 이 불안함이 환멸에 근접하고 있다는 인상을 피할 수 없다. 조지 마커스(George Marcus)와 마이클 피셔(Michael Fischer)가 사회적·문화적 인류학 연구의 현 상황에 대한 최근 설명에서 지적한 것처럼 이전의 인류학이 흔히 교차문화적 비교를 통해 얻을 수 있는 종류의 '계몽'을 증진하려는 깊은 열망으로 행해졌다면, 지금의 인류학자들은 "계속해서 더 높은 합리성의 기준을 향해 나아가는 인간의 긴 진화 속에서 사회적 규칙을 발견하려는 소망, 즉 인간에 대한 보편 과학을 향한" 옛 소망을 포기했다.[1] 물론, 일부 인류학자는 여전히 더 온건하고 뉘앙스 있는 형태로 이런 소망을 품고 있다. 마커스와 피셔

---

1 George E. Marcus and Michael M. J. Fischer, *Anthropology as Cultural Critique: An Experimental Moment in the Human Sciences* (Chicago: University of Chicago Press, 1986), p. 17. 『인류학과 문화비평』(아카넷).

자신도 "인류학을 문화 비판으로 송환하는" 실제 가능성을 끝까지 지지하고 있다.[2] 그러나 그들은 일부 동료들이 "현장 경험의 단순한 고백 속으로, 또는 단일한 민족지학자의 경험으로부터 일반화가 불가능한 경우에는 원자론적 허무주의 속으로 미끌어질" 강한 유혹을 받고 있다는 것도 안다.[3]

마커스와 피셔가 여기서 언급하는 '원자론'은 앞 장에서 논의한 '지역주의'와 동일하지 않다. 윌린과 벨라 그룹은 학자들이 사회의 더 큰 그림에 주목하지 않은 채 연합적 상호작용의 개별 영역에 초점을 맞추는 방식에 불평을 토로하고 있다. 그러나 마커스와 피셔는 또 다른 종류의 근시안, 즉 사회과학 담론을 민족지학적 현장 보고에 국한하는 근시안을 우려하고 있다. 여기서 단위는 연합적 단위가 아니라 문화적 단위다. 마커스와 피셔가 묘사하는 문제는 연합의 더 큰 네트워크를 무시하는 것, 이를테면 로터리 클럽에 너무 과도하게 집중하는 일 같은 게 아니다. 그것은 오히려, 예를 들어 그 문화적 전망이 한국인, 엘살바도르인, 오스트리아인, 스코틀랜드인도 사는 세상에 맞추어진 방식을 생각하지 않은 채, 북나이지리아의 한 부족의 틀 안에서 이야기하기를 택하는 것이다.

빈 공간?

마커스와 피셔를 걱정시킨 '원자론적 허무주의'의 '원자'는 문화적 단위다. 그리고 그들이 언급한 '허무주의'의 '허무'는 개별 문화들 사이에 존

---

2   같은 책, p. 111.
3   같은 책, p. 68.

재하는 공간이다. 즉, 그들이 우려하는바, 그들의 많은 동료가 문화적으로 뿌리박힌 경험들을 평가하거나 비교하기를 허용할 아무 기준도 갖지 않은 채 규범적으로 비어 있는 것으로 여기는 공간이다. 그렇다면 '원자론적 허무주의'는 문화 상대주의의 한 형태다. 그런 관점에서는 문화적 전망을 외부로부터 이해하는 것이 불가능하며, 일단 내부로 들어가면 이전 맥락들의 규범과 기준을 뒤에 두어야 한다. 성공적인 민속지학자는 일종의 근원적 개종을 겪어야 하고, 그 결과 현지 보고는 고백록의 지위를 갖게 된다.

철학 문헌에서 문화 상대주의 전망에 대한 지지는 이따금 실제 인류학 자료를 철학적 의제로 올리는 일을 많이 해 온 피터 윈치(Peter Winch)에게 기인한다. 번스타인은, 자신이 인용한 윈치의 이 논평을 보면 윈치가 상대주의자라는 비난은 분명 부당한데도, 윈치의 견해를 논하는 다른 이들은 자주 그 점을 무시한다고 지적한다.

우리는 인간의 생각과 믿음이 독립된 어떤 것, 즉 어떤 실재를 참조하여 조사 가능해야 한다는 생각이 중요하다는 사실을 잊어서는 안 된다. 이를 포기하는 것은 이에 수반된 모든 모순과 함께 극단적인 프로타고라스적 상대주의에 곧바로 뛰어드는 것이다. 다른 한편으로 독립적 실재에 대한 이 관념이 인간의 생각에서 실제로 하는 정확한 역할을 고정하기 위해 세심한 주의가 반드시 필요하다.[4]

---

4   Peter Winch, "Understanding a Primitive Society", in *Rationality*, ed. Bryan R. Wilson, p. 81. 번스타인의 논평은 *Beyond Objectivism and Relativism*, p. 98를 보라.

이 논평은 윈치가 상대주의자가 아님을 분명히 해 준다. 하지만 이 문단의 마지막 문장에 표현된 우려가 윈치로 하여금 자신을 상대주의라는 비난에 열어 놓는 방식으로 그의 주장을 제시하게 만들었다. 윈치는 서양의 학자들에게 그들의 것과는 아주 다른 사회적 실재의 경험에 대한 공감을 갖추려 애쓰기를 상당히 길게 촉구하고 있다.

이와 관련해 윈치가 드는 잘 알려진 예는 그가 "원시 사회의 이해"(Understanding a Primitive Society)라는 논문에서 길게 다룬 현상인 아잔데 부족의 주술에 대한 논의다. 윈치는 아잔데족이 주술을 시행한다는 면에서 서양 기술의 방법을 채용하는 우리에 비해 비이성적이거나 덜 이성적이라는, 뉘앙스가 결여된 주장에 저항한다. 이런 종류의 평가는 아잔데 주술이 자연에 대한 우리의 기술적 조정과 연관된 습관들과는 아주 다른 실천으로서 그 지위에 적합한 종류인 그 나름의 고유한 종류의 합리성을 가질 수도 있다고 생각하기를 꺼리는 우리의 속내를 무심결에 드러낸다. 그러나 아잔데 마술이 서양 과학과 다른 것이긴 하지만, 그럼에도 서양 과학이 실재를 조정하거나 세상에서 벌어지는 일을 설명하는 더 나은 방법이라고 말할 수는 없는가? 윈치가 응답하길, 이는 우리의 실천과 그들의 실천을 동일한 일—이를테면 세상을 설명하거나 자연을 조정하는 일—을 행하는 두 가지 방식으로 볼 권리를 가지고 있음을 전제한다. 여기서도 우리는 합리성에 대한 우리의 기준, 예를 들어 자연을 일관성 있게 설명하는 것이 무슨 뜻인지에 대한 기준을 논의 속으로 도입하고 있다. 그럼으로써 우리는 아잔데족이 실재를 그들 나름대로 이

---

5   Winch, "Understanding a Primitive Society", pp. 92-93.

해하는 방식, 즉 그들 나름대로 합리적이게 되는 방식을 허용하기를 거부한다.[5]

그래서 윈치는 상대주의자가 아니지만, 사회적 실재를 경험하는 문화적으로 뿌리박힌 방식의 다원성이 존재함을 아주 진지하게 받아들인다. 그는 "원자론적 허무주의"—혹은 그가 "프로타고라스적 상대주의"라는 딱지를 붙인 것—와 싸우는 일에는 관심이 적어 보이며, 그보다는 과학적 합리성의 습관과 태도를 정형화하는 이들과는 상당히 다르게 사회를 바라보고 행동하는 사람들의 전망에 공감하며 연구하기를 학자들에게 촉구하는 일에 더 관심을 쏟고 있다.

그리스도와 문화

근래 들어 기독교 공동체도 다양한 문화적 상황을 공감적으로 의식해야 한다는 비슷한 요청을 듣고 있다. 실제로 지난 몇십 년 동안 기독교 학자들이 교차문화적 이슈들을 생각하는 방식에서 중대한 방향 조정이 목격되고 있다 해도 과장이 아니다. 이 변동의 정도는 현재 논의의 상태를 리처드 니버(H. Richard Niebuhr)가 그의 1951년 책 『그리스도와 문화』(*Christ and Culture*)에서 제시한 전망과 비교해 보면 명백하다.

니버의 연구는 현대 기독교 고전의 지위를 제대로 획득했다. 그 책은 (특히 북미의) 많은 기독교 교양인에게 기독교의 문화 참여 유형을 생각할 범주를 제공해 주었을 뿐 아니라 주로 문화 현상에 대한 기독교적 연구에 집중해 온 학자들에게도 중요한 영향을 미쳤다. 하지만 지금 니버의 책을 주의해서 읽어 보면, 그 책은 적어도 문화적 다원성의 현실을 거의 전적으로 주목하지 않았다는 아주 심각하고 총체적인 결점으로 인해 손상된 것처럼 보인다. 많은 그리스도인에게 이제는 그리스도와 **문화들**에 관한 질문을 재빨리 고려하지 않은 채로 그리스도와 **문화**를 생각하는 데 많은 시간을 보내기란 아주 어려운 일처럼 보일 것이다.

첫째로, 니버가 책을 쓴 후 일어난 치열한 에큐메니컬 탐색들이, 그가 논의한 전망들의 차이는 문화적 다원성에 상당한 주의를 기울이지 않으면 이해될 수 없다는 점을 분명하게 만들었다. 니버가 그리스도와 문화 자체의 관계에 관한 설명이라고 여겼던 것은 이제 그리스도와 둘 또는 그 이상의 문화 체계들의 관계를 풀어내려는 시도로 보는 것이 더 타당해 보인다. 아미쉬 사람들이 현대 문화를 '거스를' 수 있지만, 그것은 그들의 그리스도가 문화 자체를 반대하기 때문이 아니다. 아미쉬는 충성된 제자도가 그들에게 이전의 농경 문화의 기술적 '단순함'에 충성을 요구한다고 이해한다. 로마 가톨릭 해방신학자들은 의심의 여지 없이 그리스도가 어떤 의미에서 문화 '위'에 계심을 믿는다. 그러나 이것은 그들이 그리스도의 이름으로 북반구의 자본주의와 연관된 문화적 가치를 반대하는 일을 제지하지 않는다. 그리고 미국의 시민종교에서 열렬히 옹호되는 '기독교화된' 문화가 꼭 그리스도가 어떻게든 현대 미국과 눈먼 사랑에 빠진 것 같은 문화적 현재 상태(*status quo*)는 아니다. 그것은 오히려 ('미합중국 헌법 제정자들의 신앙' 같은) 과거의 이상화된 정치 문화일 뿐이다.

간단히 말해, 니버의 유형론을 지지하는 사람들의 실제 견해와 실천을 살펴보면, 그들이 문화에 대해 단순히 하나의 태도를 취한다고 말하기 어려움을 알게 된다. 각 집단은 서로 맞서고 있는 문화적 주장들을 조정하려 시도하는 중이며, 그 문화적 주장들은 각 집단이 경쟁적 문화 체계나 하위문화 체계로 경험하는 데서 제시된다.

개혁주의 대 재세례파, 루터파 대 가톨릭 같은 더 오래된 에큐메니컬 논쟁으로부터 전 세계의 기독교 공동체에 영향을 주는 교차문화적 문제에 관한 새로운 논의로 돌아서면 상황은 훨씬 복잡해진다. 여기서 '문화'에 제기되는 이슈들은 니버가 논의한 것과 아주 다르다. 기독교 제자도의 문화적 함축에 대한 심오하고 어려운 질문을 제기한다.

실제로 이 새로운 논의들은 기독교 신학 논의에 새로운 호칭 체계를 도입했다. 오랫동안 기독교 신학의 차이를 분류하기 위해 사용해 온 가장 유명한 호칭은 다양한 교파와 신앙고백의 구분과 관련된 것이었다. 신학적 입장은 동방정교회, 로마 가톨릭, 루터파, 웨슬리교파 등으로, 이와 더불어 필요한 경우 전통주의, 보수주의, 자유주의, 진보주의, 신정통주의 같은 더 제한적인 호칭으로 구별되어 왔다.

그러나 최근 몇십 년 동안 아주 다른 일군의 신학적 호칭이 어느 정도 퍼졌다. 이 새로운 호칭은 민족성, 인종, 젠더, 정치-경제적 조건 같은 것과 관련해 신학적-신앙고백적 풍경을 분할하고 있다. 그리하여 근래에 흑인신학, 페미니스트 신학, 제3세계 신학, 해방신학 등이 출현했다. 이런 종류의 호칭을 신학적 지명자로 진지하게 받아들이기 시작한 그리스도인들이 주장하길, 과거의 이른바 신앙고백적 신학 대부분은 감추었든 애써 감추지 않았든 '북대서양' 사고방식의 문화적 의제에 의해 형성되어 왔으며, 그 사고방식 안에서 백인 남성 엘리트주의 문화 의식의 주변에 위치한 이들의 관심사는 신학적으로도 주변화된다.

이 새로운 호칭 체계를 옹호하는 이들은 자신들이 이제 문화적 요소를 신학 논의에 도입하는 자들이라는 암시에 저항한다. 그들은 옛 호칭들이 이 점에서 오해하고 있다고 주장한다. 신학 풍경을 분할하는 확고한 유형들이 이미 신학 논의 속에서 항상 작동해 온 문화 요소들을 **감춘다는** 것이다. 이런 이유로, 근래에 출현이 목격된 것들은 흔히 말하는 '문화 신학'이 아니다. 오히려 이제 그것들을 주창하는 이들이 더 정확한 신학적 호칭을 요구하는 문화적으로 **자의식적인** 신학이다.

문화 일반

니버가 1951년에 교차문화적 논의에서 제기되는 이슈들을 전혀 몰랐던 것은 아니다. 그러나 그는 첫 장에서 그 주제를 다소 성급하게 한 문단으로 처리했다. 니버는 일부 학자들, 특히 기독교의 사상과 실천이 서양 문화와 "풀 수 없게 뒤얽혀 있다"는 트뢸치(Ernst Troeltsch)의 주장을 언급하며 자기는 이 비판을 진지하게 다룰 능력이 없다고 고백했다.

> 트뢸치 자신도…그리스도와 서양 문화의 긴장을, 그래서 심지어 서양인에게 예수 그리스도가 결코 단순히 그의 문화 사회의 구성원이 아님을 잘 알고 있다. 더 나아가, 동양의 그리스도인들과 새로운 문명의 출현을 고대하는 이들은 서양의 그리스도뿐만 아니라 그에 대한 서양적 믿음과 구별되는 분 및 또 다른 문화들의 삶에도 관련될 분에 대해서도 관심을 기울인다. 그래서 우리가 관심 갖는 문화는 개별적 현상이 아니라 일반적 현상이다. 비록 그 일반적인 것이 개별적 형식들 안에서만 나타나더라도, 서양

---

6   H. Richard Niebuhr, *Christ and Culture* (New York: Harper and Row, Harper Torchbooks, 1956), pp. 30-31. 『그리스도와 문화』(IVP).

그리스도인은 그 문제를 서양적 방식 외에는 생각할 수 없다 하더라도 말이다.[6]

이것이 니버가 문화적 다원성에 관한 관심의 결여에 대해 밝힌 이유다. 그가 관심을 둔 그리스도가 이 또는 저 문화 체계의 구성원으로 여겨지는 것이 결코 옳지 않기에, 니버는 자신이 오로지 그리스도가 문화 자체와 어떻게 관련되는지만을 물으며, 문화 체계들의 차이를 정당하게 무시할 수 있다고 생각한다.

말할 필요도 없이 이것은 좀 너무 안이하다. 실제로 그것은 불합리한 추론(non sequitur)의 느낌이 난다. 비슷한 전제에서 아주 다른 결론으로 나아가는 일은 분명 가능하다. 만일 우리가 관심을 둔 그리스도가 결코 한 특정 문화 체제의 구성원이 아니지만, '다른 문화적 삶과 관련이 있다면', 기독교 사상의 다양한 문화화가 어떻게 비교되고 평가될 수 있을지 묻는 것은 중요하지 않은가? 우리는 어떻게 그리스도가 다양한 문화적 맥락 속의 삶에 관련될 수 있는지 반드시 물어야 하지 않을까? 그리고 니버 자신이 인정하는 것처럼 문화라 불리는 "그 일반적인 것"이 "개별적 형식들 안에서만" 나타날 수 있으므로, 이 개별성에 많은 주의를 기울여야 하지 않을까?

왜 이 이슈들을 피해 그토록 빠르게 움직였는지, 니버 자신이 실마리를 제공한다. 그는 이 짧은 문단에서 그가 "새로운 문명의 출현을 고대하는 이들"에게 공감하고 있음을 분명히 밝힌다. 그 문명은 모든 문화의 인류가 그것을 향해 움직여 가고 있는, 모든 것에 우선하는 종합 문화를 말한다. 이렇듯 그는 개별성들에 주목하는 것이 "새로운 문명"으로의 이동을 방해할 수 있을 따름이기에 문화의 "개별적 형태들"보다는 "일반적인 것"에 더 관심을 기울인다.

어떤 의미에서, 문화적 개별성에 주목하기를 거부하는 바로 이 점이 니버가 전통적 신앙고백 유형 집단들의 차이를 분석하는 것이 적절하지 못함을 설명해 준다고 할 수 있다. 우리는 이미 니버가 그리스도와 문화의 갈등이라고 본 것이 아주 흔하게 비기독교적이라고 본 한 문화 체계와 기독교적이라고 본 또 다른 문화 체계의 갈등이라고 보는 것이 낫다고 지적했다. 그러나 그조차도 아직 개별성들에 충분한 관심을 기울이지 않은 것이다. 아미쉬 공동체들은 19세기 시골 프러시아의 정치건 오늘날의 미국의 권력과 힘의 체계건 그리스도가 모든 정치 문화에 대립하여 맞선다고 주장하는 것처럼 비칠 수 있다. 그러나, 말하자면 농경 문화나 가족 문화에 대한 그들의 비판은 꼭 그렇게 뉘앙스가 결여된 것이 아니다. 그들의 그리스도는 총과 투표소를 반대할지 몰라도, 쟁기와 가부장제는 그다지 단순히 반대하지 않는다.

어떤 경우에서건 교차문화적 문제에 대한 니버의 짧은 논평은 기독교 사상가들이 문화적 다원성의 현실을 다루어 온 한 가지 방식에 대한 좋은 예가 된다. 그들은 문화 집단들의 차이에 의해 제기된 문제는 그리스도인들이 씨름해야 할 '심오한' 이슈가 아니라고 생각했다. 만약 우리가 문화 자체, 즉 '일반적인 것'에 초점을 맞춘다면 다양한 문화적 상황에 놓인 기독교 신앙 이해 사이의 표면적 불일치는 결국 사라지리라는 것이다.

교차문화적 감수성

오늘날 기독교 학자들이 니버가 했던 것처럼 빠르게 그 난제들을 처리하는 일은, 심지어 니버가 보인 태도에 공감하는 이들에게서도 그리 흔치 않다. 이 문제를 조금이라도 생각해 본 이들 대부분이 교차문화적 대화에서 제기되는 이슈에 상당한 주의를 기울여야 한다고 믿는 듯하다. 니버 시대 이후 이 분위기의 변화를 설명하기 위해 많은 요소가 언급될 수 있다. 그중 어떤 것은 더 일반적인 지적 풍토와 관련이 있다. 예컨대 이미 논의한, 사회과학의 발전을 동반한 풍토가 그렇다.

그러나 또한 교차문화적 문제에 관한 논의가 기독교 공동체 내, 특히 신학자 사이에서 유별나게 치열한 양상을 띠는 데는 여러 이유가 있다. 학문적 신학자들은 교회들과의 밀접한 연관으로 인해 알 만한 기구, 공동체, 개인 들의 국제적이고 교차문화적인 네트워크와 연결된다. 바로 이 네트워크가 다른 여러 분과 학문에서는(물론 문화인류학은 그럴 만한 예외로 두고) 경험되지 않는 방식으로 문화적 차이에 대한 관심을 강화한다.

교차문화적 논의는 문화적 맥락과 기독교적 헌신의 관계에 대한 특별한 강조와 더불어 근래에 신학적, 더 넓게는 교회적 의제에서 매우 상위에 올라왔다. 그리고 이 변화는 단지 지나가는 유행이라고 일축할 수 없다. 이 문제들을 다루어 온 더 '진보적인' 진영만큼 신학적 유행을 좀처럼 진지하게 다루지 않는 로마 가톨릭과 복음주의 공동체 내의 더 보수적인 그리스도인 사이에서 강하게 지속되고 있다. 이 이슈들에 대한 관심이 왜 더 보수적인 그리스도인들에게 필수가 되었는지에 관한 적어도 한 가지 아주 좋은 이유가 있다. 로마 가톨릭과 복음주의자들이 선교 활동의 최전선에 서 있다는 점이다. 그들은 사람들을 비그리스도인 집단에게서 복음화하는 일이 주류 개신교인 사이에서 최우선적 활동이기를 멈춘 지 한참이 지나도 그 일을 계속해 왔다. 그 결과, 보수 기독교 그룹은 그들의 개종자들이 그들에게 제기하는 도전들 때문에 그 이슈들과 씨름하지 않을 수 없었다. 개종자들은 신학적 정통에 대한 강한 헌신과 교차문화적 질문들에 깊은 관심을 결합하는 경우가 많다.

교차문화적 문제에 대한 이런 자의식적인 기독교적 논의는 주로 신학자(특히 선교학자)와 교회 지도자들이 직무를 수행하는 환경 속에서 발생해 왔다. 특히 사회철학의 기초 이슈에 관심을 가진 기독교 사상가들은 이 이슈들에 충분한 관심을 기울이지 않았다. 이는 유감스러운 일이며, 여기서 우리의 노력은 이 무관심 양상을 고치기를 도우려는 시도다. 우리는 기독교 철학이 그로 인해 풍성해질 수 있고 그 이상의 설명으로 기여할 수도 있는 현재의 기독교적 교차문화 논의에는 끌어낼 수 있는 많은 것이 있다고 확신한다.

상황성과 해방

문화적 다양성에 주어진 근래의 신학적 관심은 **상황성**(contextuality)과 **해방**(liberation)이라는 현대 기독교 사상의 두 주제와 연관되어 있다. 대중적 논의에서, 때로는 전문적인 논의에서도 이 두 주제는 얽혀 있어 보인다. 그러나 바르게 이해한다면 둘은 분명히 구분될 수 있다. 사실 그것들은 우리가 볼 것처럼 실제로 어떤 경우에는 대립하는 사상 형태를 보여 줄 수 있다.

'상황화'(contextualization)라는 주제는 이와 가까운 동류인 '토착화'(indigenization)와 마찬가지로 기독교 메시지가 다양한 문화적 상황에서 받아들여지고 전유되며 해석되는 방식에 공감적 주의를 기울이려는 이들에 의해 강조되었다. 이 상황화 지지자들은, 비서양 또는 비북대서양의 문화적 상황에 접근하는 데서, 복음 제시가 대체로 '서양의 직선적 사유'나 '계몽주의적 이성주의'나 '과학 기술'의 사유 형태로 구성되는 방식에 대해 정직하고도 비판적인 검토를 촉구한다. 그런 보다 세밀한 검토를 간청하는 이들은 세계관의 다원성에 호의적이며, 부수적으로는 철학적 체계와 신학적 체계의 다원성에도 호의적이다.

반면, '상황화'보다 '해방'을 더 강조하는 그리스도인들은 다원주의의 중요성을 반드시 강조하지는 않는다. 이를테면 그들은 흔히 제3세계 문화 유형들에 대해 종종 매우 비판적일 것이다. 비록 그들 역시 서양 문화적 삶의 지배적 유형을 다른 상황들 속으로 들여오는 것에 대한 상황화론자들의 두려움을 공유할 수 있더라도 말이다.

우리가 여기서 가리키는 상이한 강조점은 메리놀회 선교학자 조앤 챗필드(Joan Chatfield) 수녀가 공개적으로 성차별주의(sexism)의 철폐를 긴급히 요청한 논의 가운데 드러난다. 그 성차별주의는 복음 전도 프로그램을 수행하는 이들의 공동체와 그들의 노력이 목표로 하는 가부장적 문화에 모두 영향을 준다고 했다.[7] 챗필드의 논문에 대한 논평자 중 하나로 그녀 자신도 제3세계 경험이 풍부한 선교 인류학자 마거릿 크래프트(Marguerite Kraft)가 주장하길, 기독교 선교사들이 훨씬 건강한 젠더 관계

---

7   Joan Chatfield, "Women and Men: Colleagues in Mission", *Gospel in Context* 2, no. 2 (April 1970): pp. 4-14.

에 대해 배워야 할 것이 많지만 성차별주의 이슈는

> 서양 문화의 투쟁으로, 그 외의 세계에 덮어씌워서는 안 된다. 그 문화와 대다수 문화에 의해 각 사람에게 주어진 지위와 역할에는 성별을 따라 명확히 규정된 노동 구분이 있다. 나는 이것을 성차별주의라고 보지 않는다. 먼저 다른 사람의 관점에서 이해하려고 노력하지 않고 자신의 의제를 모두에게 강요하려고 애쓰는 이처럼 맹목적인 사람은 없다.[8]

여기서 우리는 특정 문화 현상을 평가할 때 어떻게 상황화와 해방이 긴장 관계에 놓일 수 있는지에 대한 분명한 예를 볼 수 있다. 선교학적 성찰과 결정에서, 해방과 상황화 고려 중 어느 것에 우선순위를 부여해야 할지 결정해야 하는 상황들이 벌어진다.

우리가 여기서 가리키는 긴장은 맥스 스택하우스가 구별해 훨씬 선명하게 드러내 보여 준 것과 동일한 긴장이다. 즉 "새로운 형태의 다신론"이 될 위험이 있는 "한창 통용되는 영성의 새로운 연성 '다원주의적' 상황성"과 쉽사리 "좌파의 새로운 근본주의"로 작동할 수 있는 "대다수 해방 사상의 강성 상황주의" 사이의 긴장이다.[9] 분명히 챗필드나 크래프트 중 누구도 언급된 스택하우스의 유형론에 깔끔하게 맞아떨어지지 않는다. 둘 다 그들의 입장을 더 상세히 구성한 뉘앙스를 들여와야 한다고 주장할 것이다. 그럼에도 그들의 주장이 보여 주는 상이한 성향은 매우 다른

---

8   Marguerite G. Kraft, response to Chatfield, 같은 책, p. 20.
9   Max L. Stackhouse, "Contextualization and Theological Education", *Theological Education* 23, no. 1 (Autumn 1986): p. 79.

사고 유형을, 문화적 다원성에 대한 신학적이고 철학적인 설명에 관한 매우 중요한 질문을 제기하는 고려를 가리킨다. 어떤 관점에서, 그리고 어떤 규범에 비추어 기독교 신앙의 '상황화된' 이해를 비판하는 일이 허용될 수 있는가?

상대화 경향

말할 필요도 없이, 여전히 기독교적이라고 불릴 자격이 있는 신학적 상황화에서 '무엇이든 괜찮다'식 접근은 상상하기 어렵다. 스택하우스가 우려하는 종류의 '다신론'을 주장할 기독교 사상가는 많지 않다. 예를 들어, 마거릿 크래프트가 제3세계 가부장제에 관한 조앤 챗필드의 비판에 응답할 때, 옳고 그름이 문화적으로 상대적이기 때문에 성차별주의가 북나이지리아 같은 문화에서는 용인되어야 한다고 주장한 게 아니다. 오히려 크래프트는 일견 나이지리아식 성차별주의의 표현처럼 **보일** 수 있는 것이, 더 큰 문화적 맥락을 고려했을 경우 실제로는 그렇지 않거나 적어도 아주 노골적으로 그렇지는 않은 것일 수 있다고 주장한다. 크래프트의 주장은 단순히 남이야 어떻게 살건 내버려 두라는 식의 상대주의가 아니다. 오히려 그녀는 "먼저 다른 사람의 관점에서 이해하려고 노력해 볼 것"에 주의를 환기하고 있다.

그러나 적어도 주장을 체계화하는 방식의 어떤 부분에서 상대주의적 관점에 꽤 많이 양보하려는 기독교 저술가들이 있다. 우리는 이미 1장에서 "이해관계, 권력, 신념의 진정한 다원주의"에 관한 톰 드라이버의 지지와 그의 주장을 뒷받침하는 다양하게 상황화된 신학의 명백한 목록을 살펴보았다.

상대주의 경향의 또 다른 예는 아시아 신학자 C. S. 송(Song)이 제기한 관점이다. 그는 신학을 하는 데서 문화적 상황의 중요성을 이런 점에서 설명한다.

문화적이고 역사적인 영향에서 면제된 신학 같은 것은 없다. 신학은 문화적으로나 역사적으로 중립적이지 않다. 중립적 신학이란 사실 고향 없는 신학이다. 그것은 그 어디에도 속하지 않는다.[10]

송은 나아가 어떤 식이든 특정 문화의 신학으로부터 추출하던지 '종합' 해 낸 에큐메니컬 신학을 추구하는 것은 잘못이라고 주장한다. 오직 바른 에큐메니컬 신학은 "'특정' 신학들 안에 들어 있는" 것이라고 말한다.[11]

송의 말은 이보다 좀 더 나간다. 그는 또 다른 언급에서 만일 자기의 전체적인 의도를 이해하려 한다면, 어쩌면 이 문장들에 너무 큰 무게를 두지 말아야 할지도 모른다고 했다. 그럼에도 액면 그대로 받아들이면 이 주장들은 강한 상대주의적 함의를 지니고 있는 듯하다. 각 신학은 고유한 문화적 '고향'에 묶여 있다. 제대로 길들여진 신학을 비판하는 것은 그것이 무엇이건 어떤 '고향' 밖에 서 있겠다는 시도인데, 송에 의하면 불가능한 일이다. 그렇다면 그런 비판적 전망의 시도는 길들여진 규범들을 하나의 고향으로부터 다른 곳으로 몰래 들여오는 것이다. 이 모두는 교

---

10   C. S. Song, "Open Frontiers of Theology in Asia", *Higher Education and Research in the Netherlands* 26, nos. 3/4 (Summer/Autumn 1982): pp. 52-53.
11   같은 책, p. 54.

차문화적 평가가 단순히 불가능함을 암시하는 것처럼 보인다.

포착하기 어려운 '맥락'

'문화적 맥락'(cultural context) 개념은 상당히 파악하기 힘든 개념이다. 맥스 스택하우스의 지적처럼 신학적인 글들은 "맥락을 볼 때 어떻게 그 맥락을 아는가"라는 질문을 거의 하지 않는다.[12] 이것은 분명히 신학 논의에만 국한된 우려가 아니다. '맥락'이라는 생각을 명료하게 만드는 문제는 사회과학자들에게도 전혀 덜한 도전이 아니다. 바바라 프랭클(Barbara Frankel)은 이 주제에 대해 이렇게 평한다.

> 맥락에 대해 이야기한다는 것은 매우 어려운 일이다. 그것이 파악하기 어려운 개념인 것은 결국 선험적으로 맥락이 어디서 시작되어 어디서 끝나는지 말할 수 없기 때문이다. 인간은 마치 양자 관계(dyad)로부터 세계-체제(world-system)에 이르고, 백만 분의 1초로부터 천년기로 펼쳐지며, 범위가 끝없이 확장되는 맥락들로 구성된 사회적 우주라는, 말하자면 일군의 차이니즈 박스(Chinese boxes) 속에서 살아가는 것과 같다. 무한한 수의 한정된 상황적 단위들은 시공간 연속체의 양극 사이에서 혹시라도 정의될 수 있을지 모른다고 추정될 따름이다. 그렇다면 모든 맥락적 접근에 내포된 한 가지 문제는 우리가 어떤 종류의 맥락을 과학적 목적으로 바라보고 있는지를 명시하는 것이며, 그리하여 담론의 우주가 동료들의 비판적 평

---

12 Stackhouse, "Contextualization and Theological Education", p. 79.

가에 의해 분석될 수 있는 방식으로 규정되도록 만드는 것이다.[13]

하리 카이터르트(Harry Kuitert)는 신학적 상황화와 관련해 비슷한 주장을 했다. 카이터르트는 우리가 어떻게 결정해야 하는지 묻는다.

맥락이 어디서 시작해 어디서 끝나는가, 그것이 얼마나 좁은가 아니면 얼마나 넓은가, 간단히 말해서, 무엇이 맥락적 경험을 제공하는 맥락의 역할을 하게 만드는가? 피부색이 기준인가? 또는 성별인가? 아니면 공유된 집단적 규범과 가치인가? 혹은 인종적 유사성인가? 지역에 대해서 생각해야 하는가? 그러나 이 경우 지역은 어디서 시작해서 어디서 끝나는가? 그리고 이 지역에 거주하는 모든 사람이 지역의 일부인가? 그래서 모든 경험이 고려되는가 아니면 그중 어떤 사람들의 경험만 고려되는가? 이런 질문에 답이 주어지기까지 맥락 개념은, 따라서 맥락적 경험 개념은 공허할 뿐이며, 맥락적 경험이란 단순히 같은 생각을 가진 사람 집단의 경험을 뜻할 가능성이 농후하다.[14]

카이터르트는 여기서 어느 정도 상당히 중요한 질문을 제기하고 있다. 그러나 그의 비판적 탐색을 바르게 사용하려면 주의해야 한다. 한 가지 구체적인 예에 관해 그의 질문이 이끄는 대로 따라가 보자. 한 '여성주의'

---

13 Barbara Frankel, "Two Extremes on the Social Science Continuum", in *Metatheory in Social Science*, ed. Fisk and Shweder, p. 360.
14 Harry M. Kuitert, *Everything is Politics but Politics is not Everything: A Theological Perspective on Faith and Politics* (Grand Rapids, Mich.: Wm. B. Eerdmans Publ. Co., 1986), p. 70. 『모든 것이 정치이나 정치가 모든 것은 아니다』(나침반).

(womanist) 전망과 관련한 페미니스트 신학, 즉 남성과 여성이 영적 실재를 경험하는 방식에 분명한 차이가 있다고 주장을 하는 종류의 신학을 살펴보자.[15] 이 전망에서 제기될 수 있는 구체적 주장 하나를 가져와 보자. 바로 초월적인 가부장적 신이라는 생각은 진정한 여성적 영성에 맞지 않는다는 주장이다.

신학 훈련을 받은 한 여성이 이 주장에 반대하여 자신은 독특한 여성적 관점을 가지고 있으며 더 나아가 자신이 초월적인 가부장적 언어로 그 본성을 이해하고 있는 신을 예배하는 데 영적으로 아주 만족한다고 주장했다고 가정해 보자. 나아가 그녀의 여성주의자 동료들은 그녀가 신학을 하면서 '남성적 견해를 내재화했다'는 주장으로 응수했다고 해 보자. 이런 종류의 반응은 독특한 여성적 감수성을 기초로 신학을 구성하기 위해 요구되는 자격이 처음 보았을 때처럼 그리 단순하지 않음을 아주 분명히 해 줄 것이다. 예를 들어, 여성이라는 것과 신학 훈련을 받은 그리스도인이라는 것으로는 충분하지 않다. 이런 면모들은 기꺼이 특정한 영적 감수성을 '진짜로 여성적인 것'으로 지목하는 것 같은 모종의 부가적 기준과 결합되어야 한다.

비슷한 예들이 이를테면 흑인신학이나 카리브해 신학과 관련해서도 언급될 수 있다. (분명히 기독교 신학 훈련과 합쳐졌을 때) 인종이나 출생지는 신학적 상황화를 하는 이들의 구체화된 공동체의 구성원이 되는 데 충분하지 않다. 젠더나 인종이나 지역의 꼬리표가 정해 주는 성격은 암암

---

15 여성주의적인 신학적 성찰의 표본은, 머드 플라워 공동체(Mud Flower Collective)의 *God's Fierce Whimsy: Christian Feminism and Theological Education* (New York: The Pilgrim Press, 1985)을 보라.

리에 다른 특징들에 부합하는 것으로 이해된다. 여성주의 신학자이기 위해서는 단지 신학에 관심을 가진 기독교 여성이기만 하면 되는 것이 아니다. 자신의 젠더와 연관된 특정한 억압의 경험도 의식해야 하고, 그 경험들을 유의미하게 관련 있는 방식으로 자신의 신학 형성에 연결할 기준도 가지고 있어야 한다.

반복하건대, 이런 비판적 탐구를 조심히 다루는 것이 중요하다. 예를 들어, 여기서 제시한 논평은 상황화가 신학적 이해를 위해 중요하지 않은 것으로 일축하려는 시도로 간주되기 쉽다. 그러나 이것은 우리의 의도가 아니다. 질문은 여성과 북미 흑인과 제3세계 사람이 받는 억압이 신학적 성찰과 관련이 **있는지 없는지**가 아니다. 그런 문제들은 실제로 관련이 있으며, 대개 확실히 그렇다. 질문은 중요한 관련성이 **어떻게** 구성되는가다. 그리고 카이터르트가 본 것처럼 연관은 간단한 것이 아니다. 오히려 연관은 "남성과 여성, 백인과 흑인, 부유한 자와 가난한 자 등에 관한 규범적 개념에 기초해 있다. 이런 규범적 개념들이 없다면 정의나 소외나 지배의 경험도 없을 것이다."[16]

그렇다면 상황화된 신학에 나타나는 '맥락들'은 스스로의 의미를 만들어 내는 것이 아니다. 젠더, 인종, 지역은 신학적 이슈들의 이해를 구성하는 방식에 중요한 것으로 채택할 합당한 이유가 있을 때, 특정한 의미의 **규범들**을 만족시킬 때만 신학적 성찰의 중요한 요소가 된다. 기독교 공동체의 숙고에서 아주 오랫동안 '주변화되었던' 많은 이가 언급한 경험들이 우리의 주의를 정당하게 요구할 수 있는 것은 바로 그것들이 이 규

---

16 Kuitert, *Everything is Politics*, p. 72.

범을 만족시키기 때문이다. 바로 그런 규범의 존재야말로 정확히 그 증언들을, 계속해서 주변화하는 일을 공고하게 만들 일종의 상대주의적 분위기―스택하우스가 올바르게 염려했던 '다신론'―로부터 구해 준다.

객관주의와 상황화

기독교 해방주의 사상가들은 거의 문화 상대주의 성향을 보이지 않는다. 오히려 그들의 관점은 흔히 특정한 문화에 젖은 전망에 비판을 제시할 수 있는 객관주의 유형의 아르키메데스 점을 전제하고 있는 것으로 보인다.

예를 들어, 브라질의 해방신학자 루벰 알베스(Rubem Alves)는 1979년 세계교회협의회(World Council of Churches)의 신앙, 과학, 미래에 관한 회의에서 행한 연설에서 객관주의 성향을 보여 준다. 알베스는 과학의 본질에 관한 한 영국 과학자의 설명에 이런 재기 넘치는 비유로 응답했다.

옛날 옛적에 객관적 지식을 사랑한 양 한 마리가 늑대들에 대한 진실을 찾아내기로 결심했다. 그는 늑대에 대한 나쁜 이야기를 너무 많이 들었다. 그것들은 사실일까? 그는 이 문제에 관해 직접 보고서를 작성하기로 했다. 그래서 그는 철학자 늑대에게 '늑대란 무엇인가?'라는 단순하고도 직설적인 질문을 담은 편지를 썼다. 철학자 늑대는 모양, 크기, 색깔, 사회적 습관, 생각 등 늑대가 무엇인지를 설명하는 답장을 써 보냈다. 그러나 그는 늑대의 식습관에 대해 말하는 것은 부적절하다고 생각했다. 그의 철학에 따르면 늑대의 식습관은 늑대의 **본질**에 속하지 않기 때문이다. 이런, 양은 편지를 보고 너무 기쁜 나머지 새 친구 늑대를 방문하기로 했다. 그리고 그

때 비로소 늑대가 통째로 구운 양을 아주 좋아한다는 것을 알게 되었다.[17]

알베스는 이 비유를 서양 과학이 자체의 식습관을 감추기 좋아한다는 자신의 주장을 예시하기 위해 썼다. 알베스는 서양 과학은 이처럼 "원시적이라고 여겨지는 다른 이들의 신앙을 미신적인 것으로" 치부하며, "모든 비서양적·비과학적 문화"를 자기 속으로 "끝내 동화"시키는 것을 목적으로 삼는 "과학 문명"의 목표에 종사한다고 주장한다.[18]

그렇다면 그의 비유 속 양은 비서양적 문화에 잠겨 있는 제3세계 사람들이며, 늑대는 서양 계몽주의 문화의 대표자들이다. 그러나 알베스가 그 지방에서 자란 제3세계 유형들에 대한 백지 위임장(carte blanche)식 지지를 의미한 것은 아니다. 그는 곧 양-늑대 구분을 그런 문화적 설정 **내에서** 벌어지는 유형들에도 적용하고 있기 때문이다.

만일 독재 정권에 스스로를 묘사하라고 주문하면 놀라운 대답이 돌아올 것이다. 그 이상 자비로울 수 없고, 그 이상 민주적일 수 없으며, 그 이상 국민 복지에 헌신될 수 없다는 것이다. 그러나 정치범 감옥에 가서 같은 질문을 한다면 대답은 완전히 다를 것이다.[19]

여기서 알베스가 언급하고 있는 종류의 독재 정권은 대개 서양적인

---

17 Rubem Alves, "On the Eating Habits of Science: A Response", in *Faith and Science in an Unjust World Council of Churches' Conference on Faith, Science and the Future*, ed. Roger L. Shinn, vol. 1 (Philadelphia: Fortress Press, 1980), p. 41.
18 같은 책, p. 42.
19 같은 책, p. 43.

집합적 기술과 연관된 권력을 편드는 것이 유익하고 심지어 필수적이라고 본다. 그러나 제3세계 독재는 아주 토착적일 수 있다. 이를테면 파파 독(Papa Doc)이나 페르디난드 마르코스(Ferdinand Marcos)의 정권에는 뭔가 분명히 '맥락적인' 것이 있다.

알베스는 분명히 토착적 제3세계 전망을 비판적으로 평가할 수 있는 관점을 찾아내는 데 어려움을 느끼지 않는다. 서양으로부터 온 '문명화' 영향과 다양한 비서양적인 독재적 실천 모두 이 영향력과 실천에 의해 억압당하는 이들의 전망에서 거부되어야 한다. 이 전망은 알베스가 축하하려고 한 인식론적으로 특권화된 '맥락'으로, 어떤 특정 지역이나 인종의 문화와도 밀접하게 연결되어 있지 않은 것이다. 문제가 된 맥락은 해방 사상의 범주들에 따라 해석된 특정 종류의 고통 경험이다.

그러나 이에 비추어 이슈들을 보면, 알베스와 그의 '문명화시키는' 적들의 차이는 처음에 얼핏 보았을 때만큼 깊지 않다. 니콜라스 월터스토프(Nicholas Wolterstorff)의 지적처럼, 해방신학 지지자들이 옹호하는 '해방'은 "자기 결정, 자율성, 성숙"으로 이해된 자유, 즉 인간으로서 자신의 운명을 만들어 갈 자유다.[20] 이것이 서양 기술과 제3세계 독재가 모두 억압적으로 보일 수 있는 이유다. 둘 다 '해방'에 대한 특정 이해에 적대적이라고 여겨지는 힘을 대표한다.

규범과 맥락의 관계에 대한 해방주의자의 이해는 확실히 객관주의적 성격을 가진 것으로 보인다. 그들은 자기들이 역사적으로 형성된 맥락의 평가로 가져온 규범들을 가지고 움직인다. 만족할 만한 문화적 맥락이란

---

20 Nicholas Wolterstorff, *Until Justice and Peace Embrace* (Grand Rapids, Mich.: Wm. B. Eerdmans, Publ. Co., 1983), p. 52. 『정의와 평화가 입맞출 때까지』(IVP).

일종의 인간 성숙을 증진하는 것이다.

월터스토프가 올바르게 본 대로, 해방 사상가들이 인간 번영에 대한 설명과 연관 짓는 모든 '해방적' 충동이 기독교 관점에서 전적으로 신뢰되어야 할 것은 아니다.[21] 그중 몇몇은 죄악된 충동이며, 성숙을 위한 추구 속에서 작동하는 진짜 해방적 힘을 가짜 해방적 힘으로부터 분별할 수 있는 방법에 대해 훨씬 더 궁극적인 규범의 빛 속에서 성찰하는 일이 필요하다.

기독교 해방주의자들이 인간 번영에 대한 계몽주의적 설명에 대한 이런 종류의 비판적 검토에 열려 있을 때, 그들의 전망은 우리가 제안하는 종류의 뉘앙스를 가진 대화론적 객관주의에 근접한다. 그러나 해방주의자들이 '해방'에 대한 그들의 호소를 도전과 검토에 개방하기를 꺼린다면, 그들의 입장은 스택하우스가 적절하게 "좌파의 근본주의"라고 칭한 상당히 솔직한 객관주의로 분류되어야 마땅하다.

맥락과 연합적 실천들

이제 이번 장에서 논의하며 지금까지 당연시했던 어떤 것을 비판적으로 살펴보는 일이 필요하다. 우리는 앞서 방향적 다원성에 관한 메타전망을 분류하기 위해 사용한 '객관주의'와 '상대주의' 같은 용어들이 맥락적 다원성에도 비슷한 방식으로 적용될 수 있으리라고 가정했다. 이 가정은 방향과 맥락의 관계에 대한 중요한 질문을 제기한다. 문화적 맥락 개념

---

21 같은 곳.

은 방향적 비전 개념과 어떤 의미에서 구별되는가? 더 나아가, 연합적 다양성은 맥락적 다양성을 바르게 이해하는 데 어떤 역할을 하는가?

문화적 맥락 개념이 이번 장에 앞서 논의해 온 현상들에 어떤 실질적인 것을 더해 주는지 아닌지를 묻는 것은 정당하다. 누가 문화적 맥락의 다원성을 이야기할 때, 그는 사실 방향적 전망의 다원성에 의해 특징지어진 상황을 염두에 두었을 수 있다. 그러니까, 아잔데 주술과 서양의 기술적 접근의 차이가 정말로 세계관의 차이로 생각될 수 있다. 원시 종교의 방향적 전망과 계몽주의 사상의 방향적 전망의 차이라는 것이다. 이것이 우리가 문화적 맥락의 충돌을 이해하는 방식이라면, 교차문화 연구는 성격상 근본적으로 방향적인 질문을 검토할 매우 날카로운 수단을 제공한다.

이 분석의 한 대안은 문화적 맥락의 기본 차이가 사실 성격상 연합적인 것이라는 주장일 것이다. 이것이 매킨타이어가 윈치의 견해를 논하며 던진 몇 가지 논평을 해석할 한 가지 방법이다. 매킨타이어가 보기에, 자신의 것이 아닌 다른 문화를 연구하는 데서 일어나는 중요한 이슈들은, 설명하려고 애쓰는 활동을 분류하기 위해 채용한 장르가 무엇인가에 관한 질문인 경우가 아주 많다. 우리가 아잔데 마술을 조사하고 있다고 가정해 보자. 만일 우리가 아잔데족이 하고 있는 것이 '응용과학'인지 '연극 활동'인지 '신학'인지 묻는다면 잘못된 출발을 하는 것일 수 있다. "문제의 언술과 실천이 이를테면 우리가 염두에 둔 이 모든 장르에 속하기도 하고 어떤 장르에도 속하지 않을 수 있기 때문이다."[22]

---

22 Alasdair MacIntyre, "Rationality and the Explanation of Action", in his *Against the Self-Images of the Age: Essays on Ideology and Philosophy* (Notre Dame, Ind.:

매킨타이어는 때로 방향적 차이라고 여겨진 것이 사실 활동상의 차이라고 본다. 아잔데 마술을 나쁜 과학으로 분류하는 것은 단지 부당한 일에서 그치지 않을 수 있다. 아잔데족이 마술 행위를 할 때, 그들은 우리가 과학적-기술적 사업에 관여할 때 하는 것과는 **다른 뭔가를 하는 것**이기 때문이다. 그리고 이 차이를 바라보는 한 가지 방법은 연합적인 면에서 보는 것이다.

아잔데 마술은 결국 정확히 기술이나 드라마나 종교적-의례적 실천으로 규정될 수 없는 것으로 판명될 수 있다. 그것은 전혀 다른 행위이기 때문이다. 이렇듯 그들의 마술적 행위를 평가하는 데서 우리가 봉착하는 문제는 아잔데 부족이 팀 스포츠의 내용에 익숙하지 않은 상태에서 북미 미식축구를 볼 때 느끼는 문제와 같을 것이다. 아니면 그것은 아잔데족이 익숙한 연합적 기능들을 우리에게 익숙하지 않은 방식으로 합쳐 놓은 것일 수 있다. 우리에게는 별개인 실천들을 그들 특유의 독특한 유형으로 합쳐 놓은 연합적 상호작용 양식을 만들어 내면서 말이다. 이것은 결과적으로 부족 개념 자체가 서양 문화의 많은 이에게 되어 온 것과 같다. 부족 체제는 가족, 교회, 경제, 군대 등의 익숙한 연합적 기능을 그 결과로 생긴 실체를 분류하기 어렵게 보이는 그런 방식으로 합쳐 놓은 것이다. 만일 다양한 문화적 맥락의 전망이 사실 각기 다른 연합적 유형인 것으로 귀결된다면, 교차문화 연구는 기본적으로 단순히 연합적 다양성을 탐구하는 또 다른 방법인 것으로 밝혀질 수 있다.

University of Notre Dame Press, 1978), pp. 252-253.

문화적 잔재

이것들은 맥락적 차이를 해석하는 흥미로운 방법이다. 그러나 최종 분석에서 우리 중 많은 이가 문화적 다원성을 방향적 또는 연합적 다양성의 변형 이상은 아닌 것으로, 혹은 이 둘이 결합한 것의 변종으로 취급하기를 주저할 것이다.

모든 문화적 잔재 개념을 그런 식으로 제거하려고 노력하는 것은, 각기 다른 문화 집단이 사실 방향적 비전과 연합적 실천을 그들 고유 권한에 따라 진지하게 여겨져야 하는 독특한 **형태**로 합쳐 놓는 방식을 잘못 파악하는 것이다. 이미 언급한 사례인 부족을 가져와 보자. 어떤 의미에서 우리는 친숙한 연합적 용어로 특별한 부족 환경에서 '일어나고 있는' 일을 설명할 수 있다. 부족은 친족 네트워크, 아주 크게 확대된 가족이다. 부족은 농사, 사고팔기, 무력 충돌, 공동 예배 등 서양인들이 (보통은) 비친족적 기반의 환경에서 수행하는 연합적 활동을 그들의 삶 속으로 통합한 것이다. 더 나아가, 특정 부족이 **어떻게** 이런 활동을 이해하고 거기에 형태를 부여하는지는 방향적 요소들, 즉 그들이 자연의 순환에 부여하는 의미, 이웃 부족들로부터 자신들을 구별하는 요소에 관한 믿음, 어떻게 인간 번영이 더 큰 우주적 과정에 조화되는지에 대한 그들의 설명 등에 좌우될 것이다. 그러나 문화의 차원은 단순히 이 연합적 요소들과 방향적 요소들을 종합함으로써 도달되지 않는다. 부족의 '문화'는 이 다른 요소들을 **유형화**하는 방식이다.

원시적인 실천과 전망을 '설명'하려는 서양의 많은 노력이나 여성의 분노를 '설명'하려는 남성의 많은 노력이나 흑인의 상처와 좌절감을 '설명'

하려는 백인의 많은 노력이 피상적임을 설명해 주는 것은 정확하게, 바로 독립 변수인 이 문화적 유형화의 중요성을 인식하는 것의 실패다. 이런 설명들은 흔히 방향적 요소들과 연합적 요소들을 개별적으로는 바로 인지하지만 그것들을 통합시키는 더 큰 형식—게슈탈트—은 완전히 오해한다.

상황성과 하나님의 형상

언젠가 헤르만 바빙크는 하나님의 형상(*imago dei*)의 본질에 관해 흥미로운 제안을 한 적이 있다. 창세기 1:26-27의 형상 언급의 의미에 관한 대부분의 기술적 논의는 인간 개개인이 신적 형상으로 만들어진 것으로 생각될 수 있는 방법에 초점을 맞춰 왔다. 그러나 바빙크는 또한 하나님이 어떤 의미에서 형상의 '집단적' 소유가 있을 수 있다고 추측한다. 그것을 통해 하나님과의 닮음(likeness)을 전체 인류에게 나누어 주시는 것이다. 이런 의미에서는 인류를 집합체로 바라보아야 인간이 하나님의 형상을 지닌다는 것이 대체 무엇일지에 관한 온전한 그림을 얻는다. 바빙크는 또한 다양한 문화 집단이 마치 하나님의 형상과 연관된 성격들의 개발 및 표현과 관련한 다양한 '과제'를 부여받은 것으로 생각할 수 있다고 제안했다. 그렇다면 바빙크가 생각하기에, 창조 때 하나님의 형상을 나누어 주시는 일은 문화적 다원성의 중요성에 대한 일종의 바벨탑 사건 이전의 확증이다. 우리가 굉장히 화려하게 빛나는 하나님의 형상을 온전히 보는 것은, 오직 새 예루살렘에서 많은 족속과 언어와 나라가 "영광과 존귀"(계 21:26) 가운데 펼쳐지며, 지구상의 만민이 종말론적으로 모이는

것 속에서다.[23]

바빙크의 제안은 창세기 1장에 나오는 형상 언급이 실제로 의도한 것에 대한 설명으로 좁혀 생각해 보면 잘못일 수도 있다. 그러나 넓은 의도에서는 분명 그럴듯하다. 물론 여기에는 인종 집단의 '분리 발전'을 정통신학의 자랑거리로 보는 종류의 인종차별주의 이데올로기의 강화라는 진짜 위험이 존재한다. 던바 무디(T. Dunbar Moodie)는 아프리카너 이데올로기 발전에 관한 연구에서 아파르트헤이트 사상의 '신피히테주의적' 설계자 중 하나인 닉 디데릭스(Nic Diederichs)는 창조주가 "지독한 통일성"을 싫어하시며 그것이 세계가 문화 집단의 다원성을 포함하는 이유라고 주장하기 좋아했다고 밝혔다.[24] 그런 주장에 의해 지지되어 온 끔찍한 체계들을 상기시킬 어떤 것도 거론할 필요는 없다. 그러나 어떤 방식으로건 축소하지 않아야 할 그 공포들은 흔히 중요한 진리를 담은 논증을 왜곡하게 활용함으로써 정당화되어 왔다. 하나님이 권태를 피하시기 위해 행하셨다는 일에 대한 디데릭스의 주장이 바로 그런 경우다. 하나님이 말 그대로 "지독한 통일성"을 싫어하신다는 그의 주장은 바빙크뿐만 아니라 오늘날 상황화된 신학의 다양함을 옹호하는 제3세계의 수많은 사람도 동의할 것이다.

---

23 Herman Bavinck, *Gereformeerde Dogmatiek*, vol. 2, pp. 621-622. 관련 구절은 Anthony Hoekema, *Created in God's Image* (Grand Rapids: Wm. B. Eerdmans, 1986), pp. 100-101에 번역되어 있다. 『개혁주의 인간론』(부흥과개혁사).

24 T. Dunbar Moodie, *The Rise of Afrikanerdom: Power, Apartheid, and the Afrikaner Civil Religion* (Berkeley, Calif.: University of California Press, 1975), pp. 156-159.

맥락과 대화

바빙크의 제안은 적어도 철저한 상대주의를 포용하는 유혹에 빠지지 않고 문화 다원주의에 대해 깊이 있는 기독교적 인식을 가질 수 있는 방법을 예시해 준다. 마커스와 피셔는 "보석상의 세계관"—그들은 인류학 연구가 이 전망을 얻도록 돕는다고 본다—없이 문화의 다양성을 이해할 수 없다고 주장해 왔다.[25] 그리스도인들에게는 하나님만이 실제로 그런 관점을 가지고 계시며, 그러한 전망을 추구하는 인간적 노력의 적절성은 우리가 하나님의 '보석상 관점'에 **근접할** 수 있는 정도에 의해 평가될 것이다. 그리고 이 노력은 대화를 수단 삼아 가장 잘 추구될 수 있다.

우리가 염두에 둔 접근은 알란 부삭(Allan Boesak)이 북미 흑인신학자들의 글을 비판하며 개진한 견해에 잘 예시되어 있다. 부삭은 제임스 콘(James Cone)이, 특히 그의 초기 작품 몇 편에서 주장하는 방식에 주목한다. 바로 신학은 "흑인 상황에 비추어" 이루어져야 한다는 주장이다. 부삭은 콘의 기획에 크게 공감하면서도 콘이 주장을 구성하는 방식에는 우려를 표한다.

흑인 상황은 그 안에서 성찰과 행동이 일어나야 하는 상황이다. 그러나 성찰을 조명하고 행동을 인도하는 것은 하나님의 말씀이다. 우리는 콘이 흑인의 경험과 흑인의 상황에 마치 그 실재가 **그 자체로** 성경과 맞먹는 계시적 가치를 가진 것처럼 너무 많은 신학적 의의를 부여하는 것을 우려한다.

---

25   Marcus and Fischer, *Anthropology as Cultural Critique*, p. 15.

우리가 보기에, 하나님은 상황 **속에서** 자신을 계시하신다. 흑인의 경험은 흑인이 그 속에서 예수 그리스도 안에 있는 하나님의 계시를 이해하는 틀을 제공한다. 그 이상도 그 이하도 아니다.[26]

이 마지막 평은 힘이 있다. 부삭은 흑인의 경험 자체는 신적 계시가 아니라고 주장한다. 오히려 그것은 그 속에서 흑인들이 계시를 받는 상황 이상이 아니다. 하지만 그것은 하나님이 계시적으로 말씀하신 상황보다 **덜한** 것도 아니다. 이는 흑인의 역사적 경험은 성경의 계시와 동등하지는 않지만, 적어도 그 **역시** 계시적 위상이 부정되어야 하는 **백인**의 역사적 경험과는 동등함을 의미한다.

이 관점에서는 문화적 특수성이 그 속에서 그리스도인들이 복음을 받아들이고 신학 형태를 부여하는 '상황'이다. 그 어떤 상황도 특권적인 문화적 맥락 자체를 구성하지 않는다. 신학적 진리의 시험은 그 주장이 특정 맥락 속의 한 문화 집단에 의해 지지되는지 아닌지가 아니라, 그 주장이 성경에 대해 책임 있는 자세로 일어나는 대화의 빛 속에서 지지될 수 있는지 아닌지다. 하나님의 계시만이 신학적 주장을 시험하기 위한 규범적 참조점이라는 특권적 위상을 가진다. 신학적 문제들뿐만 아니라 무엇이 인간을 번영하게 하는지에 관해 문화적으로 형성된 모든 비전도 그렇다.

---

26 Allan A. Boesak, *Farewell to Innocence: A Socio-Ethical Study on Black Theology and Power* (Maryknoll, N.Y.: Orbis Books, 1977), p. 12. 『우리는 더 이상 순진하지 않다』 (한국신학연구소).

메타규범으로서의 상황화

맥락적 다원주의는 독특한 종(*sui generis*)이다. 단순히 방향적 다원주의나 연합적 다원주의의 변종이 아니다. 단지 기독교 관점에서 격려해 줄 허용 가능한 종류의 다원주의도 아니다. 맥락적 다양성은 우리의 창조 상태의 중요하고도 긍정적인 특징이다.

실제로 상황화는 인간사 이해에서 규범적 위상을 갖는다. 더 정확하게는, 맥락적 특징에 주의를 기울여야 할 필요성은 하나의 메타규범이다. 법정 절차에서 판사가 판결을 요청받은 상황의 특수한 점들에 주의를 기울이지 않는다면 판사의 판결은 공정한 판결이 되지 못할 것이다. 마찬가지로 규범들의 더 일반적인 적용 자체도 맥락적 감수성의 메타규범에 따라야 한다.

그러나 이것이 맥락적 다원주의가 궁극적 지평임을 뜻하지는 않는다. 주어진 맥락 속에 뿌리박힌 어떤 전망의 진리와 정당성은 맥락에서 도출되지 않는다. 맥락적 적절성을 묻는 질문은 더 궁극적인 지평에 주의함으로써 결정되어야 한다. 맥락적 다원주의는 연합적 다원주의와 마찬가지로 방향적 인도를 필요로 한다. 다음 마지막 장에서 우리는 이런 인도를 만들어 낼 수 있는 종류의 비전을 더 들여다볼 것이다.

8장

열린 하늘 아래

한 저명한 이스라엘 랍비가 기자에게서 중동의 긴장에 대한 다원주의적 해법의 근거가 되는 성경적 기초를 찾을 가능성에 관한 질문을 받았을 때, 그의 대답은 썩 희망적이지 않았다. "성경의 틀은 관용의 근원이 아니다. 성경은 그것을 위해 찾아갈 곳이 아니다. 사람들은 열심을 위해, 열광을 위해, 극단을 위해 성경으로 간다. 성경의 사람들은 극단주의자다."[1]

이 비관적 평가는 뉘앙스가 너무 결여되어 있긴 하지만, 성경의 종교에 대해 노골적으로 잘못 말한 것은 아니다. 예를 들어, 기독교 관점에서 볼 때, 관용 정신과 종교적 확신의 조화 문제에는 아무런 인위적 요소가 없다. '시민교양의 시련'은 기독교적 삶의 우연적 면모가 아니다. 그것은 기독교의 믿음과 실천의 역학에서 나오는 진정한 분투다.

그러나 이 시련의 본질을 규정하는 방식에서는 조심해야 한다. 세속주의 사상가들은 그리스도인들이 강하게 붙잡는 종교적 믿음을 유지하

---

[1] Rabbi David Hartman, as David K. Shipler, *Arab and Jew: Wounded Spirits in the Promised Land* (New York: Penguin Books, 1987), p. 138에서 재인용.

는 것이 공적 에티켓의 적절한 기준과 어떻게 조화될 수 있는지를 보여줄 증거의 부담이 즉각 그리스도인들 편에 떨어지게 만드는 방식으로 논의를 설정하기 좋아한다. 예를 들어, 연방주의자 논집(Federalist Papers)의 비교적 잘 알려진 글 가운데 하나에서는 "종교에 관한 각기 다른 의견을 위한 열심"에 의해 야기된 분열을 애도한다. 그 구절은 이어서 이런 종류의 당파적 분열이 우리 사회에서 제거될 수는 없지만 그런 열심의 결과를 최소화할 정부 형태를 육성할 수 있어야 한다고 제안하는 데로 나아간다.[2]

물론 소수 사상가만이 시민 영역에서 벌어지는 모든 당파적 충돌을 종교적 열정의 책임으로 돌려 왔다. 그러나 종교적 확신은 자주 시민적 대화에서 기대되는 종류의 조정과 화해에 각별히 저항하는 것으로 여겨진다. 다른 종류의 당파적 옹호들은 훨씬 쉽사리 다양한 이해관계나 욕구에 기초한 것으로 비친다. 말하자면 그것들은 훨씬 쉽게 유순해진다. 그러나 종교는 아주 다루기 어려운 현상이다. 『사회계약론』에 나오는 루소의 주장처럼 "신학적 불관용"은 불가피하게 "시민적 불관용"을 초래한다. "[사람은] 지옥에 떨어진 사람이라 여긴 자들과 평화롭게 살 수 없기 때문이다."[3] 루소는 상호 존중하는 시민들이 공손한 대화를 주고받는 것에 헌신된 넓은 공적 영역-종교적 고려들이 무대에 등장하면 불가피하게 어수선해지고 제한될 수밖에 없는 공간이라고 그가 확신했던 곳-을 가능하게 할 조건을 확립하기 원했다. 이렇듯 근대성의 '문명화' 기획은

---

2   *The Federalist Papers*, selected and edited by Roy P. Fairfield (Garden City, N. Y.: Anchor Books, 1961), pp. 18-19. 『페더럴리스트』(후마니타스).
3   Jean-Jacques Rousseau, *The Social Contract*, trans. Willmoore Kendall (Chicago: Henry Regnery, 1954), p. 160.

자유롭게 흐르는 공적 담론의 여지를 만들어 내며, 종교적 교의는 단지 그 공적 공간을 북적이게 만들어 비좁게 하는 데 기여할 뿐이다.

성경적 자원

그러나 이 상황에 대한 더 설득력 있는 독해가 가능하다. 그것은 종교적 확신이 단순히 시민적 불관용에 크게 기여하는 문제라기보다 오히려 해결의 일부라는 독해다. 이 대안적 분석은 『마음의 습관』과 『좋은 사회』의 지면에서 설득력 있게 제안되었다. 벨라 팀은 현대 사회가 공동체의 특성화된 비전과 하나님께 속해 그분을 믿는 신앙을 유지해 온 집단들―예컨대 교회와 회당에 모이는 집단들―의 감수성에 의존해서만 얻을 수 있는 종류의 통합적 비전을 절실히 필요로 한다고 확신한다.

이와 관련하여 벨라와 동료들이 알래스데어 매킨타이어의 기여를 여러 곳에서 언급하는 것은 놀라운 일이 아니다. 매킨타이어는 『덕의 상실』의 논의를 마치는 잊지 못할 구절에서, "이미 우리 위에 덮인 새로운 암흑시대"에 잇따라 "다가오는 야만과 어둠의 시대"를 이야기한다. 매킨타이어는 만일 희망이 있다면 그것은 오직 "도덕적 삶이 유지될 수 있는 새로운 형태의 공동체 건설"을 통해서만 실현되리라고 주장한다. 그렇기에 그의 희망을 담은 문장은 이렇다. "우리는 고도(Godot)가 아니라 또 하나의―의심할 나위 없이 아주 다른―성 베네딕투스를 기다린다."[4]

그렇지만 이 점에서 매킨타이어와 벨라 그룹의 중요한 차이가 하나 있

---

[4] Alasdair MacIntyre, *After Virtue: A Study in Moral Theory*, 2d ed. (Notre Dame: University of Notre Dame Press, 1984), p. 245. 『덕의 상실』(문예출판사).

다. 벨라와 동료들은 분명히 특수화된 종교적 정체성의 육성이 건강한 공적 공간을 실제로 회복하는 데 크게 기여할 수 있다고 생각한다. 벨라 팀은 "우리 자신의 [북미] 역사 경험은 교회, 회당, 기타 종교적 연합이 진정 새로운 가능성에 열려 있고, 착취와 혼란보다는 양성과 생성이 분명 우선순위를 가진 곳일 수 있음을 시사한다"고 썼다.[5] 그러나 데이비드 홀렌바흐의 지적처럼 "매킨타이어는 적어도 『덕의 상실』에서는 **공적 삶의** 더 큰 비전이 회복될 수 있다는 어떤 희망도 제시하지 않는다."[6] 어둠이 둘러싼 한 가운데서 공통적-도덕적 투명함의 주머니를 형성하라는 매킨타이어의 외침은 분파주의적 비관주의 분위기를 풍기는 것으로 보인다. 『마음의 습관』과 『좋은 사회』의 더 낙관적인 개혁적 어조와는 뚜렷한 대비를 이룬다. 그럼에도 매킨타이어와 벨라 그룹 모두 사회적 결속을 진짜 위협하는 것은 종교에 기초를 둔 인간 공동체의 비전이 아니라 계몽주의 '시민교양'이라는 확신을 공유한다. 그들이 의견이 불일치하는 곳은 필수 교정 방안을 실행하는 것이 너무 늦었는지 아닌지에 관한 질문이다. 어떤 의미에서는 물론 시간만이 이 전망 중 어느 것이 더 정확한 전망인지 말해 줄 것이다. 그러나 특수화된 공동체들이 그 기획을 추진하기 위해 가져올 자원을 가지고 있는지 아닌지가 질문이라면, 벨라 팀이 더 희망적인 접근에서 정당화되는 것처럼 보인다.

벨라와 동료 저자들은 현대의 삶에 편만한 개인주의에 대한 해독제를 찾는 일에서 그리스도인들이 사회적 연대의 기초를 다룰 때 채용해 온 다양한 주제를 지적한다. 일군의 이미지는 친족 모티브에 기초를 두고 있

---

5   Bellah, *The Good Society*, p. 281.
6   Hollenbach, "The Common Good Revisited", p. 78.

다. 예컨대 '하나님의 자녀'와 '그리스도 안에서의 형제자매'가 있다. 그러나 그들은 성경의 종교가 "실제의 친족 의무를 넘어서, 심지어 그에 우선하여 일반화될 수 있는, 타인을 향한 사랑과 관심이라는 보편 의무"도 중시한다고 지적한다.[7] 기독교적 사랑의 이 초친족적 차원에 대한 이해는 공적 삶에서 시민교양을 위한 중요한 보강제가 될 수 있다. 친족 의식에서 파생된 은유는 세넷이 "비인격적 의미의 규약"이라고 칭한 것을 활용하기를 요구하는 듯 보이는 시민교양 정신을 유지하는 데 충분하지 않을 수 있기 때문이다.

공-사 연속체

분명 그리스도인들은 공적 비인격성을 지지하려는 유혹에 너무 강하게 끌리지 않아야 한다. 4장에서 논의했던 것처럼, 공적 자아는 사적 자아가 하는 것과는 다른 일군의 힘을 요구한다는 세넷의 조언은 아주 중요하다. 그는 가장 친밀한 인격체 간 양육의 경험이 공적 공간에서의 상호작용을 위한 적절한 규약을 제공하지 않는다고 주장한 점에서 옳았다. 그러나 세넷은 때때로 인간적 연합의 더 사적인 형태와 더 공적인 형태의 차이에 관한 상당히 설득력 있는 설명에서 사회적 실재의 실제 윤곽에 대한 다소 더 냉소적인 묘사로 옮겨 가는 것처럼 보인다. 예를 들어, 그는 한 지점에서, 다른 사람들로부터 신뢰와 따뜻함과 위로를 기대하고 왔던 자아들은 "불의에 기초한 세상에서 움직일" 준비가 갖춰지지 않았

---

7   Bellah, *Habits of the Heart*, p. 114.

다고 주장한다. 세넷은 그렇다면 비인간성 연습이 "단단한(hard) 세상 속에서 무른(soft) 자아를 형성하는 것"이 아니냐고 묻는다.[8]

모든 불의와 가혹함으로 가득함에도, 이 세상이 사랑의 하나님의 창조 세계라고 믿는 우리는 '무른' 사적 자아와 '단단한' 공적 정체성이 정확히 올바른 구분은 아니라고 생각한다. 세넷과 글래스 같은 저자들이 공적 자아를 위해 보여 주는 깊은 관심은 칭찬할 만하다. 그러나 '공적인 것'과 '사적인 것'의 너무나 경직된 이분법으로 단정하지 않는 것이 중요하다. 다양한 연합적 영역은 실제로 다소 사적인 것에서 다소 공적인 것에 이르는 연속체 위에 존재한다.

세넷이 사적 관계의 명백한 특징이라고 보는 무른 친밀감은 공적 영역에서 완전히 부적절한 것이 아니다. 완전히 나뉜 갈래라기보다는 오히려 사적 관계들의 무른 친밀감 대 공론장의 무른 형식성이라고 생각해 보자. 또는 인간적이며 신뢰하는 친족 관계 대 가족과 우정에서 매우 자연스럽게 작동하는 규약과 기대에 의존할 수 없는 종류의 인간적이고 신뢰하는 시민적 애정이라고 생각해 보자.

마찬가지로, 더 친밀한 인간적 연합의 유형들도 공적 영역의 형식성에 대한 어떤 것을 예기한다. 우리는 이 논의에서 사적 자아와 공적 자아의 매우 강한 대조를 강조해 온 여러 저자를 보아 왔다. 예를 들어, 4장에서 본 것처럼 월터 리프먼은 공적 삶을 그 속에서 우리가 "제2의 문명화 본성"을 실현하는 영역으로 보았다. 그러나 이는 상황을 오해하게 만드는 표현 방식이다. 세넷과 리프먼이 공적 자아의 유지에 중요하다고 여기는

---

8   Sennett, *The Fall of Public Man*, p. 260.

시민적인 '규약과 기대'는 단순히 공적 영역에서 **유래하지 않는다**. 그것들은 이미 기초적 형태로 인간 상호작용의 더 무른 영역들 속에 존재한다. 가족과 치유 집단 모두에 존중되어야 하는 공동선이 존재한다. 아이와 배우자에게는 육아실과 침실의 사생활에서 학대받지 않을 권리가 있다. 시민교양의 유형들은 의회에서와 마찬가지로 종종 가정의 저녁 식탁에서도 동일하게 존중될 필요가 있다.

이는 사소한 트집 잡기가 아니다. 리프먼의 표현("제2의 문명화 본성")은 분명, 우리를 더 본능적이고 "감춰진"(아렌트의 용어) 자아로부터 건져 냄으로써 더 '인간적'인 존재로 변화시키는 것이 공적 삶의 기능이며 더 구체적으로는 국가의 과업이라는 개념에 적합하다. 이것은 필요 이상의 훨씬 많은 책임을 공적 제도들에 안겨 주거나 이를 수행할 권한을 주기도 한다. 공적 상호작용은 우리에게 새로운 본성을 주어 거듭나게 하지 않는다. 오히려 상호작용의 다른 영역들 속에 이미 존재하는 것을 더욱 펼쳐 개현하기를 촉진한다. 이 강조의 필연적인 정치적 결과는 자명하다. 만일 국가의 일이 덜 공적인 연합적 맥락들 속에서 이미 발생한 것 위에 서 있으면서 그것을 강화하는 것이라면, 국가는 더 친밀한 그 영역들을 문명화 체계 속에서 그 자체의 완전성을 가진 것으로 존중하고 보호해야 한다.

예배와 공적 의식

공과 사의 엄격한 구분을 유지할 경우, 연합적 다양성의 강화가 어떻게 건강한 공적 영역 유지에 무엇이라도 기여할 수 있을지 알기 어렵다. 그러나 상호작용의 덜 공적인 영역과 더 공적인 영역의 연속성이 인식된다면, 다양한 연합적 맥락이 공적 자아 형성에 도움을 줄 수 있음을 인식하기 훨씬 쉽다. 루소는 이 연속성의 중요성을 어느 정도 인식했던 것으로 보인다. 어떤 철학자도 그가 했던 것 이상으로 공적 자아 문제를 두고 치열하게 씨름했던 적이 없으며, 그는 어떤 의미에서 공과 사의 상당히 뚜렷한 대조를 전제했다. 루소의 견지에서, 자연적인 인간적 충동은 공민권에 필요한 의식을 쉽게 획득할 수 있는 것으로 만들지 않는다. 루소는 이 주제를 다루고 있는 『사회계약론』의 가장 잘 알려진 구절에서, 자연상태로부터 협동적인 사회적 유대로의 전환은 우리가 상호 간 심적 실재를 경험하는 방식의 근원적 변화를 요구한다고 주장한다.

루소에게 이는 여전히 문제 제기에 불과하다. 그를 괴롭힌 질문과 그가 많은 글을 통해 탐색했던 질문은 어떻게 이 변화가 일어날 수 있는가였다. 가장 희망적인 제안 속에서, 루소는 공적 의식을 가족적이고 부족적인 친족 관계에 대한 더 '자연적인' 경험을 확장한 것의 일종으로 구상했다. 그는 그것을 사람들이 확장된 자아 감각에서 비롯된 심적 과잉으로 갑자기 뒤덮일 때 그 공적 순간 속에서 일어나는 것으로 상상했다. 예를 들어, 루소는 한 지점에서, 따뜻한 햇빛과 부드러운 바람으로부터 힘을 얻어 참여자들이 "그들 자신의 위안이 되고" 그리하여 "자신을 다른 사람들 안에서 보고 사랑하는, 또한 모두가 더 잘 연합되는" 공동 축제의 과정 속에서 공민권의 경험이 솟아날 방법을 상상한다.⁹ 그리고 또 다

---

9   Rousseau, Letter to d'Alembert, Marshal Berman, *The Politics of Authenticity: Radical Individualism and the Emergence of Modern Society* (New York: Atheneum, 1970), p. 215에서 재인용.

른 곳에서는 "그것만이 사람을 자신 위로 올라가게 할 수 있는…애국적 취함"의 경험을 이야기한다.[10]

루소 같은 이교 사상가가 어떻게 문명화하는 자기 초월이 성취될 수 있을지 상상하려 애쓰면서 여름 소풍과 음주 파티 이미지에 끌릴 수 있었으리라는 점이 우리를 놀라게 하지는 않는다. 그러나 축제와 경축 의식을 활용하는 메커니즘을 살피는 가운데, 루소는 그 나름대로 그리스도인들이 예배 경험과 연관 짓는 신비의 의식과 공적 의식 사이의 관련성을 지시하고 있는 듯 보인다.

벨라 팀은 건강한 공적 자아 속으로 들어가는 것에 대한 그들 특유의 설명 가운데 이런 종류의 연관성을 매우 분명하게 제시한다. 그들은 공동의 헌신과 시민적 우정을 발견하려는 시도들 가운데 아마도 "모든 것 중 가장 중요한 것"은 "우리가 그 안에서 존재 자체의 신비 앞에서 감사와 경이를 표하는 공동 예배"라고 제안한다.[11] 리처드 번스타인이 미시시피의 한 침례교회에서 모인 시민권 집회는 "내가 참석했던 정치 모임 가운데 가장 인상적인 것 중 하나"이며 바로 "그것이 뭔가 종교적 모임의 특성을 가지고 있었기"—그래서 그가 "나는 아렌트가 묘사한 바로 그 공적 공간 중 하나가 만들어지는 것을 목격하고 있었다"라고 증언하는 맥락이 만들어진다—때문이라고 말할 때 그 역시 비슷한 주제를 탐구하는 것이다.[12]

---

10 같은 책, p. 283.
11 Bellah, *Habits of the Heart*, p. 295.
12 Richard J. Bernstein, "The Meaning of Public Life", in *Religion and American Public Life: Interpretations and Explorations*, ed. Robin W. Lovin (New York: Paulist Press, 1986), p. 48.

통일성을 위한 기초 찾기

루소의 공동체 축제 요청은 공론장이 결코 '벌거벗은 채' 남아 있을 수 없다는 추가 증거다. 루소는 기독교를 너무 분열적이라는 이유로 금지하기 원했다. 그러나 그는 시민종교에 관한 잘 알려진 구절에서 분명히 밝힌 것처럼 즉시 새로운 종교로 대체한다.[13] 그가 제안한 시민종교는 신조가 없지만 거듭남, 즉 '근원적 변화' 행위를 요구할 것이다. 또 다른 충격적인 예는 오귀스트 콩트(Auguste Comte)가 제공하는데, 그는 실증주의에 대한 진지한 옹호를 위대한 존재인 인류 자체를 위한 예배 프로그램으로 종결지었다.

이런 예들은 사회적 통일성이 완전히 내재적인 방식으로는 고안될 수 없다는 결론에 이르게 한다. 이 주장은 이 주제들에 관한 위르겐 하버마스(Jürgen Habermas)의 논의에 의해 강화된다. 많은 논평자가 하버마스의 사상을 현대의 **후기-종교적** 사회 이해의 전형이라고 생각한다. 그러나 더 자세히 보면, 하버마스 자신이 '언약'(covenant)과 '구속'(atonement) 같은 종교성 가득한 은유들을 도입함으로써 비로소 그의 의사소통 주제를 발전시킬 수 있다는 사실이 분명해진다.[14] 여기서는 루소의 시민종교도 콩트의 '인류' 숭배도 찾을 수 없다. 오히려 하버마스의 관심은 차이도 갈등도 배제하지 않을 기초적 연대의 필요와 더불어 그 가능성을 증명하려는 것이다. 하버마스조차도 그런 문제들을 종교적 언어를 사용하지

13　Rousseau, *The Social Contract*, pp. 158-162.
14　Sander Griffioen, "The Metaphor of the Covenant in Habermas", *Faith and Philosophy*, vol. 8 (October 1991), p. 524를 보라.

않고서는 논의할 수 없다는 사실이 중요하다.

분명 루소와 하버마스 같은 사상가들은 계속해서 고유한 궁극적 지평을 구성하는 사회를 구상한다. 그렇다면 인간적 자기-초월에 대한 그들의 확증은 성경적 관점에서 볼 때 기껏해야 진리의 왜곡이다. 이런 조건 아래에서의 통일성은 다양성에 해를 끼칠 수밖에 없다. 그것이 창조된 실재의 지평 속에서 추구되면 언젠가는 불관용이 출현하게 되어 있기 때문이다. 어떤 시민은 "자유롭게 되도록 강제"될 필요가 있으리라는 루소적 경고를 기억하라. 이 강제된 자유에 복종하지 않는 사람들은 가엾은 루이 16세의 경우처럼 '자연 바깥에' 놓일 것이다.[15] 콩트도 이 주제를 되울린다. 그의 '이타주의 종교'에는 그가 현대 무정부주의(anarchism)의 원천이라고 간주했던 운동인 종교개혁과 연관된 이들을 위한 자리가 없다.[16]

심지어 하버마스의 의사소통 개념도 그 개념이 주장하는 것보다는 덜 보편주의적이다. 하버마스는 오늘날 계몽주의 사상을 생각할 수 있는 유일한 길이 바로 그 원칙들을 반대하는 이들을 '잠재적으로' 포용할 보편적 언약이라고 주장하면서도 사실 나치 전범들을, 또한 제3제국 변호를 펼치려 해 온 현대 독일 역사학자 같은 특정 인물 집단들을 보편적 의사소통에서 배제, 즉 **파문**(excommunicate)한다.[17]

---

15   "자신을 국가 밖에 두는 것과 일반의지에 대항하는 것은 자신을 자연 자체의 바깥에 두는 것이다. 생쥐스트(Saint Just)와 로베스피에르(Robespierre)는 루이 카페[Louis Capet, 전 루이 16세(ci devant Louis XVI)]를 자연 바깥(hors nature)에 있는 괴물로 보았으며, 따라서 그의 머리를 자르는 것은 살인에 해당하지 않는다고 간주했다." Conor Cruise O'Brien, "The Decline and Fall of the French Revolution", *The New York Review of Books*, 15 February 1990, p. 49.

16   Auguste Comte, *Physique sociale. Cours de la philosophie postitive* (Paris: Herman, 1975), pp. 380-464.

17   '역사학자들의 논쟁'에 하버마스가 기여한 바에 대한 논의는 Griffioen, "The Metaphor of the Covenant", pp. 531-534를 보라.

"모든 실제의 통일성은 / 차이에 대한 의식에서 비롯된다"라는 오든(W. H. Auden)의 시적 논평은 웅변적으로 우리의 다원주의 설명의 핵심 통찰을 표현한다. 실제의 통일성은 인간 사회의 경계를 초월하는 원천에서만 나올 수 있다. 오직 '열린 하늘'—사회는 그 아래 위치한다—을 인식하게 됨으로써 다원성을 파괴하지 않고 통일성을 증진하는 것이 가능해진다. 기독교 사회사상은 맥락적이건 연합적이건 방향적이건 다원성들에 대해 공정을 기할 통일성에 대한 설명—혹 원한다면 일치(coherence)나 연대(solidarity)에 대한 설명—을 제공해야 한다. 이 다원성 각각과 관련한 우리 제안의 윤곽을 간략히 보여 주겠다.

맥락적 다원성

다원성들은 우리가 인식하게 될 때, 예컨대 분리된 신학들의 형식처럼 실체화되기(hypostatized) 쉽다. 이것이 맥스 스택하우스가 바르게 지적했던 "다신론의 새로운 형태"가 될 위험을 자초하는 "다원주의적 상황성"이다. 반면에 성경은 문화적 차이를 이런 현상에 고착시키지 않고 진지하게 받아들인다. 바울은 기꺼이 유대인에게 유대인처럼 되었다. 하지만 유대인을 **얻기** 위해서(고전 9:20), 즉 그 안에 유대인도 헬라인도 없는 그분에 대한 지식을 그들에게 가져다주려고 그렇게 했다(갈 3:28). 그렇다고 이 '합일'(incorporation)이 유대인이 유대인 되기를 멈추게 하지는 않을 것이었다. 오히려 새로운 특질이 도입되었다. 이후에는 유대인이 헬라인도 그 지체인 **한 몸 안에** 있는 것이다. 그것이 바로 성령의 세례다. "유대인이나 헬라인이나 종이나 자유인이나 다 한 성령으로 세례를 받아 한 몸이 되었"다(고전 12:13).

연합적 다원성

성경에서 사용한 몸의 은유는 연합적 다원주의가 기독교 사회사상에서 중요한 위치를 확보하게 해 준다. 고린도전서 12장과 병행구들에 나오는 바울의 권고처럼, "몸 가운데서 분쟁이 없고 오직 여러 지체가 서로 같이 돌보게 하셨느니라"라는 말씀은 수 세기에 걸쳐 정의를 위한 관심에 영감을 주었다. 하나의 몸이 많은 지체로 구성되어 있다는 그의 가르침은 그렇게 하나의 몸이 지속적으로 다원성을 드러내는 것이 지극히 정당하다는 이해를 함양했다. 그래서 연합적 다원주의 개념이 많은 기독교 사상가에게 매우 매력적이었다는 점은 놀랄 일이 아니다.

그러나 거기 내재된 위험을 분명히 하지 않고 이 주제를 논할 수 없다. 여러 세기에 걸쳐, 하지만 특히 중세에, 한 몸과 여러 지체에 대한 성경의 가르침은 교회에서부터 사회 전체로 아무 문제 없이 전용되었다. 우리가 믿기에 그 자체는 정당하다. 그러나 매우 자주 일어난 것처럼, 다양한 구성원 간의 연대에서 '상위'와 '하위' 구성원의 차이에 대한 정당화로 강조점이 바뀌면서 문제가 생겼다. 몸의 은유는 그렇게 사회적 위계를 유지하는 데 사용되었다. 중세의 대중 설교에 관한 한 연구는 고린도전서 12장 같은 역할 본문이 사람들에게 삶에서 기존 위계 내에 그들의 신분을 받아들이도록 하는 역할을 했음을 보여 준다. "하나님이 인류에게 정해 주신 사회적 지위와 그들 각각의 의무는 고정불변하게 남아 있도록 계획되었다. 몸의 수족처럼 그것들의 위치나 기능을 아예 바꿀 수 없다."[18] 이후 특히 19세기와 20세기 초에는 같은 은유가 사회에 대한 유기

---

18 G. R. Owst, *Literature and Pulpit in Medieval England* (Oxford: Oxford University Press, 1961), David Miller, *Social Justice* (Oxford: Oxford University Press, 1976), p.

체주의적 해석에 차용되었다. 여기서는 강조점이 가급적 '기관'으로 여겨진 여러 지체에서 몸의 하나됨으로 이동했다. 그 결과 연합적 다양성은 전체의 기능에 대해 부차적인 것이 되었다. 따라서 우리 세기에 들어와 유기체주의 사상이 자주 여러 지체를 한 몸(corpus)의 안녕에 완전히 종속시킨 (원시) 파시스트적 조합주의(corporatism)에 거의 저항하지 않았다는 사실은 놀랍지 않다.

아브라함 카이퍼의 신칼뱅주의 전망은 네덜란드의 철학자이자 법학자 헤르만 도이어베르트(Herman Dooyeweerd)를 통해 이 주제를 훨씬 분명히 밝혀냈다. 도이어베르트는 몸의 지체 은유가 사회적 삶의 풍성한 구조를 제대로 보여 주지 못한다고 주장한다. 사회는 모든 것에 우선하는 공동체의 성격을 갖지 않는다. 사회를 '공동체들의 공동체'로 해석하는 것은 가족, 교회, 학교, 조합 등의 다양한 연합적 영역의 환원 불가능한 특성을 무시하는 것이다. 도이어베르트는 그런 해석이 또한 '자유로운 간인격적 관계들', 즉 특정 공동체들 속에 들어 있지 않은 관계들을 위협한다고 주장한다. 어떤 한 연합적 영역도 홀로 친구와 이웃의 상호작용을, 또는 기차와 비행기 안에서의 대화를, 또는 사고파는 이들이나 예술가와 청중의 거래를 '담아내지' 못한다. 하지만 이는 개인들이 이런 경우에 공동체 자체로부터 분리되어 기능함을 뜻하지도 않는다. 도이어베르트는 선한 사마리아인 비유를 활용해 이 점을 설명한다. 사마리아인과 강도 만난 피해자는 한 특정 공동체 안에서 연합되지는 않지만, 사마리아인은 도울 의무를 올바로 인지했다. 특별한 하나의 공동체로도 사회 전체로도

282에서 재인용.

기초를 둘 수 없는 이 의무는 특정한 연합적 맥락과 사회적 맥락을 모두 초월하는 더 큰 공동체의 맥락 속에서만 이해될 수 있다. 도이어베르트는 이 더 큰 맥락을 "초현세적(super-temporal) 인류 공동체"라고 불렀다.

'자유로운 간인격적 관계들'에서 참인 것이 모든 관계에서도 참이다. 그것들 모두 '열린 하늘' 아래서 그들의 위치를 발견한다. 만약 사회가 초월적 개방성 없이 자족적인 것으로 이해된다면, 자유로운 관계와 공동체 관계는 불화하는 것으로 비칠 수 있다. 조만간 누군가가 유기체주의 사상에서 벌어지듯이 자유로운 관계를 공동체 관계로 환원시키려 하거나, 무정부주의에서처럼 공동체 관계를 자유로운 관계로 환원시키려 할 것이다. 모든 인간관계가 '초월적 인류 공동체' 안에서 추구될 때만 우리는 연합적 다원주의를 공정하게 다룰 수 있다.

도이어베르트는 다시 이렇게 말한다. "모든 현세적 사회관계는 그리스도의 몸(corpus Christi) 안에서 온전한 의미가 드러나는 이 초현세적 공동체의 표현이어야 한다."[19] 유기체주의와 조합주의를 경계하는 도이어베르트가 사회 자체를 그리스도의 몸과 연관 짓지 않으려고 조심하는 것에 주목하라. 그러나 그는 '초월적 인류 공동체'가 그리스도의 몸 안에서 참된 통일성을 발견한다고 단언한다. 그는 이렇게 신중한 방식으로 바울의 한 몸과 여러 지체에 대한 가르침과 연합적 다원주의의 간접적 연결을 주장한다.

우리는 6장에서 '통합적 비전'의 중요성을 강조했다. 도이어베르트는 셸던 윌린이 연합적 영역들을 일련의 "아주 작은 섬들"로 보는 것을 피하

---

[19] Herman Dooyeweerd, *A New Critique of Theoretical Thought*, vol. 3 (Amsterdam: Uitgeverij H. J. Paris; Philadelphia: Presbyterian and Reformed, 1957), pp. 582-583.

려는 시도에서 했던 것과 같은 비전을 제시한다. 실제로 거대 사회를 연결되지 않은 여러 담론 장르의 '군도'(群島) 이상은 아닌 것으로 보는 포스트모던 철학자들조차도 모종의 통합적 비전을 제시한다. 타락한 세상에서 다양한 연합적 영역들에 대한 설명을 시도하는 것은 갈등하는 비전들의 다원성을 불가피하게 만들어 낼 것이다. 그러므로 우리는 **방향적** 다원주의의 실재를 인정하지 않고서 연합적 다원주의에 대한 전망의 다양성을 평가할 수 없다.

방향적 다원성

우리의 논의는 몇 개의 지점에서 '벌거벗은' 공론장 개념에 대한 찬반 주장에 초점을 맞췄다. 롤스는 우리의 설명에서 중립성 주창자의 우두머리 역할을 했다. 그러나 심지어 롤스의 비전 속에도 방향적 다양성의 여지가 있다. "다원주의라는 현실"은 그의 근래 출판물에서 중심적 위치를 획득했다. 그는 삶의 '형이상학적·종교적·윤리적' 비전들 사이의 갈등을 무시하려고 하지 않는다. 롤스는 여러 사적 의견과 공동선을 위한 하나의 공적 관심 사이에 칸막이를 세우려는 전형적인 자유주의적 시도에 대해 이 정도 이의는 제기한다. 그러나 그의 이론은 **합의**를 지향해 밀고 나간다. "다원주의라는 현실"은 정의롭게 다뤄져야 하는 실재이기보다는 시험 사례—다원주의적 조건들 아래서 합의는 여전히 가능한가?—역할을 한다. 따라서 이 문제에 대한 그의 마지막 말은 '공공성에 따른 제약'은 궁극적 확신들로부터의 분리를 기꺼이 하기를 요구한다는 것이다.

이런 설명에 반대하여, 우리는 경쟁하는 비전들이 공-사 칸막이를 세우거나 '중첩된 합의'를 구성함으로써 중화될 수 없다고 주장해 왔다. 바실 미첼은 그런 체계에 대한 반대를 잘 표현했다. 예를 들어, 그리스도인도 마르크스주의자도 기독교나 마르크스주의가 사회적 삶에 아무런 권위를 갖지 않으며 객관적 진리에 아무런 주장을 하지 않는 단지 사적 취향의 지위를 차지해야 한다고 주장할 수 없다는 것이다. 기독교와 마르크스주의는 자유주의적 인문주의자가 기꺼이 그들에게 제공할 틈새 속으로 기쁘게 들어갈 수 있는 '개인적 이상'이나 '심오한 주장'이 아니다. 삶을 두고 경쟁하는 철학이다.[20]

그렇다면 여기서 우리의 분위기는 맥락적 다원주의와 연합적 다원주의를 다룰 때와 다르다. 우리는 그 다원성들이 영속적 위치를 가지기 원한다. 그러나 방향적 다원주의의 경우는 그렇지 않다. 방향적 영역 안에서 펼쳐지는 드라마는 다른 두 다원주의에서와 매우 다르다.

성경은 방향적 다원주의의 중요성을 힘써 강조한다. 그러나 동시에 성경은 다원성을 균형 있게 위치시킨다. 지금 여기서 우리가 목격하는 방향적 다원성은 궁극적 위상을 가지고 있지 않다. 깊은 곳에서 그 갈등은 순종 대 반역의 문제이기 때문이다. 이런 이유로 성경은 엄청나게 다양한 크고 작은 방향적 차이에 초점을 맞추기보다는, 우리의 세상 속에서 선과 악이라는 정반대로 대립하는 힘 사이에서 벌어지고 있는 진정한 우주적 전투를 강조한다. 종말론적으로 볼 때, 오직 순종과 반역이라는 두 방향만이 걸려 있다.

이것은 상황에 대한 롤스적 묘사의 반전이다. 롤스가 통일성을 전면에 두고 다원주의를 배경에 두는 반면, 우리는 방향적 다원주의를 지금 여

---

20   Basil Mitchell, *Morality: Religious and Secular*, p. 54.

기에 위치시키고 삶의 통일성을 종말론적 배경에 둔다. 그러나 이 후자의 설명에서 '전면'과 '배경'은 밀접하게 연결된 채로 있다. 진리의 종말론적 정당화야말로 우리가 지금 여기서 다원주의를 받아들일 수 있게 만드는 것이기 때문이다. 방향적 다원주의 역시 이런 의미에서 '열린 하늘 아래' 자리매김되어야 한다.

시민교양과 종말론적 지체

우리는 앞에서 기독교적 시민교양에 대한 존 머리 커디히의 주장에서 종말론적 주제가 크게 부각되는 것을 보았다. 커디히는 현재의 불완전함과 미래의 영화로움의 간격에 대한 인식에 입각하여 시민교양의 시련에 대처하기 위해 그가 제시한 기독교적 전략에 근거를 두고, 하나님이 불의한 힘들을 이기실 미래의 승리를 기다리는 인내를 처방하는 "과도기를 위한 윤리"를 채택하라고 권고한다. 커디히는 "오직 그때만 승리주의가 타당하고 적절하게 될 파루시아 재림(Parousiatic return) 이전에는, **당분간 모든 과시와 승리주의를 금지하기**"를 제안한다. 그리스도인이 지금 여기서 영광을 요구하려는 시도는 "완전히 허세이며, 저속하고 공허한, 나쁜 신학적 취향"이기 때문이다. "'누구든지 자기를 높이는 자는 낮아지고 누구든지 자기를 낮추는 자는 높아지리라'(마 23:12)."[21]

이 제안된 해법이 현재를 향한 무관심의 표명이라고 보고, 따라서 시민교양이 일종의 기독교적 냉소주의에 깔려 있는 것으로 해석하는 방식

---

21   Cuddihy, *No Offense*, p. 202.

이 있다. 커디히의 설명에는 이런 힌트가 조금도 없다. 일례로 그는 자신의 주장을 뒷받침하기 위해, 그리스도인들이 지금 시대를 외견상 "마키아벨리적" 태도와 구별할 수 없는 "포기"(resignation) 의식을 가지고 바라본다는 글렌 틴더(Glenn Tinder)의 권고에 호소한다. 그러나 이는 처음 언뜻 보기에 그렇게 비칠 수 있는 것처럼 냉소적인 것이 아니다. 틴더와 커디히 모두 단지 마키아벨리주의적 **외양**을 강조하려 했을 뿐이다. 사실 둘 중 누구도 『군주론』(*The Prince*)에서 제기된 논증의 옹호자가 아니다. 틴더는 이 문제에서 아주 분명하다. 그가 주장하길, 우리의 기독교적 포기는 오로지 "잠정적이며, 그것은 근본적으로 마키아벨리적이지도 윤리적이지도 않다. 무한한 소망에 종속되기 때문이다."[22]

물론 그것이 지극히 잠정적인 종류의 포기라 할지라도, 어떤 종류의 '포기'가 하나님의 인내라는 사실을 존중하는 적절한 방식인지 아닌지 묻는 것은 가치 있는 일이다. 시민교양은 우리가 미래의 완성을 기다리는 동안 인내를 가지고 기회를 엿보는 방식에 지나지 않는가? 대다수 그리스도인은 종말론적으로 지연된 종류를 포함해, 모든 종류의 승리주의에서 떨어질 필요가 있다. 만족하는 은혜의 궁극적 승리는 오직 참된 승리주의 정신이 우리 인간의 통제 속에 있지 않음을 알게 될 때 일어난다는 가정하에 움직이는 것이 더 나을 것이다.

물론 이것은 종말에 궁극적 상대주의를 투사하는 것이 아니다. 마치 나치즘과 마르크스주의와 군주주의와 제퍼슨적 민주주의와 아파르트헤이트의 정치가 모두 결국에는 종말론적으로 나타날 모자이크 속 한 조

---

22 Glenn Tinder, "Community: The Tragic Ideal", *Yale Review* 65, no. 4: p. 551, Cuddihy, *No Offense*, p. 211에서 재인용.

각으로 자리를 차지할 것처럼 말이다. 우리는 그 도래가 심판의 날로 바르게 여겨질 하나님 영광의 나타남을 기다린다.

이처럼 우리가 옹호하는 공적 겸손의 자세는 사실 단지 외견상 차이일 뿐인 것들의 궁극적 종합을 전제하지 않는다. 갈등은 실제다. 진리와 의가 언젠가 모든 허위와 억압을 사라지게 해야 한다. 그러나 그 승리는 하나님께 속할 것이다. 그 승리에 대한 우리의 적절한 피조물적 응답은 겸손한 감사지 거들먹거리는 정당화가 아니다.

게다가, 하나님의 인내에 대한 현시점의 적절한 응답은 커디히가 지금 여기의 한계성과 불완전성을 받아들이면서, 주어진 협력의 기회에 우리 자신을 정치적으로 제한하도록 격려하면서 옹호한 종류의 과도기적인 공적 윤리다. 그런 관용은 무관심에서 나온 것이 아니다. 오히려 그것은 오직 하나님만이 완전한 공동체를 가져오실 수 있다는 종말론적 확실성에 기초한 것이다.[23]

우리 특유의 이 '과도기적인' 공적 윤리로 인해, 우리는 인간 연합의 현재 양식과 미래 양식의 뚜렷한 대조를 강조하는 공동체주의 전망에 커디히만큼 강하게 끌리는 경향을 갖지는 않는다. 비슷한 윤리는 정치의 제한적 성격을 강조하기만 해도 명확히 설명될 수 있다. 삶의 다양한 비전이 벌이는 경쟁은 정치적 수단에 의해 결정될 수 없다. 정치는 공적 영역 속에서의 많은 차이를 일으키며 갈등하는 주장들을 판결하기 위해 필요한 자원을 우리에게 제공하지 않는다. 그런 경쟁의 결과는 단지 기다릴 수밖에 없다. 그 사이에는 정치적 협력의 기회를 가능한 한 많이 채용

---

23 Cuddihy, *No Offense*, pp. 209-211.

해야 한다. 미래를 예견하는 가운데 관용적 개방성으로, 무관심에 기초한—롤스적 종류건 다른 종류건—개방성이 아니라 마지막에 하나님의 샬롬이 우리의 공적 삶의 유형에 중요한 모든 것을 만지리라는 소망으로 활발해진 개방성으로 현재를 직면하자.

뭔가를 용인하는 일은 물론 그것을 정당화된 것으로 받아들이는 일이 아니다. 우리가 처방하는 관용은 특정한 삶의 비전을 증진시키는 데 아마도 수반될 해로운, 심지어 파괴적인 결과들에 대한 진실된 평가를 배제하지 않는다. 세속적 자유주의 이데올로기가 공론장에 대해 무엇을 할 것인가? 이슬람교가 서양의 자유 사회들 속으로 침투할 때 어떤 결과를 초래할 것인가? 이런 질문들은 중요하다. 관용은 묵인을 의미하지 않는다.

공공성의 '내적' 제약

커디히의 제안이 가진 일반적 강점 하나는 그것이 공적 시민교양의 유형들을 증진하는 과정 속에서 개별성들을 보존하려는 깊은 열망에 의해 움직인다는 것이다. 이는 정치적인 관용과 겸손이 오직 개별주의적(particularistic) 확신을 공적 영역과 무관한 것이 되게 함으로써 육성될 수 있다고 당연하게 여기는 롤스의 프로그램에 대한 중요한 대안이다. 롤스의 주장에 대한 우리의 해설에서 본 것처럼, 그는 공공성에 따른 제약은 분리를 선에 대한 특정 관념에서 멀어지는 수단으로 받아들일 때만 생길 수 있다고 확신한다.

반면에 기독교적인 과도기적 윤리는 롤스가 공적 견해로부터 감추기 원하는 매우 개별주의적인 '두터움'에 의존할 수 있다. 롤스의 체계는 공적 삶의 딜레마들에 대한 공적 해결책을 찾는 데 너무나 높은 프리미엄을 두고 주로 외적인 공적 제약을 찾아보기 때문에 실패한다. 그러나 우리의 주장은 커디히와 틴더의 주장처럼 건강한 공적 의식이 방향적 두터움에 대한 '내적' 존중에 기초해야 하는 방식에 크게 의존한다.

기독교적 확신은 오로지 종말이 왔을 때에야 드러나게 될, 새로운 종류의 공적 영역을 향한 개별화된 동경에 기초한다. 우리가 지금 그것을 경험하는 공론장은 천상 도시(Heavenly City)의 영원한 지평을 배경으로 바라봐야 한다. 부분적으로 실현된 종말론을 품은 우리가 이 도시의 징조들을 지금 여기서 예견하는 것은 비현실적인 일이 아니다. 예를 들어, 우리는 루소가 소풍과 파티 속에서 소망했던 일들이 일어나는 것과 전혀 다르지는 않은 방식으로, 공적 공간 같은 것이 기독교 공동체 내에서 함께 먹고 마시는 가운데 솟아나는 것을 보아 왔다. 마지막 때의 이 첫 열매들은 제임스 맥클렌던(James McClendon)의 말처럼 "우리의 자기기만을 극복하고, 우리의 공동생활을 구속하며, 우리에게 모든 지구상의 사람 가운데 한 백성이 되는 방법을 제공하는" 더 큰 이야기가 구체화되는 것을 향한 우리의 갈망을 만족시키고 또한 자극한다.[24]

이 열망은 또한 우리가 심지어 우리의 아주 다원주의적인 지금 여기 한가운데서조차, 시민권과 공동체의 새로운 형태 속에서 구체적인 형태를 취할 수 있는 더 큰 종류의 사랑의 신비롭고 놀라운 암시를 그 여정에서 경험하게 되리라는 소망 가운데, 우리가 다른 이들과 건강한 공적 영역을 위한 더 큰 인류의 탐구에 합류하도록 우리를 용감하게 만든다.

---

24   James McClendon, *Ethics: Systematic Theology*, vol. 1 (Nashville: Abingdon Press, 1986), p. 356.

부록 1

다원주의적 에토스는 가능한가?*¹

산더 흐리피운

"정말로 우리 관용적이자. 관용이 제한되지 않게 하자.
그러나 동시에 사물을 바른 이름으로 부르자!"
도널드 데이비, 『반대의 목소리』

1. 서론

이 논문에서는 다문화 사회를 배경으로 하여 핵심 주제를 제시한다.

다문화 현상은 삶의 현실이 되었고, 우리는 그것을 인지할 수밖에 없다. 다문화 사회의 가능성은 우리들이 사는 거리 구석구석에 '입증되어' 있다. 거리에는 모스크가 열리고 힌두 사원이 세워진다. 또한 모든 교실에서 백인이 아닌, 비그리스도인인 학생들을 만난다. 이는 나 자신에게 점점 더 자주 생기는 상황이다. 그러나 단지 사실인 것 이상이 있다. 요즘 우리는 새로운 태도, 새로운 에토스를 옹호하는 호소를 자주 듣는다. 흔히 이야기하는 바로는, 그 새로운 에토스란 다문화 사회라는 현실에

---

* 한국어판 부록으로 싣고자 Sander Griffioen, "Is a Pluralist Ethos Possible?", *Philosophia Reformata* 59 (1994), pp. 11-25를 옮긴 글이다.

1 이 글은 벨기에 안트베르펜에서 1993년 11월 11-13일에 열렸던 기독교 대학과 유럽 문화에 관한 UFSIA 학회에서 발표한 논문을 확장한 것이다. 영어를 교정해 준 앤서니 루니아(Anthony Runia)와 이 논문에서 사용한 자료 일부를 찾는 데 도움을 준 크리스티안 크레이넨(Christian Krijnen)에게 감사드린다.

맞추고 그 현실을 긍정하는 일이 필요하다는 것이다. 편의상 나는 이 에토스를 다원주의적 에토스라고 부를 것이다. 이 기고에서 제기하려는 문제는 그러한 다원주의적 에토스가 가능한지 그렇지 않은지다.

우리는 실제로 윤리(ethic)가 아니라 에토스(ethos)를 다룰 것이다. '에토스'는 기본 태도, 한 집단의 사람들이 가진 '정신', 또는 프랑스 사람들이 말하는 망탈리테(mentalité)를 함의한다. 반면에 '윤리'는 특정 규범들과 그에 대한 반응, 즉 보통 '도덕적 규범들'과 '도덕적 행위'로 이해되는 것을 지칭한다. 에토스는 이와 대조적으로 도덕적 영역보다 더 넓고 더 근본적인 실재를 지칭한다.[2] 이 논문에서는, 개념적으로 말하자면 그러한 에토스는 모순들로 가득한 뒤엉킴을 우리에게 제시하며, 따라서 이 새로운 시대의 복잡성에서 우리의 길을 헤쳐 나가는 것을 돕기보다는 갈등에 기름을 끼얹게 마련이라고 주장할 것이다. 나의 기여는 일군의 문제들, 즉 문제가 되는 다원성의 성격에 관한 불충분한 이해에서 야기되는 (또는 적어도 그와 관련된) 긴장에 초점을 맞출 것이다. 앞으로 논의하겠지만, 다원성의 다양한 유형에 대한 바른 이해는 문제를 보다 적절하게 서술하는 데 도움이 될 뿐 아니라 일부 긴장에 대한 해결책을 구상하는 데도 도움이 된다. 비록 나는 다원주의가 적절하게 개념화되면 모든 주요 문제가 사라진다고 암시하기를 잠시도 원치 않지만, 이 논문이 다원주의 문제의 경험적 측면을 폭넓게 다루지 않기 때문에 그렇게 이해될 위험이 있음을 인정한다.[3]

---

2   H. van Riessen *Festschrift: Wetenschap, wijsheid, filosoferen*, P. Blokhuis e.a. (eds.), (Assen: Van Gorcum, 1981) pp. 123-158에 실린, A. 트로스트(Troost)가 쓴 에토스에 관한 논문을 보라.
3   이 논문 초고에 대한 지그문트 바우만(Zygmunt Bauman) 교수의 논평은 내게 나의 접근

이 논문의 초고를 발표한 학회⁴의 일반적 주제에 발맞추어, 나는 다원주의들의 교차로에서 (기독교) 대학의 위치를 결정하려 시도하며 글을 맺을 것이다. 이 점과 관련해 아브라함 카이퍼의 대학 개혁에 대한 막스 베버(Max Weber)의 잘 알려지지 않은 논평에 주의를 기울일 것이다.

2. 갈등

2.1. 두 에토스

주된 문제는 다음과 같이 서술될 수 있을 것이다. 다문화 사회라는 바로 그 어구를 생각해 보자. 그것은 두 개의 구분되고 심지어 갈등하는 에토스를 위한 여지를 남기고 있다. 하나는 다문화에 의해 고취되는 것이고 다른 하나는 사람들과 더불어 살아가는 것, 즉 사회적인 것에 의해 고취되는 것이다. 이 둘의 갈등을 피할 수 없는 것은, 후자가 일치와 연대를 향해 매진하는 반면에 첫째 에토스는 홀로 남겨 둔다면 다원화하는 경향이 있기 때문이다. 첫째 극에서 사회적 일치는 상이한 정체성을 단지

에 모종의 일방성이 있음을 깨닫게 해 주었다. 그의 편지의 한 부분을 인용하는 것도 가능할 것이다. "나는 당신이 그토록 솜씨 있고 설득력 있게 묘사한 긴장들이 어떻게든 '다원성의 성격에 대한 불충분한 이해'나 그런 점에 있어서 어떤 다른 **개념적** 혼동에서 비롯된다고 말하고 싶지 않습니다.…긴장은 충분히, 또한 정말로 거기, 우리가 개념의 그물로 포착하기 원하는 세상에 존재합니다. 사회학자로서 나는 오히려 그것들의 뿌리를 발견하기 위해 인간 경험의 본성을 들여다볼 겁니다." 그는 다원화의 주된 원인을 한때 방향과 정체성을 제공했던 거대 내러티브들의 소멸로 인해 남겨진 진공 속에 위치시킨다. 그의 편지는 계속된다. "그리고 현재의 경험은 남자들과 여자들이 갑자기 고아가 되어 버린 경험입니다. 아빠와 엄마(국가, 교회, 거대한 이데올로기적 정치 운동)는 그들에게 그들이 누구인지 말해 주고 이미 있는 그대로 되도록 요구했죠"(1994년 1월 30일에 저자에게 사적으로 보낸 편지). 그가 편지에서 제기한 도전에 감사하다. 그러나 그의 반대에 대한 온전한 응답은 국제 도이어베르트 심포지엄(1994년 8월)에서 발표할 기고까지 기다려야 할 것이다. 그 회보를 보라.

4   각주 1을 보라.

민속과 사회적 키치로 축소하는 용광로의 유령을 불러일으킨다. 미시간 주와 아이오와주에서 네덜란드계는 그들의 튤립 축제를, 독일계는 그들의 맥주 축제를, 이탈리아계는 그들의 피자 콘테스트를 가지는 미국의 경우처럼 말이다. 반면에, 리오타르에 의해 사용된 이미지(그 자체는 칸트에게서 채용한 것)를 빌려 오자면,[5] 만약 다원화가 억제되지 않는다면 다원화는 사회를 많은 섬의 군도로 와해시킬 위협을 가져온다.

다행히, 일상생활에서 주고받는 가운데서는 모든 종류의 제약으로 인해 비전들이 온전히 실현되지 않는다. 하지만 우리 시대에 사회의 표면 아래에서 불이 타오르고 있다는 많은 징후가 있다.

2.2. 핑켈크로트

이제 다시 서술을 더 일반적인 용어로 표현하여 더 높은 수준의 추상에 도달하도록 노력해 보자. 알랭 핑켈크로트(Alain Finkielkraut)의 다소 팸플릿 같은 공헌인 『사유의 패배』(*Défaite de la pensée*, 동문선)는 정확하게 그 일을 해냈다.[6] 그는 한편에 선 계몽주의의 보편주의와 다른 편에 선 독일 낭만주의자들 및 프랑스 전통주의자들의 특수주의 사이의 옛 싸움을 회고한다. 그는 특히 헤르더(Johann Gottfried Herder)에 의해 전파된 민족정신(volksgeist), 즉 한 문화를 활성화하고 체계화하는 정신으로서 민족정신 개념 속에서 후자 특유의 체현을 발견한다. 핑켈크로트는 민족정신의 낭만주의적 개념에서부터 두 번의 세계대전 사이에 인류학자들

---

5 J. F. Lyotard, *Le diffe'rend* (Paris: Minuit, 1983), pp. 189-191, *Het enthousiasme, Kants kritiek van der geschiedenis* (Kampen: Kok Agora, 1991), pp. 48-49와 비교해 보라.
6 네덜란드어 번역은 *De ondergang van het denken* (Amsterdam: Contact, 1989)이다.

가운데 널리 퍼졌던 문화 상대주의까지 하나의 선을 긋는다. 그는 유네스코와 우리 시대 민족주의 정부들의 문화 정책 속에서도 동일한 종류의 상대주의를 감지한다.

그의 비판은 혹독하다. 민족정신 접근은 인간을 그들의 문화와 동일시하고, 그들을 문화의 경계에 가두어 놓는다. 문화는 더 이상, 계몽주의 철학자들(philosophes)에게서 그랬던 것처럼 오직 교육(Bildung)을 통해서 성취되는 하나의 이상이 아니다. 오히려 문화는 문화들이라고 복수로 쓰여지며, 우리가 늘 그래 왔던 것, 우리의 뿌리와, 우리의 민족성과 동일시된다. 물론 그 자신이 폴란드 유대계 후손인 핑켈크로트는 여기서 "너는 아무것도 아니며, 네 민족이 모든 것이다"(Du bist nichts, dein Volk ist alles, 나치의 구호 중 하나—옮긴이)가 되울리는 것을 듣는다.

인정하건대, 핑켈크로트의 책은 과장하는 힘으로 요점을 강조하는 하나의 팸플릿이다. 하지만 나는 민족성을 향한 운동에 대한 그의 비판은 탁월하다고 생각한다. 다문화적(또는 다원주의적) 에토스의 큰 문제점 중 하나는 정확히 그것이 한 사회 내에서 하위문화의 자기 분리를 심화하고, 그에 따라 (아마도 의도치 않게) 사람들을 그들 자신의 민족성에 가둠으로써 사회의 분열에 기여한다는 것이다.

그러나 보편주의적 에토스에도 그 나름의 문제점들이 있다. 나는 핑켈크로트의 주장 속에서 사회에 관한 두 개의 관련 있는 견해가 서로의 거울상이라는 점을 보이려 할 것이다.

만약 핑켈크로트의 책이 설득에 실패한다면 그것은 주로 그 자신의 설득력 없는 입장 때문이다. 그가 자신의 사회관이나 국가관을 설명하는 핵심어는 "계약과 자유로운 유대[그리고 의지]"다. 이 관점에 따르면, 국가는 계약하는 개인들의 동의에 의해서만 존재할 수 있다. 이는 국민을 포괄하는 민족정신 개념을 강력하게 반대하는 방법으로 이해된다. 그러나 그 결과, 국가와 사회는 그의 관점에서 보면 자율적인 개인의 의지에 의해 함께 뭉친 자발적 연합에 지나지 않는다. 만약 이 관점이 온전히 실현된다면 사회는 마음 맞는 개인들의 작은 방들(cells)로 와해되고 말 것이다.

2.3. 자발적 유대들

물론 핑켈크로트가 고수하는 개인주의적 버전 외 다른 형태의 보편주의도 있으며, 나는 이미 용광로 버전을 언급했다. 그러나 개인주의적 버전이 우리 주제와 관련해 특별히 연관성이 있다. 예를 들어, 폴 마샬(Paul Marshall)이 지적했던 것처럼 개인들이 손에 들고 있는 카드로 기능하는 보편적 권리들은 구체적 공동체를 부식시키는 효과만을 가질 수밖에 없다.[7] 공동체들은 이런 주장들의 무게 아래서 와해되거나 자발적 연합들, 즉 함께 머물기 위해 구성원들의 결정에 의존하는 공동체로 바뀌게 된다.

나는 교회 공동체에 관해 몇 가지를 언급한 후 가족과 관련한 변성의 부정적 효과를 보이는 쪽으로 움직일 것이다. '변성'에 대한 말함으로써, 말하자면 나는 사실 가족의 규범적 성격이 조류 관찰 협회 같은 자발적 연합들의 성격과는 다르다고 가정한다. 가족 구성원들은 특성상 순전한 의지의 결정보다는 뭔가 다른 것에 의해 결속되어 있다. 가입과 탈퇴는 단지 의지의 문제가 아니다. 물론 가족을 떠나고, 결혼을 취소하며, 교회

---

[7] 참고. Paul Marshall, "Justice and Rights: Ideology and Human Rights Theories", in: Sander Griffioen & Jan Verhoogt (eds.), *Norm and Context in the Social Sciences* [Lanham (MD): Univ. Press of America, 1990], pp. 129-158.

회원됨을 끝낼 수는 있다. 그러나 이 가능성은 이런 공동체의 내적 본질의 특성이 아니다. 오히려 자발적 연합의 특징이다.[8]

2.4. 사랑하거나 떠나라

진정한 공동체에서는 의견을 달리하는 사람들과도 서로를 용납해야 한다. 예를 들어, 교회는 단지 의견을 달리하는 이들에게 '받아들이거나 떠나라'고 말할 권리가 없다. 그 나름의 정당한 자리를 가지고 있는 교회 권징은 결코 일치를 강요하는 수단으로 사용되어서는 안 된다. 그러나 자발적 연합에서는 누군가에게 우리를 사랑하거나 떠나라고 말하는 것이 언제나 가능하다. 자유로운 접근의 뒷면에는 그러한 연합이 기꺼이 엄청난 부담을 감내할 수 있는 좁은 범위가 있다. 만약 부모가 자기 가족을 자발적 연합으로 간주한다면, 부모에게는 자녀들이 18세가 되면, 더 나쁜 경우 심각한 장애가 있다면 자녀들을 위한 지출을 중단할 이유가 있을 것이다. "우리는 당신을 기업으로 보기 원해요"라고 선언했던, 1970년대의 한 캐나다의 광고(매뉴라이프 보험사)에서는 품위 있는 저택의 잔디밭에 세워 둔 가족을 보여 준다. 물론 그 뒷면에는 어느 가족 구성원을 위한 유한 책임의 원리가 있다. 우리는 자녀들이 큰 위험 부담을 안고 있다고 생각하기 쉽다. 하지만 이 '회사'의 '중역들', 즉 가장과 그의 배우자가 나이 들면 그들에게 무슨 일이 일어날 것인가? 그들이 그들의 이전 조수들의 거처에서 환영을 받겠는가?(눅 16:9) 메리 워녹(Mary Warnock)은 가족의 해체를 주제로 하는 몇몇 페미니즘 도서에 대한 서평에서 유사한 논지를

---

8   자유롭게 가입하고 탈퇴하는 것을 주된 기준으로 삼는다는 점에서, 나는 헤르만 도이어베르트의 사회철학을 따르고 있다.

전개했다. 그녀는 이런 종류의 문헌에서 가장 간과하는 측면은 고령자 돌봄이라고 주장했다. 그녀의 논평은 제도의 근본적 중요성을 부각하는 데 도움이 된다. "페미니스트들은 결코 늙지 않는 것처럼 보이거나, 적어도 그들이 그렇게 될 때를 예견하지 못하는 것으로 보인다. 나는 그들 중 다수가 그때가 되었을 때 여전히 그들의 대안 가정에서 살고 있으리라 믿지 않는다. 그들을 위해서 그들이 가족의 품으로 돌아오기를 희망한다."⁹

사회 전체, 즉 국가가 자발적 연대로 여겨질 때, 부담으로 인식된 특정 집단들은 떠나라는 강한 (부)도덕적 압박 아래 놓일 수 있다. 우리는 1960년대 후반의 끔찍한 범퍼 스티커를 기억한다. "미국: 사랑하거나 떠나라!" 또는 벨기에의 정치 운동 "플람스 연합"(Het Vlaams Blok)에서는 이렇게 표현하길 좋아했다. "적응하라. 아니면 가라!"(Pas U ann, of verdwijn!)

이럴 때 사회는 일치된, 연대주의적 공동체에 대한 낭만적 이상화와 대중 주권의 계몽된 이상에 의해 양극단에서 위험에 처한다. "너는 아무것도 아니며, 네 민족이 모든 것이다"와 "사랑하거나 떠나라", 이것이 바로 거울상 아닌가?

2.5. 헤겔

논의를 훨씬 더 추상적인 주형 속에 넣으려고 노력해 보자. 여기서 나아가는 한 가지 길은 보편에 대해 널리 퍼져 있는 개념들 속에 뭔가 부패한 것이 있다고 말하는 것이다. 내가 주장하려는 논제는, 두 거울상 속에서는 양편에서 보편(이라는 개념)의 결핍된 양상들을 만난다는 것이다. 보

---

9   Mary Warnock, "Back Home", *The London Review of Books*, 1-14 Sept. 1983, pp. 16-17.

편자는 한 극에서 개별자에 의해 축출되고, 다른 극에서는 보편적 개체들로 와해된다(아니면 용광로 버전 속에서처럼 개별자의 목을 조른다). 두 경우 모두에서 우세한 것은 보편자의 추상적 개념, 즉 주어진 개별자들로부터 추출하는 방식으로 도달된 개념이다. 따라서 딜레마가 생긴다. 개별 공동체가 보편자(낭만주의 등)를 희생하면서 강조되거나, 계약을 맺는 개체들을 제외한 모든 개별자로부터 추출함으로써 핑켈크로트가 한 것처럼 보편자에 우선권이 주어진다.

우리는 어떤 의미에서 헤겔이 구체적 보편자라고 부른 것을 추구한다. 헤겔의 사회철학은 보편자와 개별자, 통일성과 다양성 양편 모두를 모두 인정하려는 그의 의도 때문에 여전히 인상적이다. 그는 통일성과 다양성의 내적 연관성을 찾으려 했다. 그의 해결책은 다양성을 보편성의 자기 구체화 과정에서, 보편 개념의 자기 운동 안에서 만들어지는 것으로 인식하는 것이었다.

이것이 지나치게 추상적으로 들릴 수 있다. 그러나 그 함의는 보다 접근 가능한 언어로 설명할 수 있다. 알다시피 헤겔은 이 관념이 오로지 그것이 역사적으로 예시되었기 때문에, 즉 삼위일체에 대한 기독교 교리에서 종교적으로 설명되었기 때문에 철학적으로 사유될 수 있다고 주장했다. 구체적 보편성 개념은, 하나님 안에서 자아는 다양성이라는 것이 전에 종교적으로 알려지지 않았다면 개념적으로 개발될 수 없었다.

헤겔이 구체적 보편성을 사회적 관용에 어떻게 연결했는지는 앞서 말한 것보다 훨씬 덜 알려졌다. 기독교가 유일한 관용적 종교라는 그의 주장은, 오직 하나님 자신 안에서 다양성이 인지될 수 있기에 사회 안에서 다양성을 용인할 수 있으리라는 가정에서 진술된다. 만약 하나님이 추상적 보편자―즉, 다양성을 배제한 보편(이라는 개념)―로서 예배를 받는다면, 그때 사회 안에서도 다양성은 용인되지 않을 것이다. 이것이 그가 광신주의라는 제목 아래 모든 형태의 일신론을, 종교적이며 '후기'-종교적인 유대교와 이슬람교뿐만 아니라 최고 존재(suprême être)의 계몽주의 숭배를 하나로 묶은 이유다. 그는 이 모든 것이 내재적으로 광적이라고 주장한다. 물론 헤겔의 관점에서는 자유주의 기독교 역시 마찬가지다. 삼위일체 교리를 폐지함으로써 추상적 보편자 숭배로 퇴보할 수밖에 없다.[10] 지나가는 김에, 1831년 영국 개혁 법안에 대한 헤겔의 반대는 일부 논평자에 의해 유니테리언주의를 향한 반감과 연결되어 왔음을 지적하려 한다. 그는 유니테리언주의가 이 움직임에 영향을 주었다고 의심했다.[11]

헤겔은 앞서 제기한 딜레마(2.1을 보라)를 핑켈크로트보다 훨씬 더 명료하게 만드는 데 도움을 준다. 보편자가 추상적으로 인식되었기에 구체적 공동체들이 적절한 위치를 발견할 수 없다는 것이다. 그렇다면 그가 다원주의자라는 결론을 내려야 하는가? 그는 실제로 그렇게 분류되어 왔다. 예를 들어, 로버트 니스벳(Robert Nisbet)이 『사회철학자』(*Social Philosophers*, New York: Crowell, 1973)에서 그렇게 했다. 그러나 모든 것을 고려할 때, 헤겔의 철학이 칸트의 표현을 사용하자면 "다양성의 미로"[12]에서 벗어날 길을 보여 줄 수 있는지는 의심스럽다. 이 점에서 헤겔의 철학이 얼마나 인상적이건―기독교와 다원주의의 관계가 지엽적 중요성 이상

---

10   Jacob Klapwijk, e.a., *Bring into Captivity Every Thought* [Lanham (MD): Univ. Press of America, 1991], pp. 143-168에서 내가 헤겔에 관해 쓴 논문을 보라.
11   사망 직전에 그가 준비했던 최종 문서는 이 대의에 헌신되어 있다. '유니테리언주의의 근내직 버전 = 불관용' 논제는 Donald Davie, *Dissentient Voice: Enlightenment and Christian Dissent* (Notre Dame, 1982), 특히 pp. 83-93에서 찾을 수 있다.
12   *Critique of Judgment* 처음 서론에서. 『판단력비판』(아카넷).

임을 분명히 하지만―그것이 다원성에 확고한 위상 같은 것을 부여하지는 않는다. 삼위일체의 세 위격은 오로지 계기이며, 진정한 위격은 아니다. 일단 헤겔 속으로 들어가 종교적인 것에서 (더 높은) 철학적 차원으로 가면, 신적 위격들은 '이념'(the Idea)의 영원한 운동 내의 계기들로 이해되고 있음이 분명해진다.

최종 분석에서 최상위를 차지하는 것은 다양성이 아니라 통일성이다. 통일성 개념이 그토록 많은 다양성을 통합함으로써 한계까지 확장되었더라도 말이다. 헤겔의 입장에 대한 생생한 예시가 『법철학』(Philosophy of Right)의 한 절에 제시되며, 그 절에서 처음으로 자유의 발전에서 각 단계의 존재 이유(raison d'être)가 '신성불가침의 어떤 것'으로 옹호된다. 반면에 조금 뒤에는 물론 갈등이 일어날 경우 세계정신(Weltgeist)이 최우선 권리를 가진다는 주장이 따라 나온다. 그래서 신성불가침과 상대적인 것이 서로 손을 잡고 간다![13]

2.6. 아렌트

다원성에 보다 무게를 부여하려는 도전은 헤겔 이후에도 존속했다. 이 점에서 흥미로운 사상가가 한나 아렌트다. 아렌트는 하이데거의 영향 아래서 통일성을 형이상학과 연결하고, 자신의 정치철학을 후기 형이상학적 맥락 속에 위치시키게 되었다. 따라서 그녀는 복수성을 주장한다. 인

---

[13] "자유 이념의 발달에서 모든 단계는 그 나름의 특별한 권리가 있다. 그것은 그것의 적절한 구체적 형식 중 하나 안에서 자유의 구현이기 때문이다.…그러나 동시에 충돌은 또 다른 계기, 즉 그것이 제한적이라는 사실을 포함하며, 따라서 만약 두 권리가 충돌한다면 하나는 다른 하나에 종속된다. 조건 없이 절대적인 것은 세계정신의 권리뿐이다." *Philosophy of Right*, transl. by T. M. Knox (Oxford Univ. Press, 1967), § 30. 『법철학』(한길사). 마지막 부분의 원문은 "nur das Recht des Weltgeistes ist das uneingeschränkt Absolute"다.

류(mankind)가 아니라 인간들(men), 사람들(persons)이다. 금세기의 위대한 정치사상가 가운데 다원성에 큰 위치를 부여한 사람을 찾기는 어려울 것이다. 우리가 바로 지금 아렌트 르네상스 같은 것을 경험하고 있다는 게 놀랍지 않다!

핑켈크로트의 입장은 어떤 면에서 아렌트를 연상시킨다. 그들은 자유로운 개인들의 연합에 대한 무정부적 선호를 공유한다. 그러나 핑켈크로트가 정치적 협동(계약하는 개인들의 소집단들)을 위해 합의 모델을 사용하는 반면, 아렌트는 혼합된 접근을 따른다고 말할 수 있다. 그녀는 한편으로 협동을 강조하면서도 다른 한편으로는 관점들의 차이에 '다원성'을 연결하기를 선호한다. 세일라 벤하비브(Seyla Benhabib)는 최근에 아렌트에게서 공적 공간의 두 모델을, 하나는 "갈등적"(agonal) 관계, 다른 하나는 "연합적" 관계에 근거해서 구분했다.[14] 그러나 나는 이 구분이 이분법으로 바뀌지 않아야 한다는 데 관심을 기울인다. 벤하비브의 설명에서처럼 대조되는 모델들—하나의 동일한 상황에 적용될 수 없는 모델들—대신에, 아렌트는 오히려 사람들이 다양한 입장을 취하는 가운데 구체적인 공적 공간 내에서 동료들로 함께함이라는 공공성의 두 양상을 생각하는 것으로 보인다. 그녀가 다른 곳에서 말한 것처럼, "공동의 세계가 모두를 위한 공동 만남의 토대이긴 하지만 거기 참석한 이들은 그 안에서 서로

---

14 Seyla Benhabib, "Feminist theory and Hannah Arendt's public space", in *History of the Human Sciences*, Vol. 6, May 1993, 특히 pp. 101-103. 그녀는 둘의 대조를 다음과 같이 설명한다. "이것[즉, 갈등적 관점]은 인정, 우위, 칭송을 위해 경쟁하는 경쟁적 공간이다. 그 안에 침여하는 이들을 개별화하고 나른 이들에서서 분리해 놓는나. 참여자들로부터 소속과 충성의 강한 기준을 전제한다는 점에서 배타적이다. 대조적으로, '연합적' 관점에 따르면 그러한 공적 공간은 아렌트의 용어로 '사람들이 공연에서 함께 행동하는' 언제 어디서나 일어난다"(p. 102).

다른 위치를 가지고 있기 때문이다."[15]

실제로 다원성들에 대한 아렌트의 일관된 강조는 정치사상가 사이에서 그녀에게 특별한 위치를 부여한다. 그럼에도 우리 주제와 관련해 그녀의 철학은 결코 나를 설득하지 못한다. 다원성은 [후설(Edmund Husserl)이 윤곽(Abschattungen)으로 의미하는 바와 비슷하게] 하나의 동일 주제에 대한 견지, 관점, 수반되는 전망의 다원성으로 소개된다.

공동 세계의 조건들 아래서, 실재는 그것을 구성하는 모든 사람의 '공동 본성'에 의해 우선적으로 보장되는 게 아니라, 오히려 입장의 차이와 그 결과로 발생하는 전망의 다양성이 있음에도 모든 사람이 항상 동일한 대상에 관여한다는 사실에 의해 보장된다. (*Human Condition*, pp. 57-58)

이 견해에 덧붙이자면, 보편성이 보장되는 유일한 길은 관객들이나 배우들이 "확장된 사고방식"을 발전시키는 것, 즉 상상력을 통해서 다른 이들과 함께 관점을 바꾸는 것이다.[16]

이 접근 방식은 한 면에서는 적절하지만 다른 면에서는 부적절해 보인다. 다음 절에서 더 온전하게 설명하게 될 구분을 지으면서, 나는 그것

---

15   *The Human Condition* (Univ. of Chicago Press, 1958) p. 57. 『인간의 조건』(한길사). 인용문의 첫 부분은 다소 오해를 줄 수 있다. "모두를 위한 공동 만남의 토대"를 오직 하나의 공적 공간이 존재한다는 의미로 받아들여서는 안 된다. 사실 아렌트는 토크빌을 따라 연합의 다원성을 구별한다. W. B. Prins, *Op de bres voor vrijheid en pluraliteit. Politiek in de post-metafysische revisie van Hannah Arendt* (Amsterdam: VU Uitgeverij, 1990), 특히 pp. 155-157를 보라.
16   "확장된 사고방식"(또는 "정신의 확장"이나 "확장된 사유")은 칸트의 개념인 "erweiterte Denkungsart" (*Critique of Judgment*, § 40)를 번역한 것이다. *Lectures on Kant's Political Philosophy*. Edited with an Interpretive Essay by Ronald Beiner (Univ. of Chicago Press, 1988) pp. 42-44, 70-72, 106-109를 보라. 『칸트 정치철학 강의』(푸른숲).

이 '맥락적' 다양성, 즉 역사적 상황들이나 개인적 특성들의 차이와 관련된 다양성을 다룬다는 데서는 적절하지만 갈등하는 '삶의 방식들'과 경쟁하는 전통들 같은 '방향적' 다원성들과 관련해서는 부적절하다고 주장한다. 나는 '방향적' 다원성들이 입지와 관점의 차이로는 적절하게 이해될 수 없음을 인정하는데, 이(그리고 동종의) 시각적 은유들은 방향적 갈등에서 무엇이 문제인지 파악하지 못하기 때문이다. 이것들은 하나의 동일한 대상에 대한 서로 다른 각도의 문제가 아니다. 훨씬 깊이 들어간다. 예를 들어, 정치적 무정부주의(즉, 핑켈크로트와 아렌트 계열)와 기독교적 의미에서 공적 정의를 추구하는 이들의 차이를 가져와 보자. 실제로 시각적인 것은 그녀를 너무 강하게 붙잡아 결국 긴 형이상학적 전통에서 밀려난 범주인 '행위'(action)를 복원하려는 시도를 좌절시키고, 그녀를 관객의 역할을 강조하는 칸트 편에 가담하게 만든다. "관객들은 오로지 복수로 존재한다."[17] 실제로 그렇다. 그러나 질문은 이런 종류의 다원성이 다문화 사회의 핵심 문제들을 다루기 위한 이점을 제공하느냐는 것이다.

3. 다원성들

3.1. 세 가지 유형

나는 다원성의 세 가지 유형으로 맥락적 다원성, 구조적 다원성, 방향적

---

17 *Lectures on Kant's Political Philosophy*, p. 63. 행위자를 희생시키며 이루어지는 (서술자와 더불어) 관객에 대한 강조는 그녀가 생애 마지막 무렵 칸트의 *Critique of Judgment* 및 정치적 논문들에 보인 공감을 부분적으로 설명해 준다. 베이너의 훌륭한 논문인 같은 책, 특히 pp. 138-139를 보라.

다원성을 구분하기를 제안한다.[18] '구조적'이라는 제목하에 나는 사회적 기구들의, 즉 대학, 학교, 교회, 박물관, 노동조합, 기업, 가족, 그리고—마지막으로 꼭 덧붙여야 할—여러 크기와 형태로 만들어지는 자발적 연합 등의 커다란 다양성을 포함하기를 원한다(이런 종류 중 하나는 내 아버지가 활발한 회원이었던 "서로의 짐을 나름"이라는 이름의 지역 운반인 연합이다).

이 유형들이 대표하는 중요한 기본 원리는 세 가지 환원 불가능한 종류의 관계다. 물론 여기서 이 점을 완전히 주장할 수는 없다. 지금은 맥락적인 것과 구조적인 것에 관해 단지 중세의 '하이케이타스'(*haecceitas*)와 '퀴디타스'(*quidditas*)의 구분을 시사하는 것으로 충분하다. 반면에 방향적인 것을 위해서는 이런 종류의 차이가 가장 농축된 형태로서 선과 악의 구분을 생각해 보아야 할 것이다.[19]

자명하게 가정된 환원 불가능성의 한 함의는 맥락적인 것과 구조적인 것의 유사성이 방향적인 것으로 확장된다고는 말할 수 없다는 것이다. 어떤 유사성인가? 이 양상들이 전형적으로 제3의 것과 공유하지 않으면서 공통적으로 가진 두드러진 면모는 양자의 경우에 주어진 다양성 내에서 구성 요소들이 서로 보완한다는 것이다. 맥락들은 서로 경쟁하지 않으며 사회 기구들의 다양성도 주로 모순과 갈등의 다양성이 아니다. 두 경우 모두 다양성은 삶에 다채로움을 더해 준다. 따라서 그 적절한 관

18　이 유형론은 Richard J. Mouw & Sander Griffioen, *Pluralisms and Horizons* (Grand Rapids: Eerdmans, 1993)에 상세히 설명되어 있다(바로 이 책을 말한다—편집자). 그러나 그 책에서는 '구조적' 대신 '연합적'을 사용했다. 그것은 '연합적'이 토크빌의 *Democracy in America*로 인해 미국 청중에게 더 익숙하기 때문이다. 나는 이런 유형의 다원성이 자발적 연합보다 더 많은 것을 포함한다는 점을 강조하기 위해서 '구조적'을 선호한다.

19　더 직접적인 의미에서는, "이것과 저것"(dit en dat), "이렇게와 저렇게"(zus en zo), "선과 악"(goed en kwaad)이라는 면에서 이루어진 세 근본 관계에 대한 볼렌호븐(D. Th. Vollenhoven)의 구분에서 영감을 받았다.

계들에 대한 일반적 표시로 '보완적'(complementary)이라는 말을 사용하자. 내가 말하려는 바는 대학에서 가족에 이르기까지 앞서 언급한 것 같은 제도들은 서로 나란히 서 있는 것으로 생각될 수 있다는 것이다. 그러나 '방향적' 차이들에 대해서는 같은 말을 할 수 없다. 신앙과 불신앙의 차이가 삶에 다채로움을 더해 주는가? 그리고 계몽주의의 주창자와 적대자 사이에서, 혹은 급진 페미니스트들과 주류 사회과학의 대표자들 사이에서 계속되고 있는 전투로 얻는 게 무엇인가? 이는 병치(apposition)라기보다는 적대(opposition)의 경우 아닌가? 나는 우리가 일차적 효과와 이차적 효과를 구분해야 한다고 서둘러 덧붙이려 한다. 어떤 보완적인, 풍성하게 하는 효과가 부정되지 않는다면—실제로 나는 여러 지점(특히 4.2)에서 이를 허용할 것이다—부차적 위상만을 인정받을 수 있을 것이다. 무엇보다도, 그 관계는 갈등 관계다.

우리가 여기서 전적으로 미지의 땅(terra incognita) 속으로 들어가고 있다고 말할 수는 없다. 앞서 아렌트의 사상에 대해 쓴 소개에서는 이미 한 해설자가 그린, 하나는 "갈등적" 관계, 다른 하나는 "연합적" 관계에 근거한 공적 공간의 두 모델의 대비에 대한 언급을 담고 있다(참고. 2.6). 연합적과 구조적(우리의 용어)은 동종인 반면, 다른 용어는 물론 갈등과 같은 의미다. 과학의 세계 속에서 때로 하나의 동일한 주제를 두고 공존하는 이론들이 상충하기보다 상호 보완하는지 그렇지 않은지는 완전히 불확실하다는 D. C. 필립스(Phillps)의 불평 속에는 유사한 구분이 전제되어 있다.[20]

---

20 "사회과학과 인문과학은 현저히 다른 접근, 방법론, 이론으로 가득하며, 많은 경우 사실 이들이 상충하는지 상호 보완하는지는 분명하지 않다"(D. C. Phillips, *Philosophy, Science, and Social Inquiry*, Oxford, 1987, p. 27).

헤겔과 아렌트가 방향적 갈등에 대한 여지를 가지고 있지 않음은 상당히 분명해졌다. 전형적으로 헤겔은 세계 종교들을 낮은 데서부터 높은 데까지 순위가 매겨진 진화론적 체계에 위치시킨다. 반면에 아렌트는 영속적 차이들에 상당한 강조를 둔다. 아렌트가 선호하는 시각적 은유─견지, 관점, 전망─가 갈등의 심각함을 약화시키고 보완적 관계를 제안할 수밖에 없다는 사실을 제외한다면, 일치보다는 불화(dissension)가 사회를 묶는다는 생각은 참으로 흥미롭다.

3.2. 보편성

그러나 방향적 갈등에는 무엇이 걸려 있는가? 나는 이에 접근하는 최선의 방법은 보편성 개념에 비추어 방향적인 것을 해석하는 것이라는 의견을 제시한다. 간단히 말해 나의 논제는, 삶의 길들은 도전을 받았을 경우 자기 정당화를 제시할 압박 아래 놓이게 되며 그것들은 가장 넓은 지평을 배경으로 그것들의 '선'(자신의 전통 등)을 위치시킴으로써만 그렇게 할 수 있다는 것이다. (보통, 즉 도발당하지 않았을 경우에 방향 선택은 명확히 표현된 주장이기보다는 습관 문제일 공산이 크다.)[21] 따라서 보편자 그 자체는 헤겔의 경우처럼 자기-차별적 이념이나 진화론적 체계라기보다는 진리 주장의 성격을 취한다. 그러한 주장은 그것이 가진 보편적 의도 때문에 유사한 주장들과 충돌하게 마련이다. 현재의 세계 속에서 진리와 갈등은 구분이 불가능하다. 여기서 나는 『다원주의: 일치를 위한 요구에 대항하여』(*Pluralism: Against the Demand for Consensus*)에서 '보편'을 '일치'와 동일시

---

21   이 통찰은 나의 동료인 야콥 클랍베이크(Jacob Klapwijk)에게 빚진 것이다. 그는 최근의 한 토론에서 에토스의 습관 측면을 강조한 바 있다.

하는 것에 반대하여 강하게 주장한 니콜라스 레셔(Nicholas Rescher)에게 동의한다. 그는 합리성 개념을 논하면서 이렇게 단정한다. "결의가 합리적이라고 묘사하는 데서 우리는 실로 그 실질적 함의와 의도에서 보편적인 주장을 확정하는 반면, 그럼에도 그 문제에 관하여 하나의 보편적 일치가 실제로 존재하지 않을 수 있음을 완벽하게 인지할 수 있다."[22]

이 절에서 지향하는 결론은 이미 예상할 수 있다. 우리는 일견 이상해 보이는 조합을 편들며 주장하고 있다. 진리 주장과 관련해 갈라지는 방향과 불화를 인정하지만 그것이 보편성에 대한 관심과 결합된 채 말이다. 바로 이 관심이—그것이 충분히 강력하다면—의견의 갈라짐과 불화에 대한 모든 변호에 수반되는 가공할 위험, 즉 공동 세계에서 스스로 선택한 고립 속으로 물러나는 것을 조장하는 일로부터 보호한다. 필요한 것은 한 에토스의 깊이와 힘을 갖춘 관심이다. 이론적 작업을 추구하는 것은 진리를 위한 열정적 씨름이어야 한다.[23] 물론 모든 일처럼 이론적 작업에도 정당한 과정의 측면이 있다. 그러나 진리에 대한 열정이 없다면 연관된 이론적 차이들은 조만간 보완적 선택지들로 취급되리라는 우려가 있다. 이미 일부 관찰자들이 너무 많은 묵인에 우려를 나타내 왔다. 한 사회과학자가 다음과 같이 말했듯 말이다. "사회과학은 수많은 다양한 지식 체계를 축적했다. 각각의 특정 꾸러미는 대부분 다른 것들로부터 격리된 채로 분리되어 있다."[24] 이와 비슷하게, 사회적 관계 속에도 공

---

22 Nicholas Rescher, *Pluralism* (Oxford: Clarendon Press, 1993), p. 8.
23 "Wissenschaft ist eine Sache der Leidenschaft für die Wahrheit", cf. J. A. F. Köbben, quoting "a certain Von Heutzig", in "Wtrist", P. 글토스(Kloos)와의 토론에서 한 답변, in *Amsterdams Sociologisch Tijdschrift* 16 (May 1989), p. 113.
24 Donald W. Fiske, "Specificity of Method and Knowledge in Social Science", in *Metatheory in Social Science: Pluralisms and Subjectivities*, D. W. Fiske & R. A.

적 에토스가 필요하다. 내 말은 타인의 반응을 이끌어 낼 수 있기 위한, 열린 공적 공간에서 확신을 명료하게 제시하는 추동력을 의미한다.

다행히 현재 '포스트모던' 사조는 이전 시대보다 불화에 호의적이다. 그러나 문제는 비판적 태도, 즉 일치의 이상에 대한 관심이 종종 보편성에 대한 관심을 경멸하는 일을 동반한다는 데 있다. 인정하건대, 적어도 한 면에서는 진리에 대한 보편주의적 해석을 반대하는 자들이 옳다. 보편성 개념은 자기 투명성의 암시를 동반한다. 마치 하나의 삶의 길을 고집하는 이들이 그들의 입장을 전적으로 합리적 논쟁을 통해서 정당화할 수 있는 것처럼 말이다. 그러한 명료성의 제안은 비판받아 마땅하다.[25] 모든 헌신에는 설명에 저항하는 뭔가가 있다. 그러나 나는 보편성 개념을 포기하지 않고 이 불투명함을 허용하는 것이 완벽하게 가능하다고 생각한다. 보편적 의도와 인격적 헌신에 관한 마이클 폴라니(Michael Polanyi)의 잘 알려진 개념들을 채용하는 것이 난관을 벗어나는 하나의 해결책이다.[26] 그가 (그의 주요 철학적 작품의 제목을 대표하는 용어인) "인격적 지식" (personal knowledge)으로 뜻한 바를 포착하기 위해서는 그가 두 용어 사이에 상정했던 밀접한 관계를 이해하는 것이 필수다. 즉, 인격적 확신으로 주장되지만 보편적 의도를 가지고 그리되는 것이 (진정한) 진리 주장의 본질 속에 있다는 것이다. 이것 또는 저것이 참임을 주장하는 것은 나다 (또는 다른 사람이다). 그리고, 하나의 주장을 정당화하는 가운데 조만간 우

Shweder, eds. (Chicago: Univ. of Chicago Press, 1986), p. 61.

25 이 논문의 초고가 발표된 안트베르펜 학회의 워크숍 세션에서 보편성 개념은, 메를로퐁티(Maurice Merleau-Ponty)에게서 통찰을 얻은 루뱅 대학교의 루디 비스커(Rudy Visker)에게 신랄하게 비판받았다. 그의 "Transculturele vibraties", *Tmesis* 3 (1993) pp. 106-121, 특히 p. 115를 보라.

26 이에 덧붙여, '방향적'인 것과 '맥락적'인 것의 상호 연관성을 주장할 수도 있을 것이다.

리는 더 이상의 논쟁 없이 '이것이 내가 믿는 바이며', '여기가 내가 서 있는 곳'임을 인정하는 것이 필요한 지점에 도달할 수밖에 없음을 덧붙이고자 한다. 그럼에도 왜 그러한 주장이 보편적 범위를 가지지 못했는지 어떤 선험적 근거도 없다. 물론 개신교 그리스도인에게는 보름스 회의 앞에서의 루터의 고백이 보편자와 개별자의 완벽한 조합의 원형으로 남아 있다. "내가 여기 서 있습니다. 다른 어떤 것도 할 수 없습니다. 하나님, 나를 도와주소서. 아멘." 이는 곧 내가 헌신한 진리가(또는 진리보다는 그분이) 내가 다른 입장을 취하는 것을 허용하지 않는다는 말이다.

3.3. 바른 이름으로 사물 부르기

앞의 절들이 진리 주장에 너무 많은 무게를 두었기 때문에, 이 저자가 사회를 하나의 거대한 의사소통망, 즉 철학자뿐만 아니라 길거리를 다니는 남자(여자)가 논증(argumentation)에 온전히 참여하고 토론에 몰두하는 세계로 보는 것처럼 비칠 것이 분명하다. 이런 반대에 대처하기 위해서는 3.2 처음 부분에서 이야기한 내용, 즉 일상생활에서 진리 주장에 대한 분명한 제시는 규칙이기보다는 예외임을 다시 이야기하는 것으로 족할 것이다. 삶의 방식에 대한 논증적 정당화를 강조하는 주된 이유는 방향적인 것의 의미를 분명히 밝히는 것이다. 그러나 다른 극단, 즉 일상생활에 대한 그러한 주장들의 (갈등의) 가능한 효과들에 대한 부정이나 최소화에 주의를 기울이는 것 또한 필수다. 보통 주장들이 분명하게 제기되지 않는다는 사실은 그들이 부재하다는 의미가 아니다. 선택지로 그 자체를

---

27 물론 가난한 자, 피난민, 취약 계층, 장애인의 강제된 삶의 방식의 여러 경우에는 상황이 전혀 다르다.

제시하는 삶의 모든 방식은.[27] 이 '길'이 신뢰할 수 있고 믿을 수 있어 그것을 따라 걷는 이들이 '좋은 삶'의 샬롬을 경험하게 될 수 있다는 주장을 체현한다. 그러므로 다양한 길의 공존은 어느 정도 진리에 관한 논쟁과 비교될 수 있다.

우리는 이 시점에서 다문화 사회를 위한 몇몇 함의를 분석하기 시작할 수 있다. 먼저 미국 내 인종 간 긴장에 관한 앤드루 해커(Andrew Hacker)의 논문에서 취한 인용구에 귀 기울여 보자.

> 공교롭게도 '다양성'과 '민족성'은 상대적으로 근대적 어구이며, 실제 삶을 반영하기보다는 더 학문적인 어조를 띠고 있다. 사람들은 오랫동안, 소중히 여겨지고 구원받으려면 자주 흘려야 하는 '피'에 기초해 유대 관계를 말해 왔다. 슬프게도, 일상생활에서 행동할 때 민족성의 유대 관계는 흔히 다른 집단들을 향한 지나치게 단순화된 적대감으로 축소되었다. 다문화적 미국은 교실의 강의안에서는 무해해 보일지 모르나, 우리는 길거리에서 그 결과가 갈등일 때 놀라서는 안 된다.[28]

만약 해커가 혈연, 피부색, 여타 충성과 편견에 입각해 다문화주의 이슈들에 접근한다면, 그는 내가 '방향적'이라고 지칭하는 종류의 갈등을 염두에 두지 않을 것이다. 실제로 많은 갈등이 주로 이런 종류에 속하지 않음을 인정해야 할 것이다. 그러나 나는 그 구분들을 만드는 것이 이 점에서 도움이 되며 어떤 면에서는 해커의 주장을 강화한다고 주장

---

28   "'Diversity' and Its Dangers", *The New York Review of Books*, Oct. 7, 1993, p. 22.

한다. 그것들은 현재의 맥락 속에서 '다양성'이 자동적으로 보완적 요소들의 의미로 받아들여져서는 안 된다는 점을 이해할 수 있게 해 준다. 네덜란드에서 다문화성을 위한 대중적 어구는 '다채로운 홀란드'다. 친숙하게 들리며, 뭔가 근사한 것이 있다. 그러나 그것은 또한 튤립밭의 색들이나 둑을 따라 서 있는 풍차들의 풍경과, 또는 제도들의 광대한 배열을 갖춘 사회의 다변화된 구조와 흡사하게 서로를 보완하는 요소 그 이상으로는 다원성을 생각할 능력이 없음을 무심코 드러낸다. 실제로 우리가 후자의 다양성을 더 많이 가지면 가질수록 좋다. 그것이 삶에 다채로움을 더해 주기 때문이다. 그러나 다문화성이나 다인종성의 현상은, 그것이 해커가 말하는 의미에서의 갈등이건 그보다 더 강력한 방향적 충격―예컨대 이슬람교, 힌두교, 기독교의 삶의 방식들 사이에서―을 가진 갈등이건, 있는 그대로 인식되어야 할 갈등들을 수반한다. 나는 단지 데이비(Donald Davie)의 외침을 반복할 수 있을 뿐이다. "정말로 우리 관용적이자. 관용이 제한되지 않게 하자. 그러나 동시에 사물을 바른 이름으로 부르자!"²⁹

인정할 것은, 특정한 보완성은 부정될 수 없다는 것이다. 뒤에서 대학의 위치를 논하며 이 사안을 더 곱씹어 볼 것이다(4.2를 보라). 여기서는 단지 네덜란드 문화의 한 두드러진 면모를 지적하려 한다. 역사가들은 인문주의와 칼뱅주의의 경쟁이 네덜란드 역사에 얼마나 유익했는지 충분히 인지하고 있다.³⁰ 그러나 내 논제와 전혀 상충하지 않고도 이 주장은

---

29   Donald Davie, *Dissentient Voice*, p. 90.
30   네덜란드 문명에 관한 요한 하위징아(Johan Huizinga)의 연구인 *Nederland's beschaving in de zeventiende eeuw*에 대한 판 두슨(A. Th. Van Deursen)의 서평을 참고하라. 판 두슨에 의하면 하위징아의 작업이 도달할 결론은(비록 그가 실제로 이끌어 내지는 않았지

내가 이미 말한 것에 보탬이 된다. 이 비옥한 상호작용이 실제 경쟁에 기초했기 때문이다. 그것은 "철이 철을 날카롭게" 하는 경우였다(잠 27:17).

4. 교차로에서

4.1. 신들이 그들의 무덤에서 올라오고 있다

나의 결론은 다원주의적 에토스가 본질적으로 불가능하다는 것인데, 자세히 검토해 보면 '다원주의'라는 바로 그 어구가 이질적 관계 모두를 포괄하는 두루뭉술한 것으로 밝혀지기 때문이다.

다원주의의 논쟁적인 면을 민감하게 인식했던 한 사회철학자가 있었다. 바로 막스 베버다. 한나 아렌트가 다원성의 우월성을 이야기할 때마다 우리는 베버의 영향을 감지할 수 있다. 그러나 아렌트가 불화를 주로 다른 관점으로 받아들이는 반면, 베버는 가치 체계의 갈등이 아니더라도 가치들의 갈등이 지니는 무게를 고스란히 불화에 부여한다. 『직업으로서의 학문』(Science as a vocation, 1919)에서 유래한 가장 잘 알려진 표현이 있다. 거기서 그가 말하길,

> 오늘날 많은 옛날 신이 (미몽에서 깨어나, 그리하여 비인격적 힘들의 형식으로) 그들의 무덤에서 올라오고 있다. 우리들의 삶에 대한 힘을 장악하려 애쓰며, 서로서로 그들의 영원한 투쟁을 재개하며 말이다.

만), 네덜란드 문화의 질은 활기찬 인문주의와 건전한 칼뱅주의의 경쟁에 의존해 있다("de rivaliteit tussen een levenskrachtig humanisme en een gezond Calvinisme")는 것이다. *De eeuw in ons hart* (Franeker: Van Wijnen, 1992), p. 148.

이 이미지는 내 논문의 주제와 즉각 관련이 있는 것으로 보인다. 하버마스는 이런 어조로 동유럽 민족 국가들의 해체를 회고하면서, 최근에 방금 인용한 말을 적용했다. 그는 무덤에서 올라오고 있는 19세기의 정신들(spirits)을 이야기하면서 이렇게 덧붙였다. "그것들이 정복되었다고 추정했던 모든 이에게 슬픈['우울한'] 생각."[31] 그가 계몽주의의 보편주의를 계승하는 자를 자임한 사람으로서 동구의 민족 분쟁 급증으로 인해 침울함에 휩싸인 게 이해된다.[32]

비록 이 적용이 실제로 동유럽과 관련하여 전적으로 적절하지만, 더 일반적인 의미에서 우리는 방향적 갈등들에 대한 베버의 절대화라는, 이전에 만나지 않았던 문제를 주의해야 한다. 첫눈에 『직업으로서의 학문』에서 인용한 단락은 인간의 실존이란 다투는 영들의 전장이라는 기독교 인간학의 기본 통찰과 잘 부합하는 것처럼 보인다. 그러나 이 논문의 전망에서 볼 때 문제가 되는 것은 구조적 다원성과의 관계다. 잘 알려진 것처럼 베버의 사회학 중심에는 서양 사회의 분화가 있다. 개혁주의 철학(Reformational Philosophy)에서는 그런 과정 속에서 구조적 다원성과 그에 수반된 방향적 힘들의 건전한 출현을 조심스레 분리하려고 노력하는 반면,[33] 베버는 그것들을 함께 묶는다. 인용된 단락의 비인격적 힘들은 독립성을 획득한 삶의 영역들의 신들을 지칭한다. 우리는 이성적 계산의

---

31 "한편, 동유럽에서는 19세기를 통치했던 정신들이 무덤에서 올라오고 있습니다. 그것들이 정복되었다고 생각한 모든 이에게 우울한 일입니다." 이 인터뷰는 *Filosofi-Magazine*, maart 1993, p. 20에 실렸다.
32 또한 "'more Humility, Fewer Illusions.' A Talk between Adam Michnik and Jürgen Habermas", in *The New York Review of Books*, March 24, 1994를 보라.
33 S. Griffioen, "De betekenis van Dooyeweerd's ontwikkelingsidee", in *Philosophia Reformata* 51 (1987), pp. 83-109를 보라.

에토스를 갖춘 근대 기업체와 전문적 규칙들을 갖춘 과학 기구 등의 출현을 생각할 수 있다. 기독교 종교는 그것이 풀어놓는 것을 도왔던 문화 과정에 의해 처음부터 위협을 받았다는 그의 논제가 여기서 나온다. 신들이 그들의 무덤에서 올라오는 시점은 기독교가 공적 종교로서 무너질 때다. 베버는 이 일이 그의 시대에 벌어지고 있다고 생각했다.

베버가 갈등을 구성하는 데 그토록 빨랐던 것은 그가 인생에 대해 비극적 견해—의심할 나위 없이 니체에게 영향을 받았다—즉 인생은 끊임없이 파편화로 위협을 받는다는 생각을 가지고 있기 때문이다. 베버는 하나의 해법만을 가지고 있다. "너의 수호신(*daimon*)을 따르라." 그는 "직업으로서의 학문"에 관한 강연 말미에 청중들에게 충고한다. 무엇을 택해야 하는지를 위한 논쟁은 없다. 그저 뭔가를 선택하고 끝까지 따르되, 단지 자신에게 충성을 다하라. 오히려 나는 베버식의 비이성적 결단주의(decisionism)보다는 논쟁을 강조해 왔다.[34] 방향적 갈등들은 삶의 방식들을 인식하는 주장들에서 나온다.

그러나 논쟁을 강조하는 것만으로는 충분하지 않을 것이다. 한편으로 우리는 3.2 끝에서 이미 논의한 요점인 이성주의적 설명의 위험을 피해야 할 것이다. 다른 한편으로 우리는 삶의 파편화라는 베버의 문제를 직면해야 할 것이다. 이 문제와 관련하여 나는 스스로를 한 가지 요점에 제한할 것이다. 논증은 본래 분열을 초래한다. 잠복해 있는 차이들을 자극하게 마련이기 때문이다. 그러나 공공 정신을 유지하는 것 또한 가능하다. 어떤 면에서 논쟁들은 사람들을 하나로 묶을 수도 있다. 누군가를 설

---

34   *Natural Right and History* (Univ. of Chicago Press, 1953) ch. II에 나오는 레오 스트라우스(Leo Strauss)의 베버 비판을 참고하라.

득하려고 노력하는 것은 그 사람을 붙드는 한 방식이다. 그러한 의도가 없다면 갈등도 없고 오직 무관심만 있을 뿐이다. 베버의 사회 개념 속에서 우리와 다른 사람들을 붙드는 것은 찾아볼 수 없다.[35] 그에게는 진리를 위해 공동으로 노력하는 자리가 없기 때문이다.

4.2. 기독교 대학의 자리

기독교 대학의 자리를 결정하면서 그와 같은 기구가 다원성의 다양한 유형의 교차로에 있음을 깨닫는 것이 중요하다. 첫째로, 구조적 다원성들을 고려해야 한다. 한편으로는 국가, 혹은 더 추상적으로 보면 법적-정치적 기구가 있겠고, 다른 한편으로는 교육 기구들, 이 경우에는 고등 교육 기구가 있겠다. '주립 대학교'라는 말, 네덜란드에서라면 왕립 대학교라는 말은 혼란스러운 개념을 형성한다. 그것은 정부 기구가 학문적 기준을 설정하는 권리를 가짐을 암시하기 때문인데, 그것은 대학 개념 자체와 상충할 것이기에 그렇다. 여기서 옹호되는 바처럼 정부 기관과 대학이 자격과 권위에서 다른 영역에 속한다는 것은 구조적 다원주의라는 관념과 들어맞는다.[36] 어떤 학문 기관이 전적으로 정부에 의해 설립되었을 때

---

35   내가 다른 곳에서 주장한 것처럼 하버마스에게는 분명 그 자리가 있지만 이성주의적 설정 안에 있다. Sander Griffioen, "The Metaphor of the Covenant in Habermas", *Faith and Philosophy*, vol. 8 (October 1991), pp. 524-540.

36   이 점에서 나는 도이어베르트의 사회철학이 이끄는 대로 따른다(각주 8과 비교해 보라). 최근에 이 사회철학의 타당성이 런던 대학교에서 통과된 철학박사 학위 논문에서 제시된 바 있다. Jonathan P. Chaplin, *Pluralism, Society and the State: The Neo-Calvinist Political Theory of Herman Dooyeweerd (1894-1977)* (University of London, June 1993)를 보라. 구조적 다원주의와 방향적 다원주의 모두에 관한 기독교적 관점을 다루는 중요한 역사적 문헌들은 James W. Skillen & Rockne McCarthy, *Political Order and the Plural Structure of Society* (Georgia: Scholars Press, 1991)로 재출간되었다. Michael Walzer, *Spheres of Justice: A Defence of Pluralism & Equality* (Oxford: Blackwell, 1983)의 편집자들이 쓴 서문에는 유익한 논의가 포함되어 있다. 『정의와 다원적 평등』(철학

조차, 엄격한 의미에서 국가는 학문적 사안에 간섭할 권리를 가지지 않는다. '피리 부는 이에게 돈을 낸 사람'이 그 사실 때문에 '곡을 정할' 권리를 가진다는 말은 참이 아니다.

둘째로 '기독교적'라는 형용사는 특정 '방향'이 구조적 표현을 발견했음을 나타낸다. 이 논문이 기초를 두고 있는 가정 중 하나는 특정 한계 내에서 그러한 구조적인 것과 방향적 것 사이의 간섭은 좋은 일이라는 것이다. 공적 질서에 위협을 야기하는 '방향', 즉 '극좌'와 '극우'로의 움직임이 존재하기 때문에 언급된 제한은 주어져야 한다. 불행하게도 많은 사람에게 극단주의의 위협은 다문화 자체와 분리할 수 없게 엮여 있다. 하나의 반작용으로 그런 사람들은 방향적 표명 자체에 반대하려는 성향을 보인다. 예를 들어, 그들에게 이슬람 학교들을 위한 정부 기금은 불관용적 근본주의에 항복하는 것과 동일하다. 이런 상황들 아래서는 갈라지는 방향들(다시 말하지만, 특정 한계 내에서)을 위한 구조적 표명의 가능성을 옹호할 긴급한 필요가 있다.

이 표명은 기독교 대학, 무슬림 대학 등 분리된 기관들의 기금으로 나아갈 수 있다. 그러나 왕도는 먼저 기존의 기관들 내에서 표현의 여지를 찾는 것이다. 1904년에 네덜란드 법은 중요한 가능성 하나를 열었다. 바로 공립 대학들에 서로 다른 방향들을 대표할 특별한 자리를 설립하는 일이다. 자유 대학교의 설립자인 아브라함 카이퍼가 당시 수상으로 재임했기에, 그 법은 그의 이름과 관련 있게 되었다.[37] 아주 흥미롭게도,

---

[37] 과현실사). 왈저는 구조적 다원성에 대한 강한 주장을 폈으나, 규범적 원리에 호소하지 않고 역사적 증거에 기초를 두었다(참고, Skillen & McCarthy, p. 10).
그러나 그 법은 그의 이상이 아니었다. 그 법은 위트레흐트 대학교에서 전통적 그리스도인들의 후원을 유치하는 수단으로 주창했다. 카이퍼는 그 법이 보상으로서 '그의' 대학교인

막스 베버는 열띤 관심을 갖고 카이퍼의 대학 개혁을 추적했다. 헤니스(Wilhelm Hennis)는 대학에 대한 베버의 관점에 관한 연구에서 이를 다음과 같이 말했다. "베버는 그에게 분명 대단한 인상을 남겼던 사례를 거듭 언급했다. 바로 네덜란드 대학들의 사례인데, 그곳은 아담[!] 카이퍼의 대학 개혁에 의해 모든 사람이, 정교수 자리를 위한 기금을 기부하고 그 자리를 맡을 사람을 결정할 이사회를 선택할 권한, 즉 그렇게 할 위치에 있는 사람들을 위해 당연히 행사할 수 있는 권한을 갖는다." 베버는 독일에서 네덜란드의 예를 따르기를 희망했다. "독일 산업주의자들의 중앙 조합, 일원론적 조합, 케플러 조합, 노동조합 회의, 교회, 정당이…그들의 권한을 활용할 수 있는 상황이 일어날 수 있게끔, 오늘날 홀란드에서 가톨릭 및 다른 교회들이 하기 시작한 것처럼 말이다."[38]

기업가들의 중앙 조합을 위한 특별한 자리가 실제로 '아담' 카이퍼의 개혁과 보조를 맞출지는 의심스럽다. 그런 재단이 진정한 방향적 다원성과 공적 정신 둘 다에 기여할 수 있느냐가 시험이다. 기독교 대학이 이 점에서 직면하는 도전은 다문화 사회 내에서 공적 광장으로 종사하는 것이다. (대학으로서) 구조적 다원성과 (기독교 기관으로서) 방향적 다원성의 교차로에 서 있으면서 기독교 대학은 걸려 있는 모든 다원성에 민감하리라 기대될 수 있다.

암스테르담 자유 대학교를 위한 증진 권리(*ius promovendi*)를 획득하는 것을 도왔기 때문에 법안 추진에 동의했다고 알려져 있다.

[38] Wilhelm Hennis, "The pitiless "sobriety of judgment": Max Weber between Carl Menger and Gustav von Schmoller—the academic politics of value freedom', in *History of the Human Sciences*, Vol. 4, no. 1, 1991, pp. 27-59, 특히 pp. 42-46, 이 인용구는 p. 44에서 가져옴. 같은 학술지의 후속 호 가운데 하나에서 헤니스는 '문화적 다원주의'를 향한 베버의 부정적 태도에 비판적이었던 게리 에이브러햄(Gary Abraham)이 쓴 논문을 비판하면서 카이퍼에 대한 베버의 평가로 돌아왔다(Vol. 6, August 1993, p. 22).

부록 2

철이 철을 날카롭게 하는 것같이*

방향적 다원주의에 관한 대화

리처드 마우·산더 흐리피운

요리스 판 에이나튼(Joris van Eijnatten, 네덜란드 국립 도서관과 위트레흐트 대학교 문화 역사 교수. 역사, 문화, 근대에 대한 국제학술지인 *HCM* 편집자 중 한 명이다. 이 논쟁은 에이나튼이 박사 학위를 받은 지 얼마 지나지 않아 진행되었다―옮긴이)이 '방향적 다원주의'에 관한 우리의 견해를 비판한 내용은 『다원주의들과 지평들』의 핵심 사안을 건드리고 있다. 우리의 책이 그처럼 주의 깊고 민감한 독해의 대상이 되었다는 게 영광스럽다. 그가 제기한 몇 가지 사안은 계속 생각해 보기를 원하지만, 우리 주장에 아주 중심적일 뿐만 아니라 개혁주의 철학 전반에 관련되었다고 믿는 다른 몇 가지는 즉각 대답을 요청한다. 따라서 이렇게 공적 응답을 할 수 있는 기회가 있어 반갑다.

---

*   한국어판 부록으로 싣고자 Richard Mouw & Sander Griffioen, "Iron Sharpening Iron", *Philosophia Reformata* 60 (1995), pp. 63-66를 옮긴 글이다.

1. 재구성

우리가 이해하는 바로는 그의 비판의 예봉은 방향적 다원주의에 관한 우리의 설명이 오늘날 문화의 조건들과 전근대 및 근대 초기 상황에 적용되기에는 너무나 특정한 전제에 의존하고 있다는 것이다. 이 전제들은 무엇인가? 판 에이나튼은 흐룬 판 프린스터러(Groen van Prinsterer)와 그 추종자들의 사상에서 가장 특징적으로 체현된 가정들을 지목한다. 그것은 근대 사회에서 모든 통일성은 단지 허울이며 그 이면에서는 서로 다른 신앙 공동체 사이에서 영적 전투가 치러지고 있다는 것, 그리고 참된 기독교적 방향은 다른 모든 '방향'과 아주 다르다는 것이다.

물론 우리는 '대립'을 다루었다. 판 에이나튼에 따르면, 흐룬과 카이퍼뿐만 아니라 마우와 산더 같은 개혁주의 철학자들은 그들의 대립적 사회관을 이전 시대에 투사하는 경향이 있으나, 사실 이런 사조는 오로지 전형적인 19세기 사조를 반영할 뿐이며 따라서 모든 것을 포괄하는 보편성을 주장할 수 없는 것이다. 판 에이나튼의 주장은 "하나님, 네덜란드, 오라녜"(*God, Nederland en Oranje*, 1993)라는 그의 박사 학위 논문에 근거를 두고 있다[논문 부제목은 "네덜란드 칼뱅주의와 사회적 중심의 탐색"(*Dutch Calvinism and the Search for the Social Centre*)으로, 이 논문은 1913년 루이스 크리스페인(Louis H. Chrispijn)이 만든 네덜란드 왕조에 관한 무성영화 〈네덜란드와 오라녜〉(*Nederland en Oranje*)를 염두에 둔 사회 연구다―옮긴이]. 이 어렵지만 흥미진진한 작업에서 열정적으로 변호하는 하나의 가설은 전근대 사회와 초기 근대 사회에는 통일성이 지배적이었다는 것이다. '방향들' 사이의 차이들은 공통으로 지지되었던 기본 가정들에 비해 이차적이었다[홀란드의 황금시대에서 칼뱅주의와 인문주의의 관계에 대한 판 두슨(A. Th. van Deursen)의 견해에 대한 그의 앞선 주장들과 비교해 보라]. 이보다 깊은 통일성들이 시야에서 사라진 것은 오직 근대성의 전성기 동안 일어난 일이다.

비록 우리의 동료는 흐룬의 칼뱅주의가 가진 탄탄함에 상당히 공감함에도, 그것이 우리의 포스트모던 문화 속에서 그 기반을 상실했다고 확신한다. 그는 오늘날에는 통일성이 지배하고 있긴 하나, 그것은 예전의 (네덜란드어로 gevulde eenheid라고 말할) '충만한 통일성'이라기보다는 (실로) 근대 초기와 대조해 '공동적 진공'의 형태라고 주장한다. 그의 논점을 도전적으로 만드는 점은 '낮은' 방향적 형태와 '높은' 방향적 형태의 구분을 도입한 것이다. 높은 형태들은 삶의 모든 것을 포괄할 수 있는 반면 낮은 형태들은 오직 일부만을 포괄한다. 페미니즘이 후자의 한 예다. 페미니즘은 죽음을 어떻게 다뤄야 하는지 모른다[노화와 고독에 대해서도 마찬가지다. 흐리피운의 1994년 논문 p. 14(이 책 부록 1, p. 222)를 보라]. 판 에이나튼은 우리 시대가 높은 형태들에서 낮은 형태들로의 폭넓은 전환을 목도하고 있다고 주장한다. 높은 형태들이 그의 설명에서 빠진 것은 아니다. 그는 이슬람교를 언급한다. 하지만 서양 세계에서 이슬람교가 퍼지는 것에는 그다지 무게를 부여하지 않은 채로 언급한다. 전반적으로는, 낮은 형태들이 우세한 상황이다. 이 말은 점점 많은 사람이 한 방향으로 일관되게 움직이지 않고 온갖 종류의 사회적 형태에 참여하고 있음을 뜻한다. 판 에이나튼은 방향적 다원주의에 대한 마우와 흐리피운의 설명에 전제된 명료함은 더 이상 존재하지 않는다고 결론짓는다. 사회주의, 자유주의, 로마 가톨릭, 개혁주의의 '운동들'과 그에 수반된 세계관 사이의 분명한 차이들은 과거의 것이 되어 버렸다는 말이다.

더 나아가, 양극화에 관한 그의 언급에 상당히 암시되어 있는 것처럼 보이듯, 대립적 입장 또한 공적 삶에 부적절한 것처럼 여겨진다. 판 에이나튼의 요점은, 비록 내용이 없더라도 발전된 공동체성(communality)은 오히려 연대(solidarity)를 요청한다는 것처럼 보인다. 그는 그러한 에토스를 위한 기초가 마우와 흐리피운에게는 결여되어 있다고 본다. 하지만 마우와 흐리피운의 책은 '종말론적 지체' 동안의 관용이라는 '잠정적 윤리'(interim ethic)를 강조함으로써 양극화된 대립에서 구원받는다. 그러나 판 에이나튼은 이 잠정적 윤리가 과연 작동할지 의혹을 품는다. 그것이 정치적 삶에서는 효과적일 수 있을지 몰라도 문화에서는 그렇지 않을 것이라고 의심한다.

2. 대답

잠정적 윤리 문제에서 시작해 보자. "그것이 정치적 삶에서는 효과적일 수 있을지 몰라도 문화에서는 그렇지 않을 것이다." 솔직히 우리는 그가 무슨 뜻으로 그렇게 말했는지 완전히 이해하지는 못하겠다. 그는 '정치'로 우리가 '공공'을 뜻하는 것을 뜻하고, '문화'는 사회적 삶의 나머지에 대한 넓은 부분을 지시하는 것으로 사용하는가? 만약 이것이 맞다면, 이 구분은 폭넓은 사회와 대비시킨 공적 삶에 관한 우리의 묘사와 일치한다. 잠정적 윤리에 대한 우리의 주장은 실제로 제일 먼저 공적 영역과 관계한다. 거기서 방향적 차이들이 과묵한 자세로 도입되어야 한다는 것이 우리의 확신이다. 이 영역에서 '옳은' 혹은 '그른' 확신들은 적절한(즉, 공적) 수단에 의해서 판결될 수 없다. 그러므로 인내심이 요청된다. 우리는 이 점에서 차이를 도입하려 하기 때문에, 동일한 윤리가 더 넓은 문화에서 '작동하지 않는다'는 판 에이나튼의 결론은 우리 입장에 아무런 손상을 입히지 않는다. 공적 담론에서 우리의 가장 깊은 확신은 보통 가까이 있는 이슈들을 통해서 명료하게 규정될 수 없는 반면, 사회적 삶은 누군가의 확신을 보다 풍부하게 삶으로 드러낼 충분한 기회를 제공한다. 이것이 방향적 다원주의와 **연합적** 다원주의가 중첩되는 점 중 하나이다. 연합들은 우리가 '확신의 공동체들'이라고 부르기 원하는 형태를 취할 수 있으며, 이 공동체는 '방향들'이 구체적인 모양을 취하는 장을 말한다. 이 학술지를 발행하는 협회를 그런 공동체의 한 예라고 보는 것은 너무 지나친 해석인가? 그것은 개혁주의('칼뱅주의') 철학의 '아주 고독한 이력'에 관한 판 에이나튼의 주장에 유망한 관점을 더해 줄 것이다.

매킨타이어의 『덕의 상실』 결론에 관한 그의 입장과 우리의 입장을 비교하는 게 도움이 되겠다. 우리에게, 그의 반응에 담긴 분위기는 매킨타이어의 분위기와 비슷해 보인다. '새로운 암흑시대'가 도래했고 우리 논의가 제안하는 종류의 교정책은 너무 늦었다. 그러나 매킨타이어가 새로운 '베네딕투스' 공동체들에 뭔가 희망을 거는 반면, 우리는 판 에이나튼이 그런 전망을 손쉬운 탈출구라며 거부하리라 추측한다. 마우가 쓴 글(Mouw, 1993)에 관한 그의 비판적 언급으로 미루어 보건대, 그에게 탄탄한 제자도를 위한 조건들이 그 안에서 유지될 작은 단위의 형성은 "비순응적인 그리스도를 사적으로 모방하는 일" 속으로 퇴거하기를 고대하는 이들을 위한 도피로 이상의 어떤 것도 제공하지 않을 것이다. 이런 종류의 평가는 놀라운 일이 아니다. 외부에서 볼 때 신앙의 기사(knight)와 무한한 단념의 기사를 구분하기란 어렵다는 ─불가능하지는 않더라도─ 키

르케고르(Søren Kierkegaard)의 소견을 상기해 볼 수 있다. 그렇다고 하자. 그래도 차이는 여전히 크다. 환영받지 못하는 시대 속에서 탄탄한 칼뱅주의 비전을 붙잡는 것은 여전히 "부적절한 연관성"을 확고한 헌신으로 이행하기를 **갈망**하는 것이다(Griffioen, 1995). 실제로, 베네딕투스 규칙서를 고수하는 이들 자체도 (항상 그러하지는 않지만) 가끔 사태를 이런 식으로 본다. 그들이 단순히 사인주의(privatism)로 물러나는 게 아니라는 것이다. 오히려 그들은 언젠가 완전히 공적이게 될 조건들을 '사적으로' 육성하고 있으며, 그들의 작은, 충성된 공동체들은 '종말론적 증거'로, 언젠가는 그들이 내뱉는 부적절하게 연관성 있는 공동체적 재잘거림(patter)이 세상을 가득 채울 것이다.

이제, 우리는 우리를 비판하는 사람들이 제기한 또 다른 점에 응답할 수 있는 유리한 지점에 도달했다. 그 비판은 방향적 차이들에 대한 강조가 우리로 하여금 공허한 결정주의라는 유사(quicksand)에 빠지게 만든다는 것이다. 이 주장에는 일말의 진리가 있다. 우리는 방향적 갈라짐이 지닌 결정적 성격을 정말로 강조하기 원한다. 방향을 선택한다는 것이 무엇을 뜻하는지에 대한 의식이 오늘의 문화 속에서 너무 약해졌다는 것은 애통할 일이다. 과거에는 이에 대해 더 큰 의식이 있었고, 우리 문화뿐만 아니라 다른 문화들에서도 그랬다. 우리가 뜻하는 바가 한 중국 속담에 잘 표현되어 있다. "머리카락 한 올 너비의 실수가 천 리의 방황길로 이끌 수 있다." 우리는 더 높은 형태의 방향성에서 더 낮은 형태의 방향성으로 전환하는 것보다—다른 점에서는 이것이 중요하겠지만—무관심이 더 큰 문제를 야기한다고 믿는다. 결국은 낮은 형태들도 분명 방향적 요소들을 구현한다. 무관심은 방향적 차이들이 보완적 다양성들, 맥락적 다양성들로 인식되는 것을 의미할 뿐 아니라(Griffioen, 1994), 더 중요하게는 한 사람의 삶의 방향 상실을 의미한다. 이 점에 관한 감수성이 매우 약해졌기 때문에, 방향적 다원주의에 대한 우리의 설명은 틀림없이 진부한 지지에 기대는 일처럼 보일 것이다. 그러나 우리는 논의를 뒤집어 놓기를 선호한다. 우리는 우리 문화의 맹점을 감지할 수 있기 위해서 방향성 개념을 필요로 한다. 우리의 이론은 서술적이기기보다는 진단적이기를 의도한다.

다른 한편, 한 길이 선택되면 사람은 보통 첫발에서 다음 발이 따라 나오는 것처럼 일관성 있게 나아간다. 모든 삶의 길에는 그 나름의 논리가 있다. 그렇다면 의식적 결정들은 덜 두드러지는 게 정상이다. 특정 방향을 따르는 것은 하나의 습관, 또는 심지어 '제2의 본성'이 될 수 있다. 야콥 클랍베이크(Jacob Klapwijk)는 (우리와 아주 밀접한 주제인) 정상성(normativity)과 관련하여 '습관화'(habituation)의 중요성을 지적한 바 있다(Klapwijk, 1994, pp. 180-183). 그는 이 점을 강조함으로써 '윤리적 결정주의를 위한 키르케고르식 논쟁'을 피해 가기를 원했다(p. 180). 하지만 습관화는 무관심과 다르다. 우리는 낮은 단계의 의식으로 바짝 정신을 차리고 있다. 마치 자전거를 타는 것과 같다. 운전자는 계속 가기 위해서 변화하는 상황에 계속해서 적응해야 한다. 그러면서도 그는 또 다른 의식의 차원에서 새들을 발견하거나 (이 학술지의 독자들이라면 그럴지도 모를 것처럼) 얽히고설킨 철학적 문제들을 푸는 데 골몰할지도 모른다.

그러나 습관화가 결코 포착할 수 없는 뭔가가 있다. 우리는 일상에서 자전거 타기처럼 깔려 있는 길을 따라서 가지 않는다. 미래는 열려 있으며, 계획되어 있지 않다. 우리의 길을 발견하기란 결코 쉽지 않다. 성경에 우리에게 바른 길을 보여 주시기를 구하는 그 많은 기도가 기록되어 있는 것은 놀랄 일이 아니다. 이 점에서 철학은 그 나름의 사명이 있다. 바로 고유의 수단을 통해 방향 제시를 돕는 일이다. 그렇게 할 수 있으려면 항상 자기비판이 필요하다. 도이어베르트가 자주 반복한 인정, 바로 대립이 우리 자신의 마음을 관통한다는 인정은 우리 역시 죄인이라는 의무적 고백이 아니라 바른 노정에 서 있기 위해 필요한 날카로운 의식에서 나온 것이다. 우리의 길을 발견하기 위해서는 서로가 필요하다. 우리에게는 요리스 판 에이나튼과 같은 비판가가 필요하다. 그리고 이 지면들을 통해서 수행된 것과 같은 의견 교환이 필요하다. 이는 철이 철을 날카롭게 하는 일이다.

참고문헌

Van Eijnatten, J., *God, Nederland en Oranje* (Kampen, 1993).

Griffioen, S., "Is a Pluralist Ethos Possible?", in *Philosophia Reformata* 59 (1994), pp. 11-25.

Griffioen, S., "The Relevance of Dooyeweerd's Theory of Social Institutions", in Griffioen, S. & Balk B. M. (eds.), *Christian Philosophy at the Close of the Twentieth Century* (Kampen, 1995).

Klapwijk, J., "Pluralism of Norms and Values", in *Philosophia Reformata* 59 (1994), pp. 158-192.

Mouw, R. J., "Creational Politics", in *Christian Scholar's Review* 23 (1993), pp. 181-193.

찾아보기

개신교 근본주의 126-127
개인주의 106-107, 145, 151, 196, 220
객관주의 118-121, 123-129, 181, 184
겔너, 어니스트(Ernest Gellner) 22
계몽주의 22, 49, 71, 98, 184, 196, 203, 218, 219, 224, 230, 238
공공철학 82-83, 94, 97, 98-99, 104, 105, 107, 143-144
공동 예배 201
공동선 95-97, 199, 208
공론장 74, 77, 79, 80, 87, 105, 143, 202, 208, 213
공리주의 35
공적 공간 100-101, 102, 104, 105, 196, 197, 201
공적 영역 71, 73-74, 77, 79, 82-88, 89-91, 97-98, 99-101, 102-104, 105-109, 196, 198-201, 208, 212-214
공적 윤리 74, 75, 76, 212
관용 15, 213
교황 비오 2세(Pope Pius II) 62
국가주의 59, 145, 151
그라슬, 한스(Hans Grassl) 17-18

그리스도의 몸 207
글래스, 제임스(James M. Glass) 92, 93, 94, 198
기독교 14, 15, 16, 17, 50-54, 56, 61-65, 67, 73, 76, 78, 81-88, 95, 101, 104, 112, 115-116, 118, 121-122, 123-136, 148, 151, 152, 156, 159, 166-172, 175, 184, 190, 192, 193-197, 200-205, 209-211, 213, 214
기독교 국가 87
기독교 철학 172; 사회철학 172
기어츠, 클리퍼드(Clifford Geertz) 34

낭만주의 55
넥터라인, 제임스(James Nuechterlein) 82
노박, 마이클(Michael Novak) 56-66, 67, 69, 71, 74, 85, 97, 152
뉴비긴, 레슬리(Lesslie Newbigin) 68, 70-71, 72-74, 83-88, 90-91
뉴하우스, 리처드(Richard Neuhaus) 68-71, 72, 74-83, 103
니버, 리처드(H. Richard Niebuhr) 165-171

니버식 변증법 108
니체주의 115
니터, 폴(Paul F. Knitter) 122-125, 130, 155

다양성 17, 18, 25-26, 36, 37-38, 59, 75; 문화적 172; 종교적 78, 79, 99, 101, 104, 105; 창조적 156
다원주의 12-13, 14, 17-18, 19, 21, 24, 25, 35, 37, 42, 46, 57-66, 68, 69, 73-75, 80-83, 88, 109, 116-118, 133, 141, 146, 158, 175, 204-205, 207-208, 214, 215-217, 237; 공적 72; 규범적 26-30, 68; 라는 현실 39-40, 46, 48, 208; 맥락적 28-30, 108, 136-137, 139, 184-185, 187, 192, 204, 209, 229, 248-249; 문화적 23, 139, 166, 170, 187, 190; 방향적 28-30, 34, 37, 59, 60, 61, 107-108, 111-137, 143, 145-150, 184-188, 192, 204, 208-210; 상대주의적 31; 서술적 24-30; 성적 25, 26, 27; 연합적 17-30, 37, 59, 60, 61, 107-108, 112, 136-137, 139-160, 184-188, 192, 198, 205-206, 207-208, 209, 229, 247; 종교 25-27, 97, 113; 형이상학적 40-41, 45-46, 48
대화적 신중심주의 131-132
데리다, 자크(Jacques Derrida) 117
도덕 55
도덕적 질서 81
도이어베르트, 헤르만(Herman Dooyeweerd) 206-207
드라이버, 톰(Tom Driver) 14-16, 19-21, 23, 28, 175
디데릭스, 닉(Nic Diederichs) 189

로마 가톨릭 17, 56, 61, 62, 63, 64, 156, 158, 166, 167, 171

로티, 리처드(Richard Rorty) 44, 45, 48, 49
롤스, 존(John Rawls) 33-37, 38-42, 43-45, 46-47, 48, 49, 50, 51, 52, 53, 54, 55, 56-57, 58-59, 60, 63, 65, 66, 67, 68, 69, 74, 78, 96, 105, 208-209, 213
루소, 장자크(Jean-Jacques Rousseau) 128, 194, 200-203, 214
루크스, 스티븐(Steven Lukes) 22
리오타르, 장프랑수아(Jean-Francois Lyotard) 116
리프먼, 월터(Walter Lippmann) 98-100, 103-104, 198-199
링컨, 에이브러햄(Abraham Lincoln) 76

마르크스주의 62, 115, 122, 124, 135, 209, 211
마리탱, 자크(Jacques Maritain) 111
마오주의 122
마우, 리처드(Richard Mouw) 229, 247
마커스, 조지(George Marcus) 161-162, 190
매개 구조 145-146, 151-152, 154, 159
매킨타이어, 알래스데어(Alasdair MacIntyre) 75, 142, 145, 185-186, 195-196, 247
맥클렌던, 제임스(James McClendon) 214
무디, 던바(T. Dunbar Moodie) 189
문화적 뿌리박음 84, 165, 180
문화적 잔재 187
문화적 제국주의 22
미첼, 바실(Basil Mitchell) 55, 208-209
밀, 존 스튜어트(John Stuart Mill) 43

바더, 프란츠 폰(Franz von Baader) 17
바빙크, 헤르만(Herman Bavinck) 157, 188-190

반 틸, 헨리(Henry R. Van Til) 157
버거, 피터(Peter Berger) 72-73, 117, 145-146
번스타인, 리처드(Richard Bernstein) 100, 118-121, 123-128, 131, 201
벌거벗음 68, 69, 77, 79
베클리, 할란(Harlan Beckley) 50-52, 53, 55
벨라, 로버트(Robert Bellah) 93-94, 104-108, 142-145, 146-147, 152, 160, 162, 195-197, 201
변증법주의 116, 123-126, 129, 130
복음 83-85, 86, 87
부삭, 알란(Allan Boesak) 190-191
불교 122
블룸, 앨런(Allan Bloom) 75
비트겐슈타인, 루트비히(Ludwig Wittgenstein) 117
비판적 애국심 77, 78, 80

사사화 99
사적 영역 71, 72, 74, 90-91, 105, 197-199, 208
사회적 통일성 202
사회적 파편화 142
삶에 대한 철학 209
삼위일체 교리 152-155
상대주의 18, 19, 20, 21, 22, 23, 31, 64, 74, 85, 116-121, 125-126, 129, 147-148, 163-164, 184, 211, 219; 문화 181; 프로타고라스적 163-165
상황화 84-85, 172-175, 177, 189; 강성 174; 신학적 178, 180; 연성 174, 180
샌델, 마이클(Michael Sandel) 53
선(좋음) 36, 37, 41, 42-43, 44, 53, 57, 58, 60, 64, 67, 73, 74; 갈등하는 관념 37, 40-41, 46; 두터운 관념 34, 43, 54, 55, 56, 213-214; 얇은 관념 33-34, 43, 51, 55, 56, 67, 105
선교학 172
성소 빈 58, 61, 63, 66, 68, 70, 71, 85-87; 중심 61, 63, 87, 88
성차별주의 173-174, 187
세계관 185
세계관의 다원성 173; 공적 101-102; 신학적 173; 인간 100; 철학적 173, 209
세넷, 리처드(Richard Sennett) 89-93, 104-106, 197-198
세속주의 67, 71, 72, 73, 74, 83, 85-86, 193, 213
셀리그만, 마틴(Martin Seligman) 144-145
송(C. S. Song) 176
슈웨더, 리처드(Richard Shweder) 11, 12, 13
스키너, 퀜틴(Quentin Skinner) 117-118
스타우트, 제프리(Jeffrey Stout) 51
스택하우스, 맥스(Max Stackhouse) 12, 13, 23, 153, 154, 155, 174, 177, 181, 184, 204
시민교양 16-17, 54-55, 89, 90, 93, 193, 199, 210-211; 기독교적 210; 전통 98-99, 103-104
시민권 93, 106, 214
시민종교 70, 202
신칼뱅주의 157-159, 206
신학 길들여진 176; 페미니스트 178-179

아렌트, 한나(Hannah Arendt) 99-102, 103-104, 108, 201, 225-228, 231, 237
아리스토텔레스 법칙 37-38
아미쉬 166, 170
아우구스티누스(Augustine) 114, 134, 152, 156
아잔데 주술 22, 164, 185-186

알베스, 루벰(Rubem Alves) 181-183
애덤스, 존(John Adams) 76
에티켓 194
역사적 뿌리박음 119, 125, 126
연대주의 59, 62, 63, 222
연방주의자 논집 194
영적 일원론 151
오든(W. H. Auden) 204
오순절 24
오스트(G. R. Owst) 205
오코너, 플래너리(Flannery O'Connor) 113
원자론적 허무주의 162-165
월린, 쉘던(Sheldon Wolin) 96, 140-145, 146, 147, 162, 207
월터스토프, 니콜라스(Nicholas Wolterstorff) 183-184
윈치, 피터(Peter Winch) 163-164, 185
윌슨, 브라이언(Bryan Wilson) 21-22
유교 122
유기체주의적 사고 206-207
유대교 16, 62, 65, 76, 78, 82, 193, 204
이그나티우스, 로욜라의(Ignatius of Loyola) 35-36
이단이 되라는 명령 72
이슬람교 86, 213, 224, 236, 241, 245
이타주의 203
인종차별주의 187-188, 189
일원론 68
일원화된 질서 57, 60, 61, 62, 67

자아 공적 92, 94, 95, 96, 97, 102, 197, 198, 201; 사적 92
자연법 98
전체주의 88, 99, 103, 151, 158
정의 40, 41, 42-43, 47, 49, 50, 51, 52, 53, 54, 67, 88, 148; 분배 54

제임스, 윌리엄(William James) 33, 40
제퍼슨, 토머스(Thomas Jefferson) 45
졸, 도널드 애트웰(Donald Atwell Zoll) 14, 17
종말론 14, 17, 54, 124, 209-210, 211
주관주의 18, 24
주의주의 39
중립성 71, 77

참 57
챗필드, 조앤(Joan Chatfield) 173-175
천상 도시 214
초월 58, 59, 77-78, 203
친족 106-107

카이터르트, 하리(Harry Kuitert) 178, 180
카이퍼, 아브라함(Abraham Kuyper) 157, 206, 217, 241-242, 244
칸트, 임마누엘(Immanuel Kant) 43, 47, 228
칼뱅주의자 111
커디히, 존 머리(John Murray Cuddihy) 16-17, 54-55, 210-214
코르푸스 크리스티아눔(기독교 사회) 86
콘, 제임스(James Cone) 190
콘스탄티누스주의 14-16, 19-21, 24
콩트, 오귀스트(Auguste Comte) 202-203
크래프트, 마거릿(Marguerite Kraft) 173-175

테야르적 사유 122
토마스주의 156, 158
토크빌, 알렉시 드(Alexis de Tocquiville) 59-60, 76, 227, 229
통약 불가능성 40-41
트뢸치, 에른스트(Ernst Troeltsch) 168
틴더, 글렌(Glenn Tinder) 211, 214

틸리히, 폴(Paul Tillich) 134-135

파이어아벤트, 파울(Paul Feyerabend) 117
펀, 리처드(Richard Fern) 53
평등주의 15, 16
포스트모던 관점 116, 117
포퍼식 방법론 117
푸코, 미셸(Michel Foucault) 117
프랭클, 바바라(Barbara Frankel) 177-178
프로이트주의 115, 135
피셔, 마이클(Michael Fischer) 161-162, 190
피스크, 도널드(Donald Fiske) 11, 12, 13

하나님의 형상 188
하버마스, 위르겐(Jürgen Habermas) 202-203, 238, 240
하우어워스, 스탠리(Stanley Hauerwas) 53-54
합의 97-99, 100
해방 172-175
해방신학 123-127, 166, 167, 181, 183
허츠버그, 아서(Authur Hertzberg) 16
헤겔, 게오르크(Georg W. F. Hegel) 18, 24, 119-120, 222-225, 231
홀렌바흐, 데이비드(David Hollenbach) 97, 156-159, 160, 196
홀리스, 마틴(Martin Hollis) 22
홉스주의적 사고 96
흐리피운, 산더(Sander Griffioen) 202-203, 220, 229, 239, 240, 243, 248
힉, 존(John Hick) 122-125, 130

옮긴이 신국원은 총신대학교 신학과(B.A.), 미국 웨스트민스터 신학교(M.A., M.Div., Th.M., 변증학 전공), 네덜란드 암스테르담 자유 대학교(Ph.D., 문화철학 전공), 캐나다 기독교학문연구소에서 수학했다. 왕십리교회 청년 지도목사였고, 미국 앤아버 성서교회를 담임했다. 미국 캘빈 칼리지 언론학부 객원 교수, 일리노이 대학교 커뮤니케이션 연구소에서 객원 연구교수로서 연구했고, 캘빈 칼리지 헨리 미터 센터에서 펠로우 교수를 역임했다. 1994년부터 총신대학교 신학과 철학 담당 교수로서 가르쳤으며 현재 명예교수다. 서울 삼일교회 협동목사로서도 섬기고 있으며, 2019년부터 한국 웨스트민스터신학대학원대학교 초빙교수로서 가르치고 있다. 저서로는 『니고데모의 안경』 『변혁과 샬롬의 대중문화론』 『신국원의 문화 이야기』 『하나님을 사랑한 철학자 9인』(공저) 『포스트모더니즘』(이상 IVP), 『지금 우리는 여기서 무엇을 꿈꾸고 있는가』(복있는사람), 『대중문화 더 이상 침묵할 수 없다』(공저, 예영커뮤니케이션), 『기독교인의 생활 윤리』(대한예수교장로회 총회) 등이 있고, 옮긴 책으로는 『그리스도인을 위한 서양 철학 이야기』 『대중문화전쟁』 『행동하는 예술』(이상 IVP), 『변증학』(기독교문서선교회), 『서양 사상의 황혼에서』(공역, 크리스챤다이제스트)가 있다.

다원주의들과 지평들

초판 발행_ 2021년 9월 7일

지은이_ 리처드 마우·산더 흐리피운
옮긴이_ 신국원
펴낸이_ 정모세

펴낸곳_ 한국기독학생회출판부
등록번호_ 제313-2001-198호(1978.6.1)
주소_ 04031 서울시 마포구 동교로 156-10
대표 전화_ (02)337-2257 팩스_ (02)337-2258
영업 전화_ (02)338-2282 팩스_ 080-915-1515
홈페이지_ http://www.ivp.co.kr 이메일_ ivp@ivp.co.kr
ISBN 978-89-328-1863-4

ⓒ 한국기독학생회출판부 2021

책값은 뒤표지에 있습니다.
무단 전재와 복제를 금합니다.